プロの技術が身につく！

テーピングバイブル

Taping Bible

【著者】**野田哲由** 了徳寺大学教授
日本体育協会公認アスレティックトレーナー

岡田隆 日本体育大学教授
日本オリンピック委員会強化スタッフ

高橋書店

的確なテーピング

テープ1枚が勝敗を決する

「ケガをしてしまい思うようにカラダが動かせない」「カラダに痛み、違和感がありつらい」「ケガが再発しないか不安」……みなさんこんな経験があるのではないでしょうか。マッサージ、ストレッチ、筋トレなどを行うのも有効ですが、これらの悩みはテーピングを的確に施すことで、その場で解消できます。

とくにスポーツ時のテーピングは重要な役割を果たします。長い時間をかけ、周到に用意して臨む試合でも、勝負は一瞬で決まることがあります。0コンマ何秒、わずか数ミリのカラダの動きで勝負が決することすらあり、この0コンマ何秒、数ミリを少しでも詰めるために、アスリートは膨大な時間と努力を費やすのです。

膨大な練習のなかでは、ケガなどが起こりパフォーマンスが低下することもあります。そんなときには、リハビリ、マッサージとあらゆる手段を講じますが、ケガが完治する前であっても、勝つために試合に出なくてはいけないときがあるはずです。ここでも役立つのがテーピングです。

動かすと痛むときは関節の固定を重視したテーピング技法、ある方向だけ痛むときは関節のサポートを目的とした技法、筋力をアシストしたいときやリハビリには筋肉のサポートを目的とした技法と、テーピングはこれらの技法を使いこなせば、あらゆる局面で活躍できるのです。

・プロの技術が身につく!

で勝利をつかもう

テーピングは運動能力を高めることもできる

　ルールの範囲内であれば、パフォーマンスを上げるためにテーピングが役立つこともあります。

　たとえば垂直跳びの実験では、ふくらはぎに痙攣(けいれん)防止のテープを貼ることで、下のグラフのように地面を蹴る力が確実に上がる傾向にあることがわかっています。ここで見られる差はわずかではありますが、わずかな差が勝敗を決するスポーツでは無視できない結果です。

　また、ケガがクセになっている人はテーピングをしていることで安心感も得られ、おもいっきりカラダを動かせます。わずか数センチでも貼っていたかどうかで勝敗が分かれるテーピングは、スポーツパフォーマンスを上げ、勝負の命運を分ける最後の一手となるかもしれません。

垂直跳びの実験によるテーピングの効果

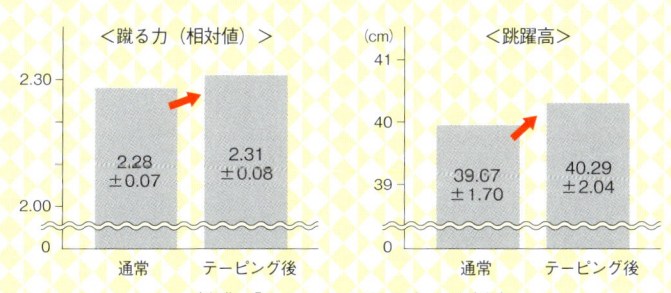

<蹴る力（相対値）>
- 通常: 2.28 ± 0.07
- テーピング後: 2.31 ± 0.08

<跳躍高> (cm)
- 通常: 39.67 ± 1.70
- テーピング後: 40.29 ± 2.04

（出典：『Huang et al, 2011』より改編）

Introduction

あなたの、テープが

あなたはテープをきれいに巻く自信がありますか?

プロのテーピングはカラダにぴったりフィットしていて、
ある種の芸術作品のよう。しかしいざ自分で巻いてみると、しわができてキツかったり、
ブカブカですぐはがれてしまったりと、きれいに巻くのは意外と難しいものです。
しかし、テーピングは「うまく巻けないとうまく効かない」のです。
プロではないのだから仕方がない、と諦めてしまわないでください。
なぜあなたのテープはうまく巻けないのか、それには理由があるはずです。

理由 1
体形に沿って巻けていない

カラダのラインを意識していますか。この曲線を理解して、それに沿って巻き始めの位置、通るべき中間地点、最終到達点を考慮しなければ、テープに無理が生じて必ずしわができてしまいます。曲線は一人ひとり必ず違います。だからこそ、オーダーメイドで巻けるテープなら、自分の体形にピッタリ合ったかたちにすることも可能です。

理由 2
テープに強弱が
ついていない

強く引っ張って貼るべきところ、あまり引っ張らず余裕を残すところを理解しなければ効果は得られません。これができないと、必要な方向への動きが制限できず、逆に不要な方向への動きを制限することになる、役に立たないテーピングになってしまいます。

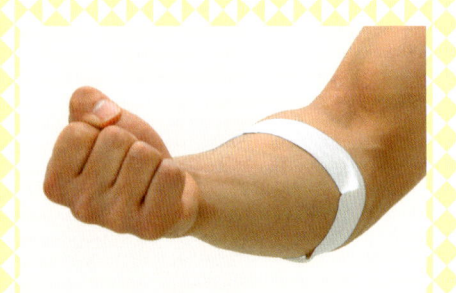

プロの技術が身につく！

うまく巻けない理由

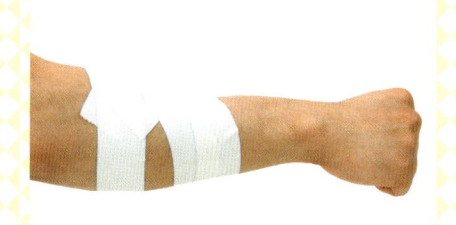

理由 3

目的に合った
テープを選んでいない

　傷んだ組織が靱帯なのか筋肉なのか、また損傷の程度によっても使うべきテープは異なります。そして、傷み具合（程度）によってテープに加える力も異なります。これを誤ると、いくら外見上うまく巻けていても、狙った効果は得られません。

理由 4

貼る順番が
間違っている

　テーピングは、目的を達成するために、テープを貼るベストな順番が考えられています。これを間違えると、効果が充分に引き出されず、すぐにはがれることもあります。

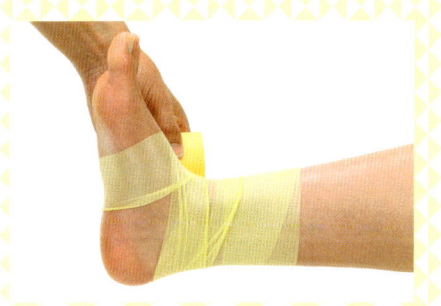

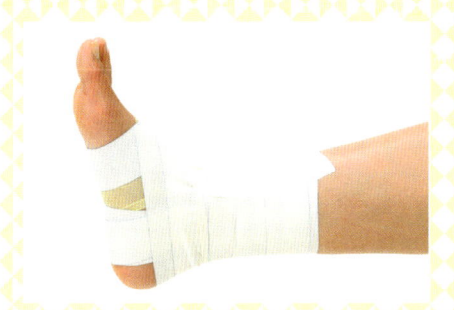

理由 5

貼る位置を
理解していない

　テープは適切な位置に貼らなければ、目的の効果が得られないばかりか、マイナスの効果が現れてしまうことさえあります。そのためには、骨、関節、靱帯、筋肉の位置をしっかりと把握して貼る必要があります。

Introduction

そこで役立つ！ **正しく巻くために**
プロが実践する5つ

　プロはまず、症状や目的を確認します。傷んでいる部位が骨なのか、靱帯なのか、あるいは筋肉なのか把握します。

　そして次に損傷の程度を確認します。どの程度の傷みがあるのかを調べることで、テープの種類を選択し、テープに加える力、そして巻くときの姿勢を決定します。

　最後にカラダのラインがどのようになっているかをチェックしていきます。カラダのラインが描く曲線の角度は、緩やかなのかキツいのか、これによってテープが通るラインを想定し、貼り始めの位置、中間地点、貼り終わりの位置を考えて巻いていきます。こうすると、しわがなくきれいで効果的にテープを巻けるのです。

　一般の方がテープを巻くうえでも、これらの診断やボディラインのチェックは大切ですが、いきなり的確に行うのは難しいもの。そこで次のページからは、プロが実践している5つのコツを紹介していきます。

　これらのコツをおさえれば、誰でも正しくテーピングが行えます。

プロの技術が身につく!

のコツ

コツ 1
骨、関節、靱帯、筋肉の位置を知る

　効果的なテーピングには、骨、関節、靱帯、筋肉の正確な位置を把握することが必要です。

　そこで本書は、写真に関節（骨と靱帯）や筋肉のイラストを加えて、該当部位がどこかひと目でわかるようにしました。また「透過Point」という解説を用意し、部位のどこをテープが通ればよいのかを正確につかめるよう工夫しました。これを参考にすれば、テーピングの初心者でも骨、関節、靱帯、筋肉の位置をしっかり理解し、骨のつき方や筋肉の走行に沿ってテープを貼れます。

[透過]Point
テープが外くるぶしにかからないよう、やや上に向かって巻く

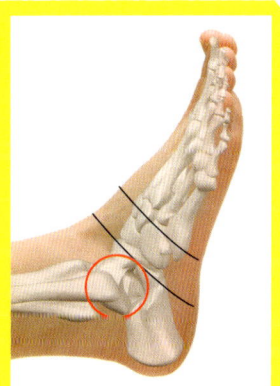

Introduction

コツ 2
テープのテンション（張力）を コントロールする

　テーピングの際は、どの筋肉をサポートしたいか、どの方向に関節を固定したいかなど、目的に合わせてテープに加える力（テンション）を変化させます。強く固定、またはサポートしたい部位はテープを強く引っ張りテンションをしっかり加えます。そうでない部位には「遊び」を残すようにします。むやみに動きを制限しすぎると関節や筋肉の機能を低下させるからです。

　このように、症状や部位に合わせてテープのテンションをコントロールすることで、制限すべき関節の動きだけを制限し、サポートすべき筋肉はサポートする。これがテーピングの効果を引き出すコツです。

　本書ではテープを強く引っ張るときは太い矢印で表し、わかりやすくしています。

テープの引っ張り具合の目安

強 → 中 → 弱

筋肉の締めつけ具合の目安

コツ 3

カラダのラインに合わせて巻き しわやよれをなくす

　カラダのラインはほとんどが曲線を描いています。たとえばすねは、一般に足首が細く、ふくらはぎにいくほどだんだん太くなっていきます。これに対してテープは直線です。このまっすぐなテープを、カラダのカーブに合わせながらしわにならないように貼ることが大切なのです。

　しわの問題は美しさを損ねることだけではありません。しわの寄った部分はテープが重なり、厚みが増します。そこが過度に圧迫され、皮膚がダメージを受けることもあるのです。また、テンション（張力）にムラがある

ことも原因に考えられます。テープは適度に引っ張りながら巻きますが、このときに力を入れすぎたり抜きすぎたりすると、テープが皮膚に食い込んだりゆるんだりします。これでは意味がなく、すき間から汗や水が浸入し、はがれやすくもなります。このようにしわはテーピングの効果を減少させてしまうのです。

　本書では、写真を豊富に使い、難しい箇所にはプロ直伝のテクニックを「Point」として紹介し、初心者でもしわになることなく巻けるようにしています。

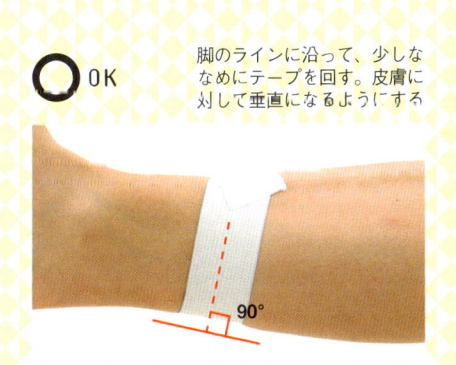

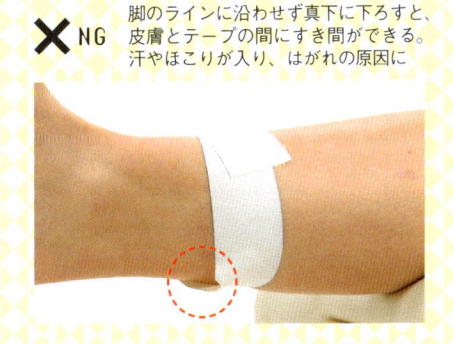

◯ OK
脚のラインに沿って、少しななめにテープを回す。皮膚に対して垂直になるようにする

✕ NG
脚のラインに沿わせず真下に下ろすと、皮膚とテープの間にすき間ができる。汗やほこりが入り、はがれの原因に

Introduction

コツ 4
正しいスタート姿勢で巻き始める

　スタート姿勢（巻き始めの姿勢）は、テーピングする部位や症状によって異なり、それぞれに効果を最大化させる正しい姿勢があります。たとえば「足関節のねんざ」では、足首を90度に立てた状態でテープを巻くことで、動かしたくない部位が適切に固定されます。これが間違っていると誤った方向に制限され、痛みを生じることもあります。

　姿勢を保って巻くテーピングもあります。姿勢をキープすることはしばしばつらいものですが、台を利用したり、人に支えてもらったりと工夫をしましょう。

　本書では、テーピングに入る前にそのやり方がわかるよう、巻きやすいスタート姿勢をイラストで紹介しているので、初心者でも安心です。

コツ 5
テープの特性を知り症状に合わせて使い分ける

　テープにはさまざまな種類がありますが、まずは伸縮性のあるなしと強度の違いで分けられます。たとえば通称ホワイトと呼ばれる非伸縮テープは関節の固定に、キネシオロジーテープなどの伸縮テープは関節のサポートや筋肉のサポートに用います。くわしくは30、31ページで紹介しています。また、強度の高いテープはよりしっかりと固定させたい場合に、低いものは動きに余裕をもたせたい場合に使用します。

　テープはその特性を知り、テーピングの目的に合わせて選択します。本書では、典型的な症状を例示し、基本に忠実にテープを選んでいます。しかし、現実には関節や筋肉の状態は人によって微妙に違うので、テープもそれに合わせて適宜選択しましょう。ひとつの技法に対してそれぞれ使用するテープの種類を明示していますが、それにとらわれすぎずに、状態に応じてアレンジすることも必要です。

・プロの技術が身につく！

Appendix
水や汗にも強いテーピング

競泳、シンクロナイズドスイミング、水泳などの競技や水中ウォーキングなどのアクアエクササイズでも陸の運動と同様に、関節や筋肉に負担がかかります。ここでは、水中でもはがれにくい一歩進んだプロのテーピング技を紹介します。汗にも強くなるので、陸上の競技でも活用できる、すぐれたテクニックです。

環状テープで両裏面(のり面)を接着する方法

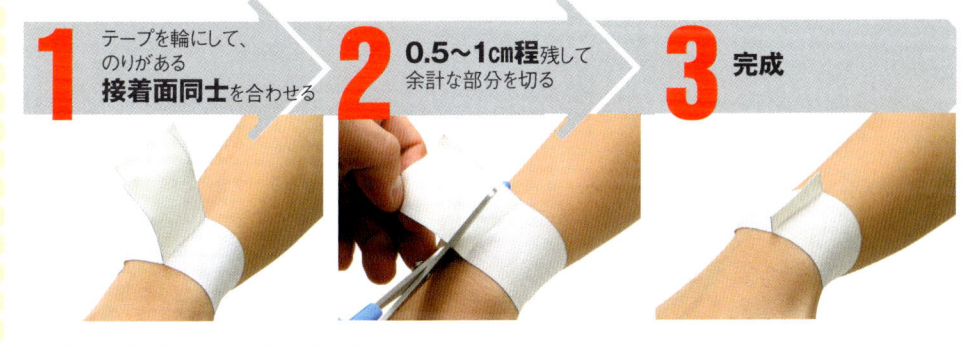

1 テープを輪にして、のりがある**接着面同士**を合わせる

2 **0.5～1cm程**残して余計な部分を切る

3 **完成**

環状テープで最後に輪をつくる方法（水球日本代表ポセイドンジャパン、棚村英行選手考案）

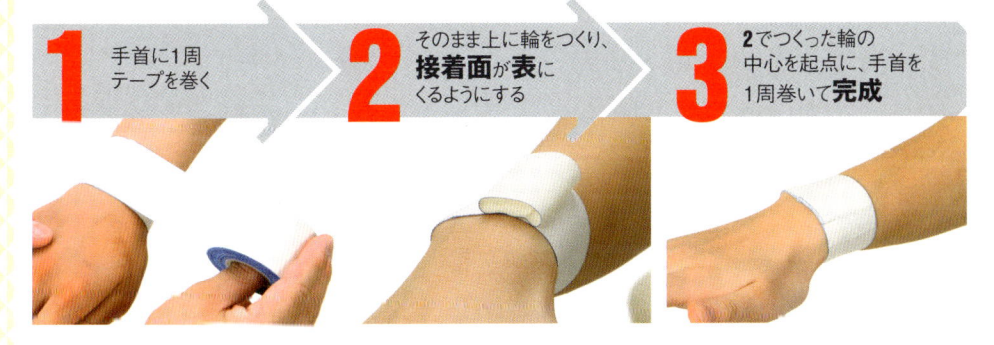

1 手首に1周テープを巻く

2 そのまま上に輪をつくり、**接着面**が**表**にくるようにする

3 2でつくった輪の中心を起点に、手首を1周巻いて**完成**

水に強いテープの種類

耐水性（水泳用）テープ
水中ではがれにくいテープとして販売されています。キネシオロジーテープと同じシールタイプで伸縮性があります。薄く、水を吸収しにくい素材です。

ロイコテープ
粘着性が強く、水中でもはがれにくいテープです。工程の仕上げに、上記の巻き方を用いると、さらにはがれにくくなります。

Introduction

5つのコツを使いプロの

あなたの「痛み」にぴったりの テーピングが見つかる

痛みを感じるけれど、何のケガなのかわからない……。そんな人のために、症状をわかりやすく表し、見出しにしました。痛む部位とその症状からあなたに最適なテーピングが見つかります。トレーナーや医師が使う正式な症状名も（　）に併記しました

痛みの原因、部位が特定できる

受傷部位の骨や筋肉の状態をイラストで図解。カラダの状態を知ったうえで適切に巻けます

スタート姿勢がわかる

巻き始めの姿勢は部位や症状によって異なります。「巻いてもらう場合」と「自分で巻く場合」の巻きやすい姿勢を、イラストとともに紹介しているので、初心者にも安心です

ありがちなNGを紹介

誤ったテーピングの具体例を紹介。このポイントに注意することで、的確にテープを巻けます

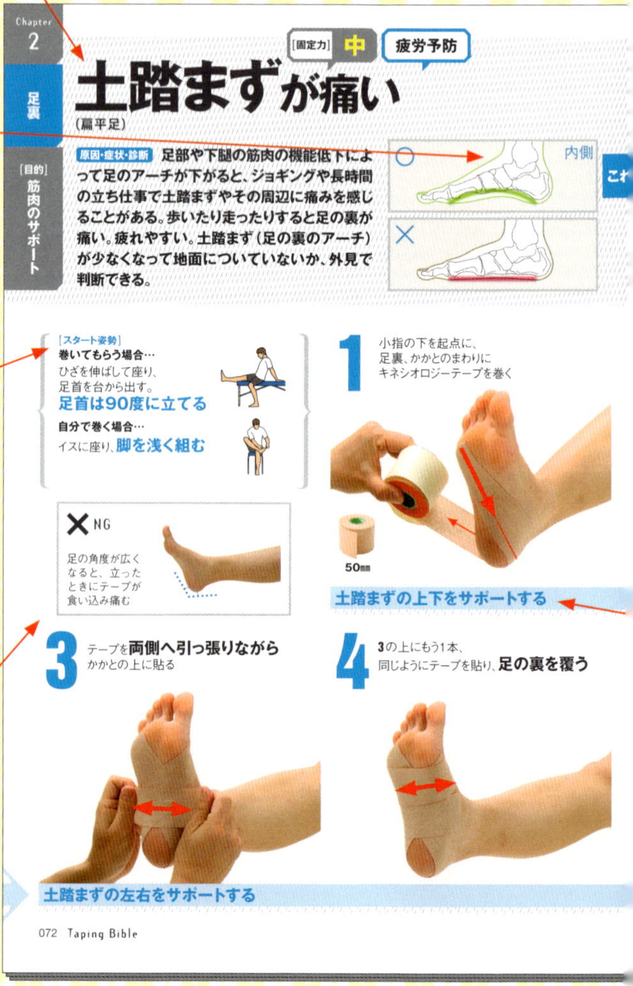

Chapter 2　足裏

[固定力] 中　疲労予防

土踏まず が痛い
（扁平足）

[原因・症状・診断] 足部や下腿の筋肉の機能低下によって足のアーチが下がると、ジョギングや長時間の立ち仕事で土踏まずやその周辺に痛みを感じることがある。歩いたり走ったりすると足の裏が痛い。疲れやすい。土踏まず（足の裏のアーチ）が少なくなって地面についていないか、外見で判断できる。

[目的] 筋肉のサポート

内側

[スタート姿勢]
巻いてもらう場合…
ひざを伸ばして座り、足首を台から出す。
足首は90度に立てる
自分で巻く場合…
イスに座り、**脚を浅く組む**

✕ NG
足の角度が広くなると、立ったときにテープが食い込み痛む

1 小指の下を起点に、足裏、かかとのまわりにキネシオロジーテープを巻く

50mm

土踏まずの上下をサポートする

3 テープを**両側へ引っ張りながら**かかとの上に貼る

4 3の上にもう1本、同じようにテープを貼り、**足の裏を覆う**

土踏まずの左右をサポートする

072　Taping Bible

012　Taping Bible

技術を身につけよう!

プロの技術が身につく!

プロも活用している テクニックを紹介!

日本代表チームのトレーナー経験をもつ二人の著者が教える、テープを正しく巻くためのコツです。これを押さえれば、だれでもプロの技術を身につけられます

該当部位の 筋肉を図解

効果的なテーピングには、まず骨、関節、靱帯、筋肉の正確な位置を把握することが大切です。テーピングの説明の前に、これらを図解しています

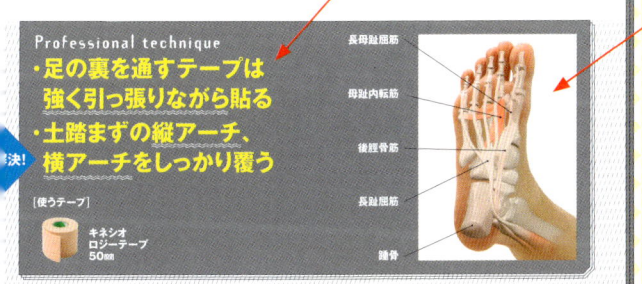

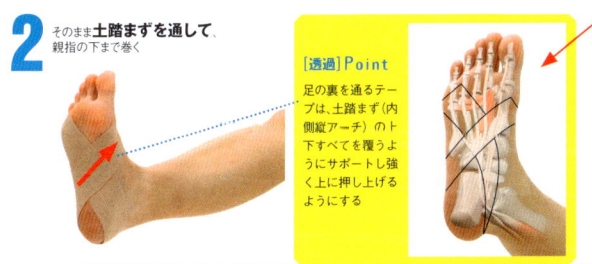

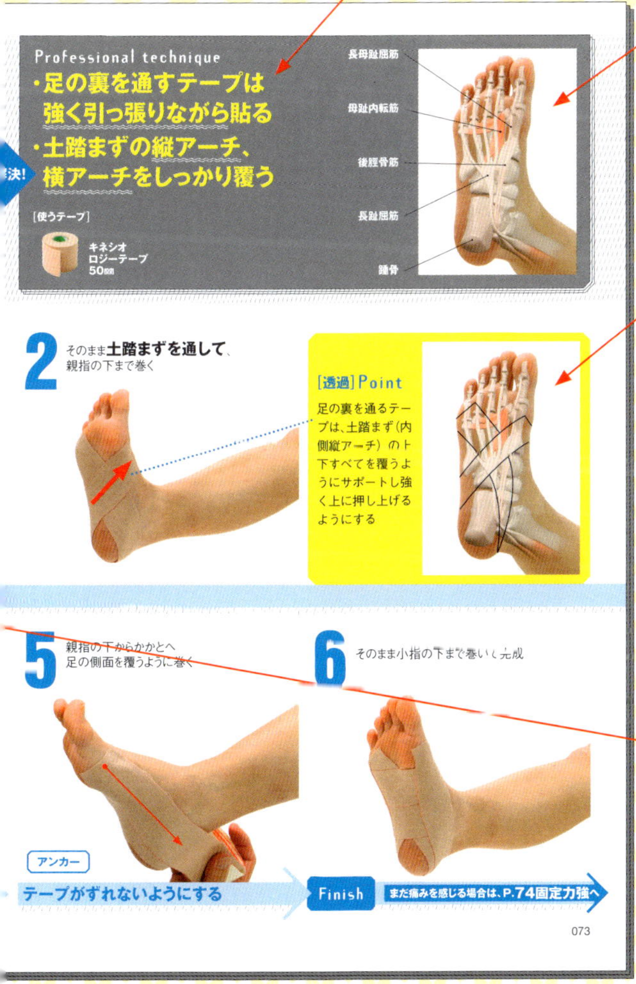

Professional technique
・足の裏を通すテープは強く引っ張りながら貼る
・土踏まずの縦アーチ、横アーチをしっかり覆う

[使うテープ]
キネシオロジーテープ 50mm

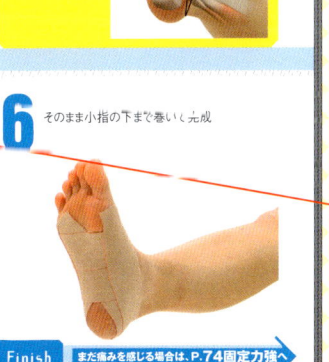

長母趾屈筋 / 母趾内転筋 / 後脛骨筋 / 長趾屈筋 / 踵骨

2 そのまま**土踏まずを通して**、親指の下まで巻く

[透過] **Point**
足の裏を通すテープは、土踏まず(内側縦アーチ)の下下すべてを覆うようにサポートし強く上に押し上げるようにする

透過イラストで テープの通り道が ひと目でわかる!

写真に透過イラストを施し、テープを巻く位置を示しています。筋肉や骨に詳しくなくても、テープを正確に貼れ、効果が実感できます

5 親指の下からかかとへ足の側面を覆うように巻く

6 そのまま小指の下まで巻いて完成

アンカー
テープがずれないようにする

Finish
また痛みを感じる場合は、P.74固定力強へ

テープの目的を 理解できる

テープの巻き方にはいろいろありますが、そのひと巻きひと巻きには意味があります。一つひとつの工程に目的を明示しているので、納得しながら巻けます

Contents

的確なテーピングで勝利をつかもう ... 002
あなたの、テープがうまく巻けない理由 ... 004
正しく巻くために　プロが実践する5つのコツ ... 006
水や汗にも強いテーピング ... 011
5つのコツを使いプロの技術を身につけよう！ ... 012
種目別テーピング一覧 ... 018
骨、関節、靭帯、筋肉を知る　全身MAP ... 020

Chapter 1
テーピングの基本

負傷部位の保護だけではない！　テーピングで得られるうれしい効果 ... 024
症状に応じて使い分ける　テーピングの3つの目的 ... 026
知っておきたい　テーピングの注意点 ... 028
テーピングで使用する道具 ... 030

【基本のテーピング】

アンカー 弱 ... 034
フィギュアエイト 中 ... 036
Xサポート 強 ... 038
スパイラル 中 ... 040
スプリット 中 ... 042
アンダーラップ ... 044
キネシオロジーテープ ... 046

Chapter 2
足部のテーピング

スターアップ 強 ... 048
ヒールロック 中 ... 050
ホースシュー 弱 ... 052
サーキュラー 弱 ... 053

【足首・足指・足裏】

足首を内側にひねると痛い（足関節内反ねんざ） 強 ...056
足首を内側にひねると痛い（足関節内反ねんざ） 中 ...060
内反ねんざの再発予防 弱 ...064
親指が小指側に曲がっている（外反母趾） ...066
簡単 親指が小指側に曲がっている（外反母趾） ...068
親指の裏側が痛い（種子骨障害） ...070
土踏まずが痛い（扁平足） 中 疲労予防 ...072
土踏まずが痛い（扁平足） 強 ...074
かかとが痛い（踵骨下脂肪体損傷） ...076
足部のストレッチ ...080

Chapter 3
脚部のテーピング

【ひざ】

内側に体重がかかると痛い（膝関節内側側副靱帯損傷） ...084
前方向にグラグラして痛い（膝関節前十字靱帯損傷） ...088
ひざの下の骨が痛い（オスグッドシュラッター病） 疲労予防 ...090
ひざの下が痛い（ジャンパーズニー） 疲労予防 ...092
ひざの外側のやや上が痛い（ランナーズニー） 疲労予防 ...094

【太もも・ふくらはぎ】

太もも裏側の肉離れ（ハムストリングの肉離れ） 疲労予防 ...098
太もも前面の打撲（大腿四頭筋の打撲） ...100
すねの内側が痛い（シンスプリント） 疲労予防 ...104
ふくらはぎの下が痛い（アキレス腱炎） 疲労予防 ...106
ふくらはぎをつった（下腿三頭筋の痙攣） 疲労予防 ...110
股関節、脚のつけ根が痛い（鼠径部痛症候群） 疲労予防 ...112
脚部のストレッチ ...114

Contents

Chapter 4
腕部のテーピング

[手首・手指]

親指、手首のまわりが痛い（腱鞘炎）疲労予防 120
簡単 親指、手首のまわりが痛い（腱鞘炎）疲労予防 122
手首の小指側が痛い（TFCC損傷）中 124
手首の小指側が痛い（TFCC損傷）強 126
手首が痛い、グラグラする（手関節、下橈尺関節の不安定症）疲労予防 128
手首を反らすと痛い（手関節背屈時痛）..........130
第二関節のつき指（PIP関節のねんざ）強 132
第二関節のつき指（PIP関節のねんざ）中 134
第二関節を伸ばすと痛い（PIP関節のねんざ）中 136
簡単 指の側面が痛い（PIP関節のねんざ）..........138
つめがはがれそう 139
親指を開くと痛い（第一指MP関節のねんざ）..........140
簡単 親指を開くと痛い（第一指MP関節のねんざ）..........142

[ひじ]

ひじの内側が痛い（肘関節内側側副靱帯損傷）中 146
ひじの内側が痛い（肘関節内側側副靱帯損傷）強 149
ひじの外側が痛い（テニス肘、上腕骨外側上顆炎）疲労予防 150
ひじの内側が痛い（野球肘、肘関節内側側副靱帯損傷）疲労予防 151
ひじの内側が痛い（ゴルフ肘、上腕骨内側上顆炎）疲労予防 152
腕部のストレッチ 154

Chapter 5
肩のテーピング

[肩]

肩の上面が痛い（肩鎖関節損傷）中 160
肩の上面が痛い（肩鎖関節損傷）強 162
肩関節を脱臼して痛い、不安定（肩関節前方脱臼後のルーズショルダー）..........164

腕を引く動作をサポートする(広背筋サポート) 疲労予防 167
腕を上げる動作をサポートする(三角筋サポート) 疲労予防 168
肩のストレッチ 170

Chapter 6
日常の不快症状を改善するテーピング

肩こり 疲労予防 172
寝違え 疲労予防 173
腰痛 疲労予防 174
ひざのゆがみ、O脚(内反膝) 疲労予防 176
ひざのゆがみ、X脚(外反膝) 疲労予防 178
背骨のゆがみ、猫背 疲労予防 180
腰の自然な反りがなくなっている(骨盤後傾) 疲労予防 182
腰が反りすぎている(骨盤前傾) 疲労予防 183
骨盤のゆがみ(骨盤輪の不安定症) 疲労予防 184
不快症状に効くストレッチ 186

Appendix
困ったときに…

ケガ直後の対応に… 応急処置 188
疲労回復を助ける マッサージ・ストレッチ 190

デザイン・DTP	PEACS Inc.
CG制作	3D人体動画制作センター　佐藤眞一
	http://3d-humanbody.com/
イラスト	内山弘隆
	宮崎信行
写真撮影	金田邦夫
モデル	松本揚
	三嶋教夫
	松村涼子
	若林美穂
協力	ニチバン株式会社
	http://www.battlewin.com/

種目別テーピング一覧

スポーツの特性によって、起こりやすいケガにも傾向があります。
ここでは、競技ごとにどのようなケガが起こりやすく、
そのテーピング対策が何ページに掲載されているかを、わかりやすいよう表にまとめました。
ケガの予防や再発防止にお役立てください。

ページ	症状	野球
chapter2 足部のテーピング		
56・60・64	足首を内側にひねると痛い（足関節内反ねんざ）	◎
66・68	親指が小指側に曲がっている（外反母趾）	
70	親指の裏側が痛い（種子骨障害）	
72・74	土踏まずが痛い（扁平足）	○
76	かかとが痛い（踵骨下脂肪体損傷）	○
chapter3 脚部のテーピング		
84	内側に体重がかかると痛い（膝関節内側側副靱帯損傷）	○
88	前方向にグラグラして痛い（膝関節前十字靱帯損傷）	
90	ひざの下の骨が痛い（オスグッドシュラッター病）	
92	ひざの下が痛い（ジャンパーズニー）	
94	ひざの外側のやや上が痛い（ランナーズニー）	
98	太もも裏側の肉離れ（ハムストリングの肉離れ）	○
100	太もも前面の打撲（大腿四頭筋の打撲）	
104	すねの内側が痛い（シンスプリント）	
106	ふくらはぎの下が痛い（アキレス腱炎）	
110	ふくらはぎをつった（下腿三頭筋の痙攣）	○
112	股関節、脚のつけ根が痛い（鼠径部痛症候群）	
chapter4 腕部のテーピング		
120・122	親指、手首の周りが痛い（腱鞘炎）	◎
124・126	手首の小指側が痛い（TFCC損傷）	◎
128	手首が痛い、グラグラする（手関節、下橈尺関節の不安定症）	○
130	手首を反らすと痛い（手関節背屈時痛）	○
132・134・136	第二関節のつき指（PIP関節のねんざ）	◎
138	指の側面が痛い（PIP関節のねんざ）	◎
139	つめがはがれそう	◎
140・142	親指を開くと痛い（第一指MP関節のねんざ）	◎
146・149	ひじの内側が痛い（肘関節内側側副靱帯損傷）	◎
150	ひじの外側が痛い（テニス肘、上腕骨外側上顆炎）	○
151	ひじの内側が痛い（野球肘、肘関節内側側副靱帯損傷）	◎
152	ひじの内側が痛い（ゴルフ肘、上腕骨内側上顆炎）	○
chapter5 肩のテーピング		
160・162	肩の上面が痛い（肩鎖関節損傷）	
164	肩関節を脱臼して痛い、不安定（肩関節前方脱臼後のルーズショルダー）	
167	腕を引く動作をサポートする（広背筋サポート）	○
168	腕を上げる動作をサポートする（三角筋サポート）	○

マークの見方
◎……よく起こる
○……起こりやすい

サッカー	陸上	バスケ	バレー	テニス・卓球	ラグビー・アメフト	水泳	格闘技
◎	◎	◎	◎		◎		◎
○(女子)	○(女子)	○(女子)	○(女子)	○(女子)			
○	◎	○	○				
◎	◎	◎	◎	○	◎		◎
○	◎	◎	○				○
◎	◎	◎	○	○	◎		◎
○		○	○				
○	◎	○	◎	○	○		
	◎						
			○		○		○
○							
○	◎				○		
○					○	○	
○					○		○
○		○	○				
	○(投てき)	○	◎	○	○		◎
	○(投てき)	○	◎	○			◎
	○(投てき)	○	◎	○	◎		◎
			◎	○	○		◎
		○	◎				◎
		○	◎				◎
		○	○				◎
			◎		○		◎
							◎
				○			
	○(投てき)		○	○			
○		○			○		◎
							◎
○	○	○	○	○	○	○	◎
	○	○	○	○	○	○	◎

骨、関節、靱帯、筋肉を知る 全身

的確にテーピングをするための目印として、本書には筋肉や骨の名称が多数出てきます。
位置関係を確認し、テープを正しく巻けるようにしましょう。

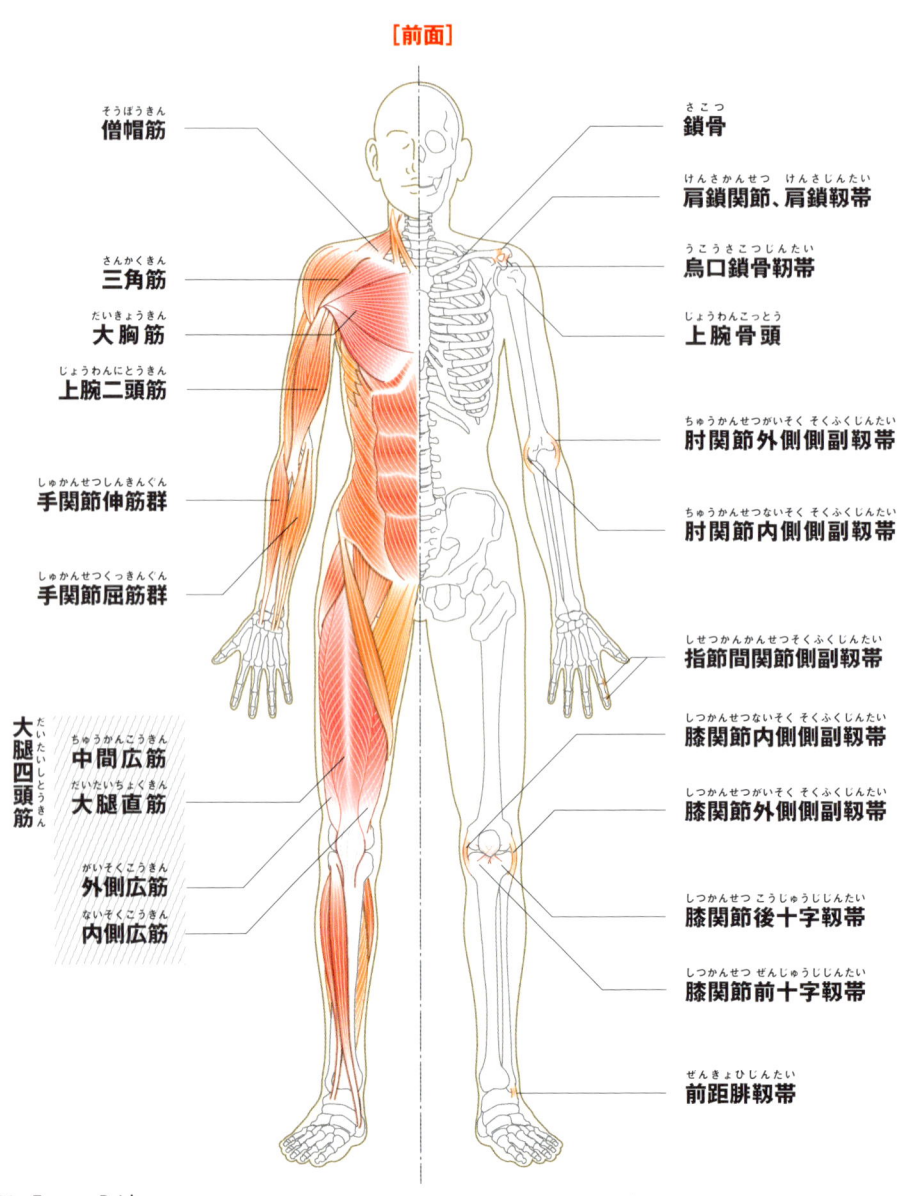

[前面]

- 僧帽筋（そうぼうきん）
- 三角筋（さんかくきん）
- 大胸筋（だいきょうきん）
- 上腕二頭筋（じょうわんにとうきん）
- 手関節伸筋群（しゅかんせつしんきんぐん）
- 手関節屈筋群（しゅかんせつくっきんぐん）
- 大腿四頭筋（だいたいしとうきん）
  - 中間広筋（ちゅうかんこうきん）
  - 大腿直筋（だいたいちょくきん）
  - 外側広筋（がいそくこうきん）
  - 内側広筋（ないそくこうきん）

- 鎖骨（さこつ）
- 肩鎖関節、肩鎖靱帯（けんさかんせつ、けんさじんたい）
- 烏口鎖骨靱帯（うこうさこつじんたい）
- 上腕骨頭（じょうわんこっとう）
- 肘関節外側側副靱帯（ちゅうかんせつがいそくそくふくじんたい）
- 肘関節内側側副靱帯（ちゅうかんせつないそくそくふくじんたい）
- 指節間関節側副靱帯（しせつかんかんせつそくふくじんたい）
- 膝関節内側側副靱帯（しつかんせつないそくそくふくじんたい）
- 膝関節外側側副靱帯（しつかんせつがいそくそくふくじんたい）
- 膝関節後十字靱帯（しつかんせつ こうじゅうじじんたい）
- 膝関節前十字靱帯（しつかんせつ ぜんじゅうじじんたい）
- 前距腓靱帯（ぜんきょひじんたい）

MAP

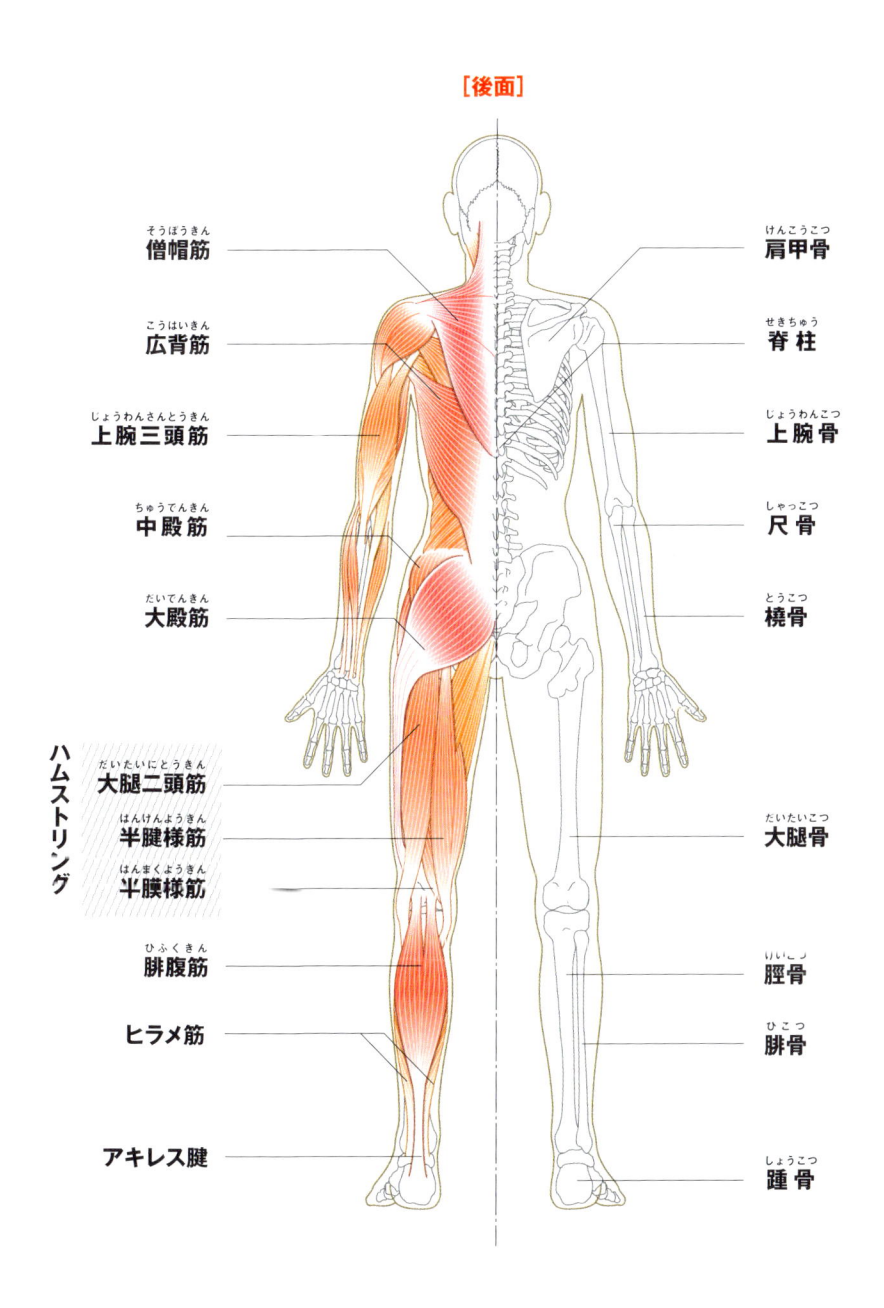

[後面]

- そうぼうきん **僧帽筋**
- こうはいきん **広背筋**
- じょうわんさんとうきん **上腕三頭筋**
- ちゅうでんきん **中殿筋**
- だいでんきん **大殿筋**
- **ハムストリング**
  - だいたいにとうきん **大腿二頭筋**
  - はんけんようきん **半腱様筋**
  - はんまくようきん **半膜様筋**
- ひふくきん **腓腹筋**
- **ヒラメ筋**
- **アキレス腱**

- けんこうこつ **肩甲骨**
- せきちゅう **脊柱**
- じょうわんこつ **上腕骨**
- しゃっこつ **尺骨**
- とうこつ **橈骨**
- だいたいこつ **大腿骨**
- けいこつ **脛骨**
- ひこつ **腓骨**
- しょうこつ **踵骨**

Column
テーピングで筋トレでのグラつきや痛みを抑えられる

「テーピングをして筋トレをやってもよいですか?」とよく質問されます。
これにはさまざまな状況があり、一概には回答しにくいのですが、
ここでは、テーピングをして筋力トレーニングを実施するメリットをご紹介します。

筋トレではさまざまな関節に負荷が加わります。関節が不安定でグラついていると、力がうまく入らなかったり、ケガにつながったりしかねません。

こうしたトラブルを回避するには「関節のサポート」テープを用います。ただし、動きが大幅に制限されてしまうため、あまり強く締めつけすぎないようにしましょう。あくまで安定性の補助として使用し、基本的には「関節の固定」テープは用いません。

片側にテープを巻くと、動きに左右差が生じ、筋肉の発達にも差ができてしまうような場合は、左右に同じテーピングを施すことも考えましょう。

たとえば、手首は多くの種目で酷使されます。多くの骨からできているため、筋トレで負荷が加わると不安定になりやすいのです。その結果、痛みが生じたり力が入りにくくなったりします。この場合、手首の安定性を高めるテーピング(P128のリストサポート等)は大きなメリットといえます。

ただし「とりあえずテーピングをする」「なんでもテーピングに頼る」はNG。基本的には、自分の柔軟性、筋力、バランス能力を最大限に使った筋トレが大切であるということを忘れないでください。

Chapter 1
テーピングの基本

負傷部位の保護だけではない！
テーピングで得られるうれしい

テーピングはケガの予防や傷んだ部位の保護はもちろん
スポーツパフォーマンスの向上や日常のちょっとした痛みにも効果を発揮します。
テープの種類や貼り方によってさまざまな症状に効くので、
そのうれしい効果を実感してください。

テーピングの基本

効果1　ケガの予防と再発防止

テーピングにはケガを防ぐ効果があります。たとえば、ひじの外側の筋肉を傷めやすいテニスでは、この部位に事前にテープを貼っておくとケガの危険性が低くなります。

また、一度ケガをした部位は組織が弱くなっており、再受傷しやすいので、これを防止する役割も果たします。ケガがクセになっている人には、テーピングによって安心してプレーできるという心理的な効果もあります。

効果2　ケガからのリハビリと回復促進

傷めた部位は、まず安静にして組織の回復を図ります。テーピングは部位を固定しながら、傷んだ筋肉をアシストします。

安静期を終えた回復期でも、テーピングは有効です。関節の動きを制限してサポートしたり、テープを加減して貼ることで筋肉の力をアシストしたりします。これによって低下した関節や筋肉の機能を補います。低下した機能を回復・成長させるには、適度に動かし、刺激を与えることも大切です。加減してテープを貼ると可動域が広がり、回復・成長のために必要な刺激が得られます。

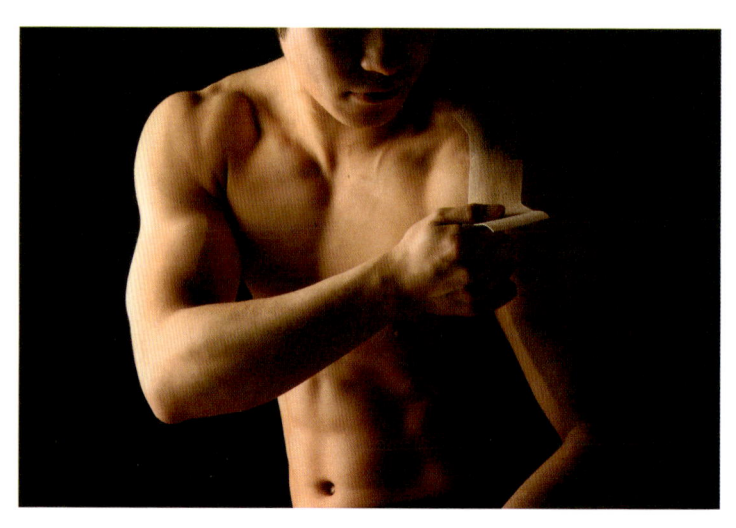

効果

効果3 疲労予防

筋肉や関節を適度にサポートすることで、疲労を軽減できます。負担がかかり疲労する部位に対し、あらかじめ「筋肉のサポート」や「関節のサポート」のためのテープを施します。

たとえば、登山の前には太もも前面やひざ、ふくらはぎ、足首のサポートテープが有効ですし、デスクワークには肩こり予防のサポートテープが有効です。

効果4 違和感や痛みの解消

ケガとまではいえないまでも、日々の生活で違和感や弱い痛みを覚えることがあります。これらは、微妙な関節のズレやゆがみ、あるいは筋力のバランスのくずれなどから生じます。筋肉や関節をサポートするテーピング技法では、これも解消できます。

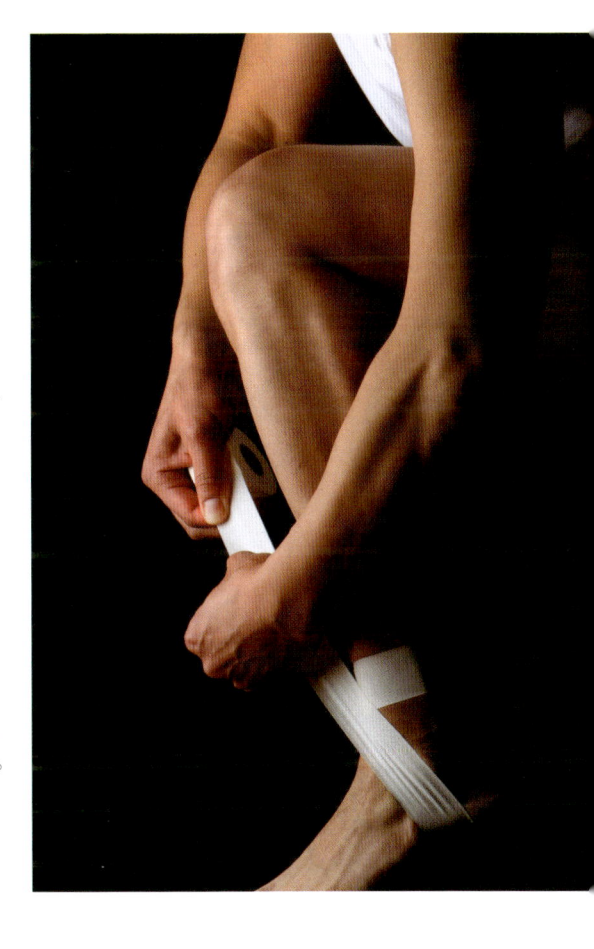

効果5 スポーツパフォーマンスの向上と姿勢改善

もともとケガや疲労の予防に使われることの多いテーピングですが、筋力や関節の反発力を強化することから、結果としてスポーツパフォーマンスを高めることにもなります。

ただし、サポートを施す側と反対側への動きがテーピングによって阻害されたりもするので、どんな場合でも使えるわけではありません。しっかりと見極めることが大切です。

また、テーピングは姿勢の改善にも効果を発揮します。姿勢は骨と骨の位置関係で決まります。特殊なテーピング技法を使えば、骨の位置関係を矯正し、骨を支える筋肉をサポートして、正しい姿勢が維持されます。

Chapter 1 / テーピングの基本

症状に応じて使い分ける
テーピングの3つの目的

テーピングの目的は①筋肉のサポート、②関節のサポート、③関節の固定の3つに大別できます。
①②は動きがあまり制限されず、つけ心地も快適です。
③は関節を強く固定するもので、ケガの直後などに施します。
症状に応じて目的を明確にしてからテープを巻きましょう。

ゆるやか
サポート ←

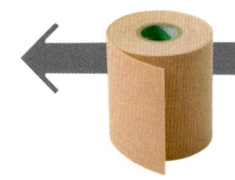

キネシオロジーテープ　　　ソフト伸縮（ハンディカット）テープ

目的 1
筋肉のサポート

　筋肉の力を補助し、関節の動きを円滑にするテーピング技法を、本書では「筋肉のサポート」としています。筋肉はふだんの生活でつねに動かしているので、スポーツ選手に限らず、だれにでも非常に有効な技法です。

　この目的でテーピングを行う場合、筋肉の位置と走行（どこからどこに向かってついているのか）の理解が必要です。筋肉の位置に合わせ走行に沿って貼ると、皮膚の上から筋肉を適切にアシストできます。

　この技法には伸縮性のあるテープを使いますが、なかでもキネシオロジーテープといわれるシールタイプのものが適しています。

目的 2
関節の

　関節は骨と骨のつなぎ目で、運動はここが軸となって起こります。負傷すると骨と骨をつなぎとめる靱帯や関節包（関節を包み込む袋）が痛み、関節がゆるんで不安定になります。この不安定になった関節を補強するテーピング技法を、本書では「関節のサポート」とし

← **パワーUP、疲労予防**　　　**回復期**

ハード伸縮テープ　　　**ホワイトテープ**　　　**がっちり固定**

サポート

ています。

　関節のサポートは、がっちりと固定せず、「遊び」を残します。完全に固定すると、テープの締めつけで不快感や拘束感が生じ、関節の自然な動作が損なわれるからです。この技法には、伸び縮みする伸縮性のテープを使います。

目的 3
関節の固定

　「関節のサポート」の強化版で、足首をひねるなどの大きなケガを負った際に、保護する目的で関節を強く固定します。このテーピング技法を、本書では「関節の固定」としています。このテーピングでは、関節や靱帯についての知識が欠かせません。おもにスポーツ競技者が使います。

　負傷直後は、関節を動かさないよう安静にする必要があります。関節を強く固定し遊びをつくらないテーピング技法が有効となるので、ホワイトテープなどの伸び縮みしない非伸縮テープを使います。

安静期　　　**受傷直後**

Chapter 1 — テーピングの基本

知っておきたい
テーピングの注意点

テーピングの効果をきちんと得るためには、
その使用法を守る必要があります。
余計な部位に負担をかけないためにも、
これらのポイントを押さえておきましょう。

注意点 1　体毛の処理

脚などの体毛が濃い部位の場合、テープのりの接着力が阻害され、固定力を損なうことがあります。また、テープをはがす際も体毛が抜けて痛みが強くなります。事前に体毛をそるなど処理しておくとよいでしょう。

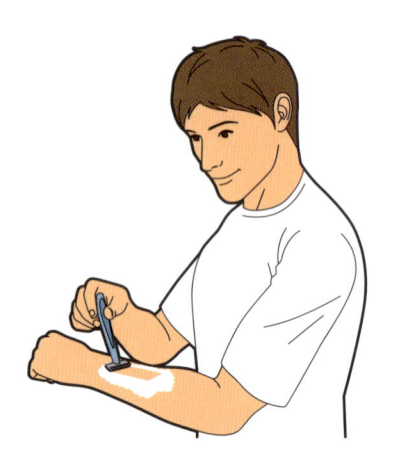

注意点 2　使用時間

スポーツでの使用なら3～4時間が目安です。かぶれの原因にもなるので、運動が終わったらテープはなるべく早くはがしましょう。ただし、皮膚の状態やテープの品質などにもよりますが、キネシオロジーテープなどは丸1日以上貼り続けてもよい場合もあります。

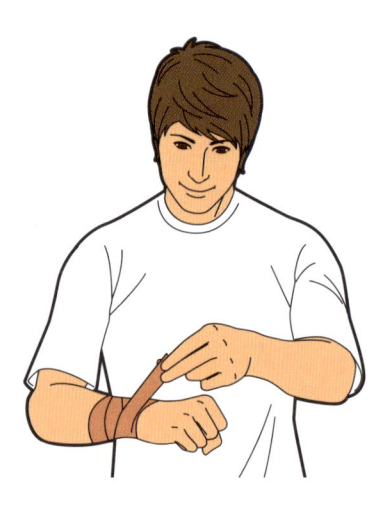

注意点 3 はがし方

テープの近くの皮膚を押さえ、皮膚が持ち上がらないよう水平方向にゆっくりはがすと痛みが弱く、はがしやすくなります。また粘着除去（リムーバー）スプレーを皮膚とテープの間にかけ、テープの粘着力を弱めながらはがす方法も効果的です。

はさみやカッターを使用する場合は、肌を傷つけないよう注意しながら、皮膚とテープの間に入れていきましょう。

テープの粘着力で皮膚を傷つけないよう、片方の手で皮膚を押さえながらはがす

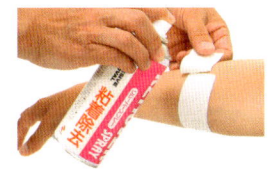

粘着力が強い場合は、粘着除去スプレーを吹きかけるとよい

注意点 4 血流障害

テープによる圧迫が強すぎると、血流が遮断され、テープを施された部位から離れた組織が壊死してしまう危険性があります。とくに手や足を1周巻く場合には注意が必要です。

腕であれば、手首の橈骨動脈（手首の親指側）、脚であれば足背動脈（靴ひもを結ぶあたりにあり、足の甲中央を縦に走る）の拍動が、左右を比較したとき、テープを巻いた側だけ弱まっていないか確認します。また手足の指の変色、しびれや冷感も危険信号として参考になります。押して白くなった親指のつめが、すぐに赤色に戻るかどうかを確認する方法もあります。戻らないのは血流が遮断されるほど強く巻きすぎたサインで、血流障害が起こっていると考えられます。

親指のつめを押して、血流が遮断されていないか確認する

注意点 5 神経障害

ひじ内側の尺骨神経やひざ外側の腓骨神経など、皮膚のすぐ下を通る神経も、強い圧迫を受けることがあります。前腕や手指、下腿や足の指の感覚が鈍い、しびれる、力が入りにくいなどの症状があるときは要注意です。

Chapter 1

テーピングの基本

テーピングで使用する道具

テープには、大きく分けて伸び縮みしない「非伸縮テープ」と
伸び縮みする「伸縮テープ」の2種類があります。
症状や目的に応じて使い分けましょう。
テープの幅もいろいろなサイズが用意されているので
カラダの大きさや目的に合わせて選択します。

非伸縮テープ

ホワイトテープ
幅／12、19、25、38、50mm

使用頻度の高いテープで、おもな用途は「関節の固定」です。手でちぎれます。テープ幅のサイズにバリエーションがあり、部位や症状に合わせて使い分けることで効果的なテーピングが可能となります

ロイコテープ
幅／38mm

手でちぎれます。生地が非常に強く、のりも強力なため、強い「関節の固定」に使われます

伸縮（エラスティック）テープ

ソフト伸縮（ハンディカット）テープ
幅／50、75mm

手でちぎれるため、ハンディカットタイプとも呼ばれます。伸縮性があり、おもに「関節のサポート」やテーピングの仕上げに用いられます

ハード伸縮テープ
幅／50、75mm

生地が強く、手でちぎりにくいタイプです。伸縮性があり、おもに「関節のサポート」、「関節の固定」に用いられます。ソフト伸縮よりも強いサポートや固定が期待できます

キネシオロジーテープ
幅／25、38、50、75mm

裏面に剥離紙(はくりし)がついたシールタイプのテープ。おもに「筋肉のサポート」に用いられ、皮膚を介して筋肉が収縮する力を補助します。「関節のサポート」にも使用できます

その他

アンダーラップテープ

テープの粘着面が直接皮膚につくとかぶれたりします。こうしたダメージから保護する目的で、工程の最初に巻きます

ガレンバンテージ（自着性包帯）
幅／25、38、50、75mm

裏面にのりはありませんが、生地同士を重ねるとくっつきます。のりがないため、厳密には包帯です。テーピングの最後に、全体を包むラッピングなどで使用すると効果的です

伸縮包帯（バンテージ）

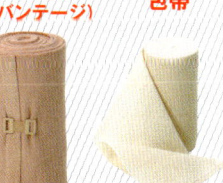

包帯

全体を保護する際や、アイシングする際の氷のうの固定などに使います

Chapter 1 テーピングの基本

はさみ（シザース）

ハードタイプの伸縮性テープやキネシオロジーテープを切ったり、テーピングをはがしたりするときに使用します

テーピングカッター

テープをはがすときに使用します。テープと皮膚の間に入れてテープを切ります

テーピングパッド（ガードクッション）

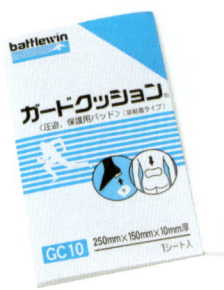

患部の圧迫や保護を目的として用います。皮膚の上に置き、その上からテープを巻きます。必要に応じて加工し、形を変えることもできます

ヒールカップ

かかとへの衝撃を吸収する目的で、テーピングと同時に使用します

足台

ひざへのテーピングの際、ひざの位置を正しく保つために使用します。テープの芯を並べ、伸縮性テープで固めてつくります

ワセリン

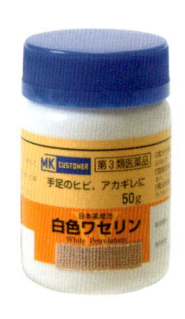

摩擦から保護する目的で、皮膚が傷みやすい部位に塗ります

粘着（のり）スプレー

皮膚に直接吹きかけ、テープと皮膚の接着力を強めます。とくに粘着面のないアンダーラップを巻く前によく使います

粘着除去（リムーバー）スプレー

テープをはがしやすくします。皮膚とテープの間に吹きかけると、テープの粘着力が弱まり、はがれやすくなります

基本のテーピング

→
テーピングには部位や症状別に
さまざまな技法がありますが、
すべてに通じる基本を理解することが大切です。
本書ではこれを「基本のテーピング」と称しますが、
基本的な理論と技術をしっかりと身につけることで
テーピングの効果はグッと上がります。
次ページからは、その「基本のテーピング」の役割や巻き方を説明します。

P.34 アンカー
テーピングの土台となる

P.36 フィギュアエイト
8の字を描くように巻き、関節の固定力を高める

P.38 Xサポート
受傷部位に対してX字に貼り、関節の可動域を制限する

P.40 スパイラル
らせん状に巻き、ねじれを防ぐ

P.42 スプリット
テープの端を裂き、巻きつけて固定力を高める

P.44 アンダーラップ
テープによるかぶれや摩擦から皮膚を守る

P.46 キネシオロジーテープ
筋肉の力をアシストする

Chapter 1 基本のテーピング

[固定力] **弱**

アンカー

役割
- テープの巻き始め（起点）と巻き終わり（終点）になる
- 巻いたテープがずれたり、はがれたりしないよう固定する

アンカーは「船のいかり」の意味で、テープをその場にとどめ、つなぎとめておくものです。一部の部位を除き、輪になるように巻く環状テープがほとんどです。テープはのりの粘着力で貼りつけるので、時間経過とともに汗の影響を受け、はがれやすくなります。しかし、環状テープのように締めつけて巻くことで、テープ同士の粘着力により固定力がアップします。

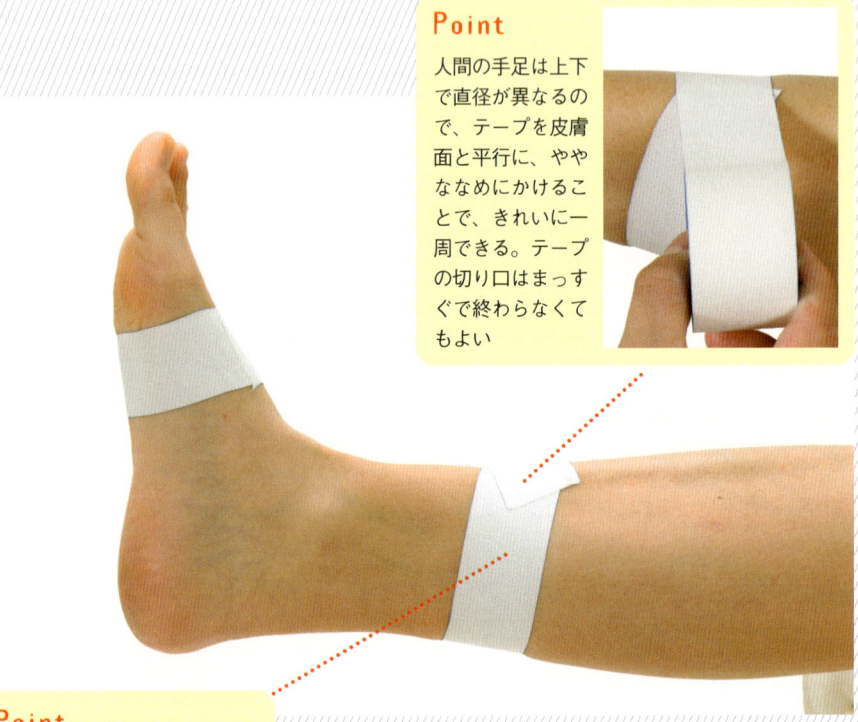

Point
人間の手足は上下で直径が異なるので、テープを皮膚面と平行に、ややななめにかけることで、きれいに一周できる。テープの切り口はまっすぐで終わらなくてもよい

Point
必要に応じて、1/2～1/3ずらし2～3本巻いてもよい

[注意]
- きちんと巻かれていないとテープがずれ、効果が失われる
- 筋肉に力を入れ緊張させた状態で巻かないと、筋肉を締めつけすぎてしまう

足首

1 **足首を90度に立て、**
すねの表を起点にテープを貼る

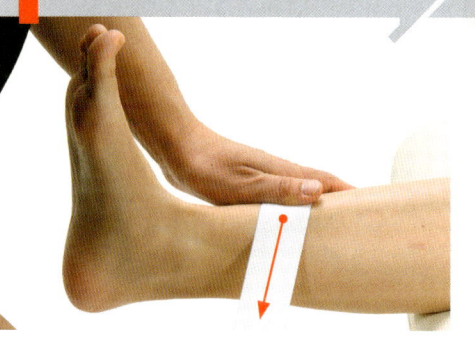

2 脚のカーブに沿って**少しななめに通しながら**1周巻く

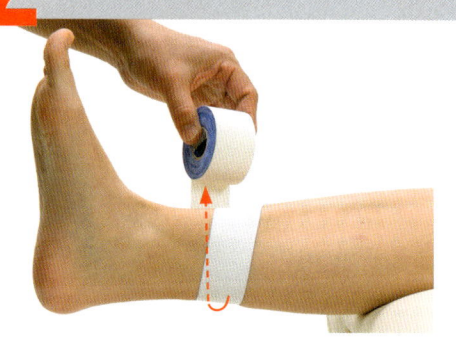

3 **足首を90度に保ちながら、**
甲の中心を起点に1周巻いて完成

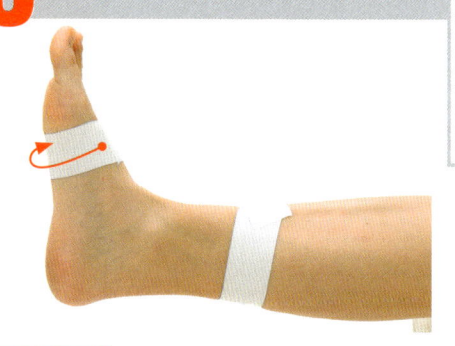

✕ NG
脚のラインに沿わせず真下に下ろすと、皮膚とテープの間にすき間ができる

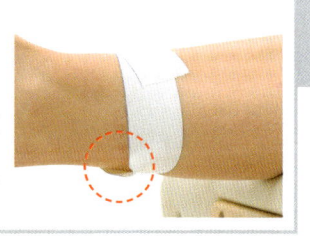

脚

1 脚に力を入れ、ふくらはぎのもっとも太い部分に1周巻く

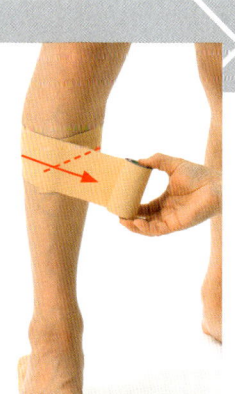

2 ひざと太もものつけ根のあいだにも1周巻いて完成

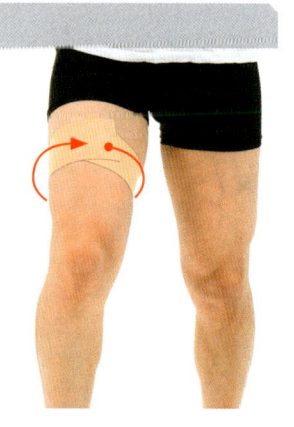

フィギュアエイト

[固定力] 中

Chapter 1 / 基本のテーピング

役割
・関節の固定力を高め、動きを制限する
・前後のぶれを防止し、安定させる

フィギュアエイトは、8の字状に巻くテーピング法です。関節を中心に、ななめにクロスするように巻き、おもに関節の曲げ伸ばしを制限します。交点がある面と反対方向に曲げる動きが制限され、足首ならつま先を伸ばすことが、ひざも伸ばすことが難しくなります。また、関節をななめに通ることにより、ひねりもやや制限されます。ひと巻きで曲げ伸ばしとひねりの制限の効果を出せることがフィギュアエイトの利点です。

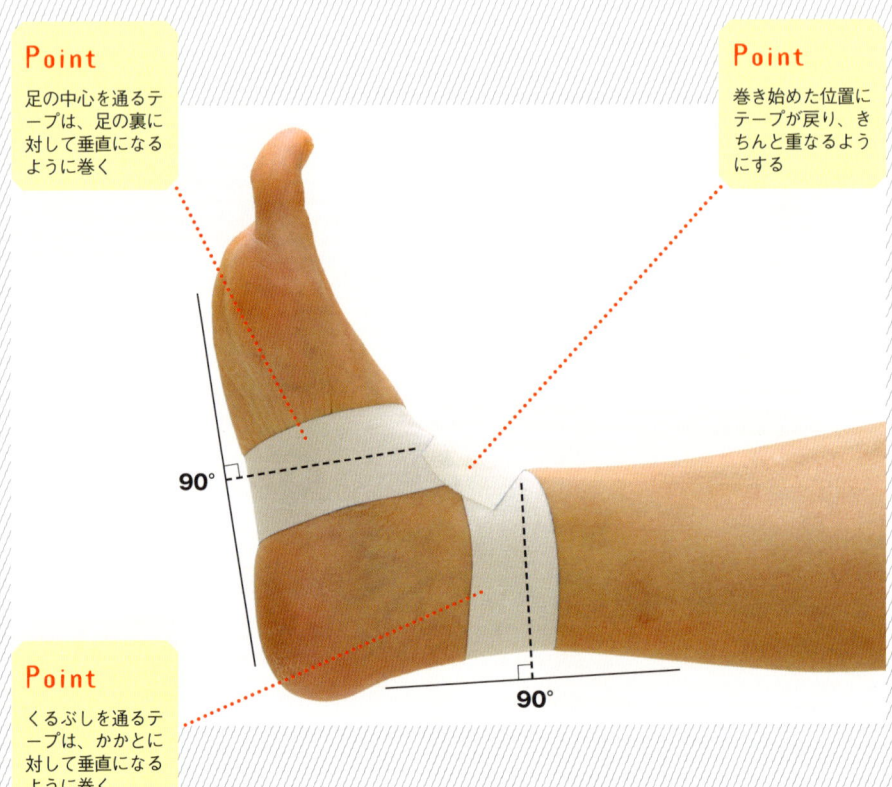

Point
足の中心を通るテープは、足の裏に対して垂直になるように巻く

Point
巻き始めた位置にテープが戻り、きちんと重なるようにする

Point
くるぶしを通るテープは、かかとに対して垂直になるように巻く

[注意]
・テープが巻き始めの位置に戻らないことが多いので、通すべき場所をふまえて巻く
・足首を巻くときは、足首を90度に保たないと、うまく固定されない

足首

1 外くるぶしを起点に、**足の裏に対して垂直**になるように1周巻く

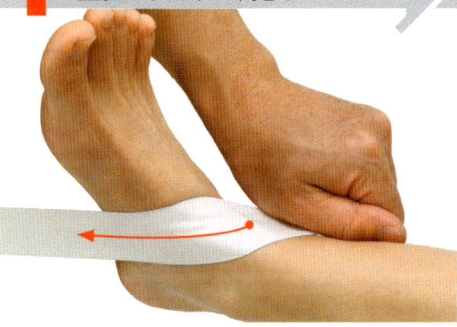

2 土踏まずを通し、**足首前面の真ん中で交差**させる

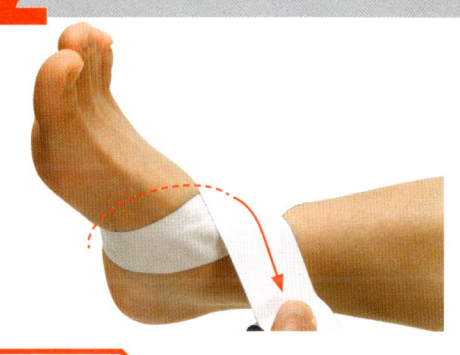

3 そのまま**かかとのラインに対して垂直**になるように足首を1周巻いて完成

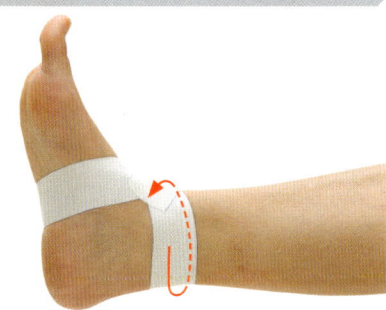

ひざ

1 太もも前面の外側から内回りにひざの裏を通し、**ひざ頭を避けて**ひざの下までテープを巻く

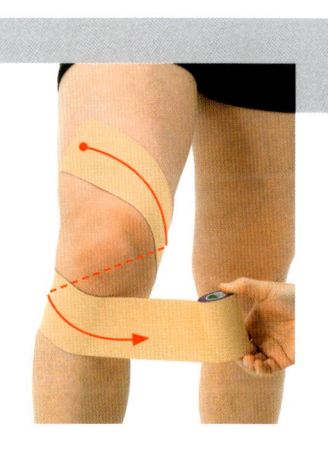

2 そのまま**ひざの裏を通し**、ひざ頭の上まで巻き上げる

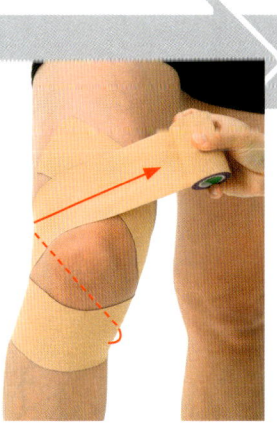

3 ひざ頭の上でテープが交差し、ひざ頭が空いていれば完成

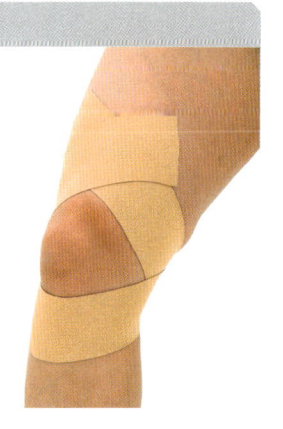

Xサポート

[強度] 強

役割
- 関節の可動域を制限する
- とくに曲げ伸ばしの動きを制限する

Xサポートの目的は、横曲げを含む関節の曲げ伸ばしの制限です。関節の中心でテープが交差するようにします。交差部分が通る部位と反対側には曲げたり伸ばしたりすることができなくなり、ねんざの保護などに適しています。Xサポートと呼ばれますが、実際にはXの真ん中にまっすぐ1本補強することが多いです。強度が必要だったり、面積が広かったりする場合は、Xサポートを数回くり返します。

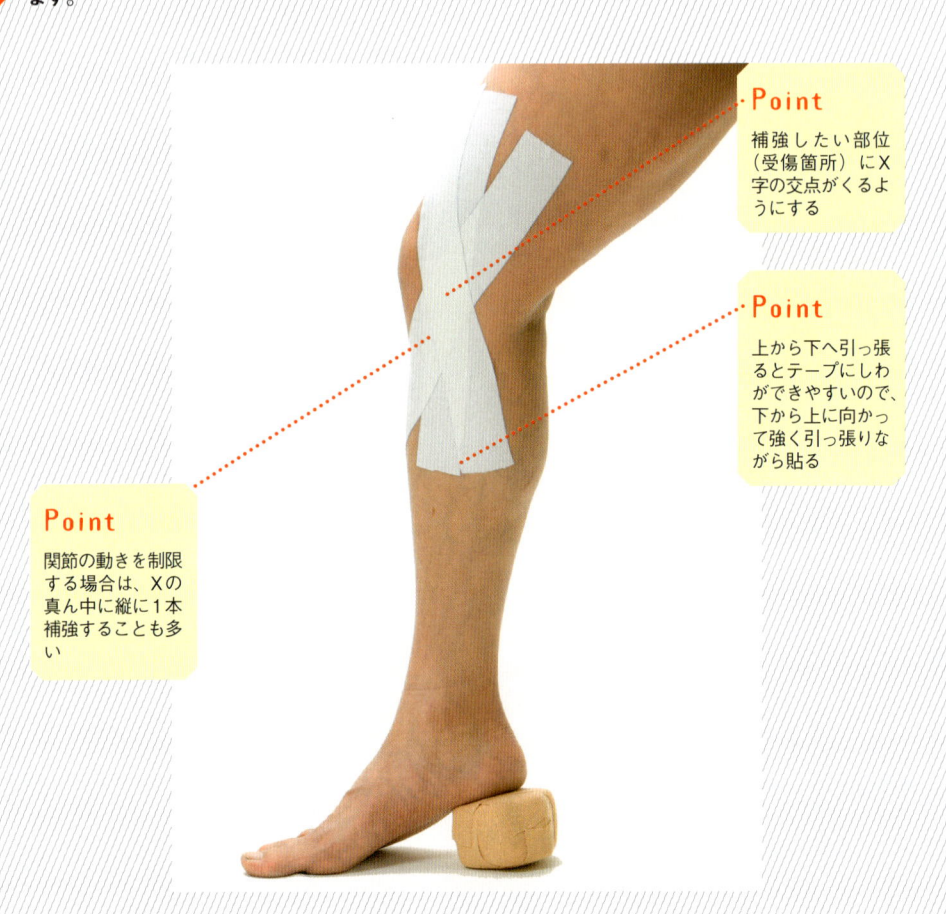

Point
補強したい部位（受傷箇所）にX字の交点がくるようにする

Point
上から下へ引っ張るとテープにしわができやすいので、下から上に向かって強く引っ張りながら貼る

Point
関節の動きを制限する場合は、Xの真ん中に縦に1本補強することも多い

[注意]
- テープの交点が受傷箇所からずれないようにする

ひざ

1 受傷箇所を通るように、**下から上に引っ張りながら**まっすぐテープを貼る

2 **1と受傷箇所で交差するよう**、下から上に引っ張りながらななめにテープを貼る

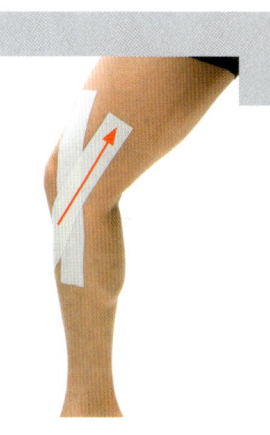

3 **1と2の交点を通るよう**にななめにテープを貼って完成

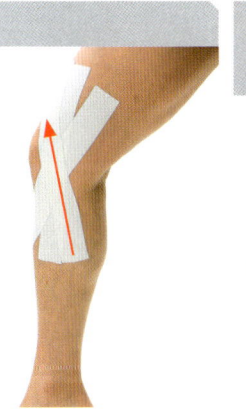

ひじ

1 受傷箇所を通るように、まっすぐテープを貼る

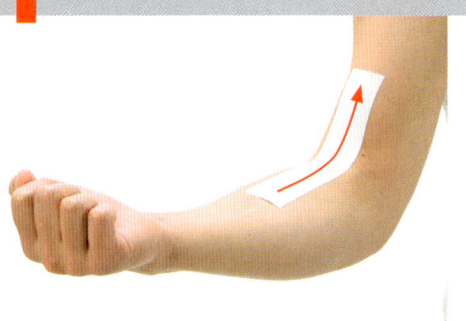

2 **1と受傷箇所で交差するよう**、ななめにテープを貼る

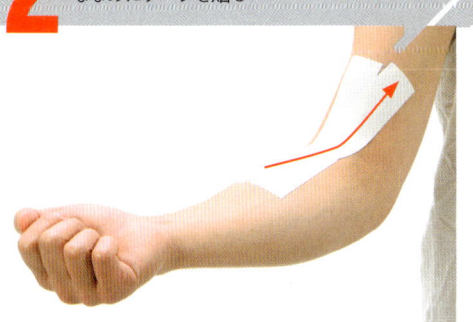

3 **1と2の交点を通るように**、ななめにテープを貼って完成

039

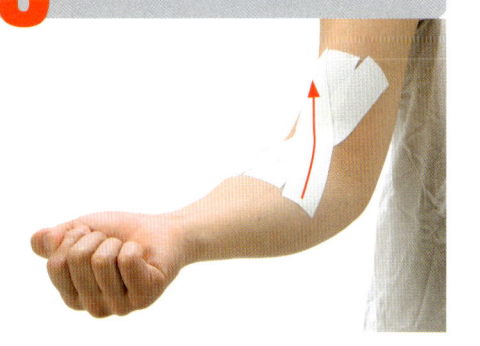

スパイラル

[固定力] 中

役割
・関節が特定の方向にねじれるのを防ぐ

スパイラルはらせん状に巻くテーピング法で、関節のひねりの制限が目的です。ひざなら下腿外側から巻き上げ、大腿内側で終わるよう、らせん状に1.5周巻きます。関節の動きには、曲げ伸ばしだけでなく、ひねりもあります。肩や股関節は大きくひねることができ、ひざもわずかですがひねることが可能です。このひねりが過度になったときに、ねんざなどのケガにつながります。このテープでひねりを制限し、ねんざなどを防ぎます。

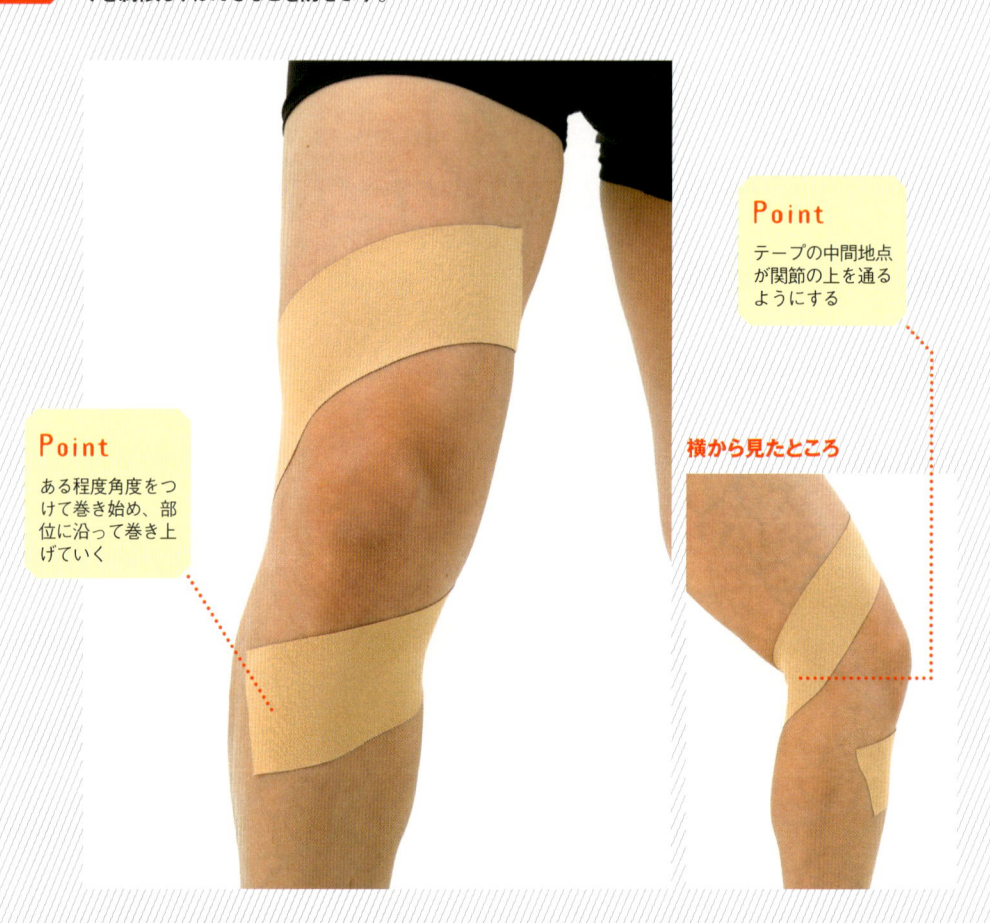

Point
テープの中間地点が関節の上を通るようにする

横から見たところ

Point
ある程度角度をつけて巻き始め、部位に沿って巻き上げていく

[注意]
・2本巻く場合は左右対称にするのが難しいので、きれいにX字形に交差しているか、後ろから確認する

ひざ

1 すねの外側、**ひざ頭の下を起点にし、**ななめ上に巻き上げる

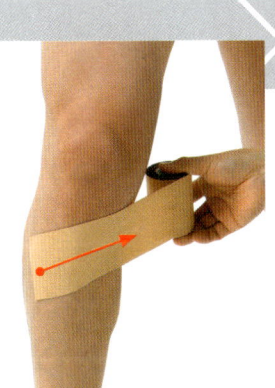

2 ひざの裏を通り、太ももの内側、**ひざ頭の上まで**巻いて完成

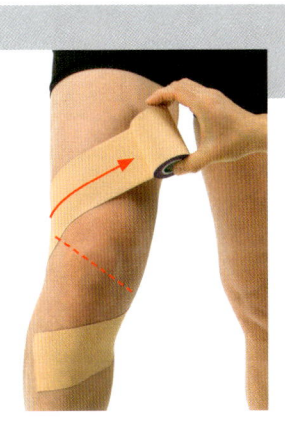

2本バージョン

3 すねの内側、**ひざ頭の下を起点にし、**1と反対の方向にななめ上に巻き上げる

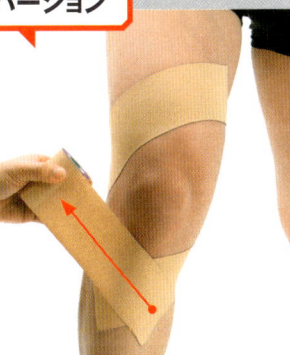

4 ひざの裏を通り、太ももの外側、**ひざ頭の上まで**巻いて完成

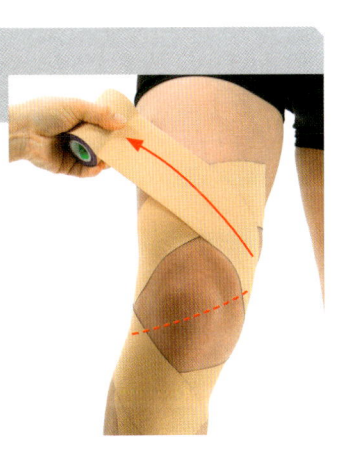

足首

1 すねの外側を起点に、アキレス腱を通り、**かかとの外側を**巻く

2 足の裏を通し、**甲まで巻き上げて**完成

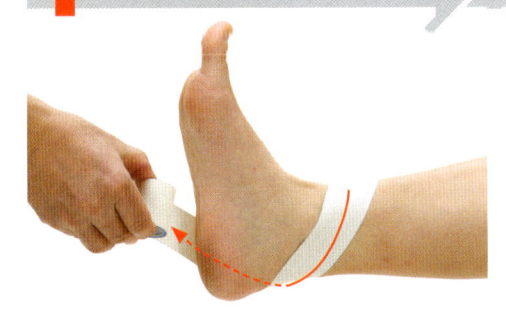

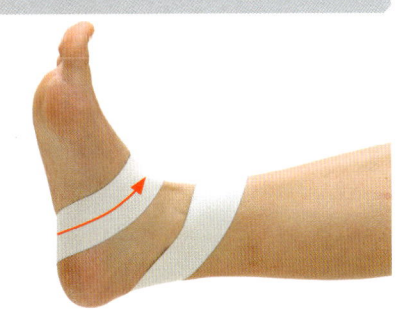

※このようにかかとに施せばヒールロックとなる

スプリット

[強度] 中

基本のテーピング

役割
- 関節を圧迫することで、受傷箇所を安定させる
- 適度な可動範囲を保ちながら動きを制限する

スプリットはテープを裂いて使う技法で、おもに伸縮性テープを用います。テープの端（幅の中央）に切り込みを入れ、両手で引っ張るもしくははさみを使って裂くのが一般的です。裂いた2本で特定の部位を包み込み、圧迫したり固定したりしますが、たとえばひざ頭の上下をはさむように貼って圧迫する方法や、足の甲に裂いた2本を巻きつけて固定力をアップさせる方法などがあります。

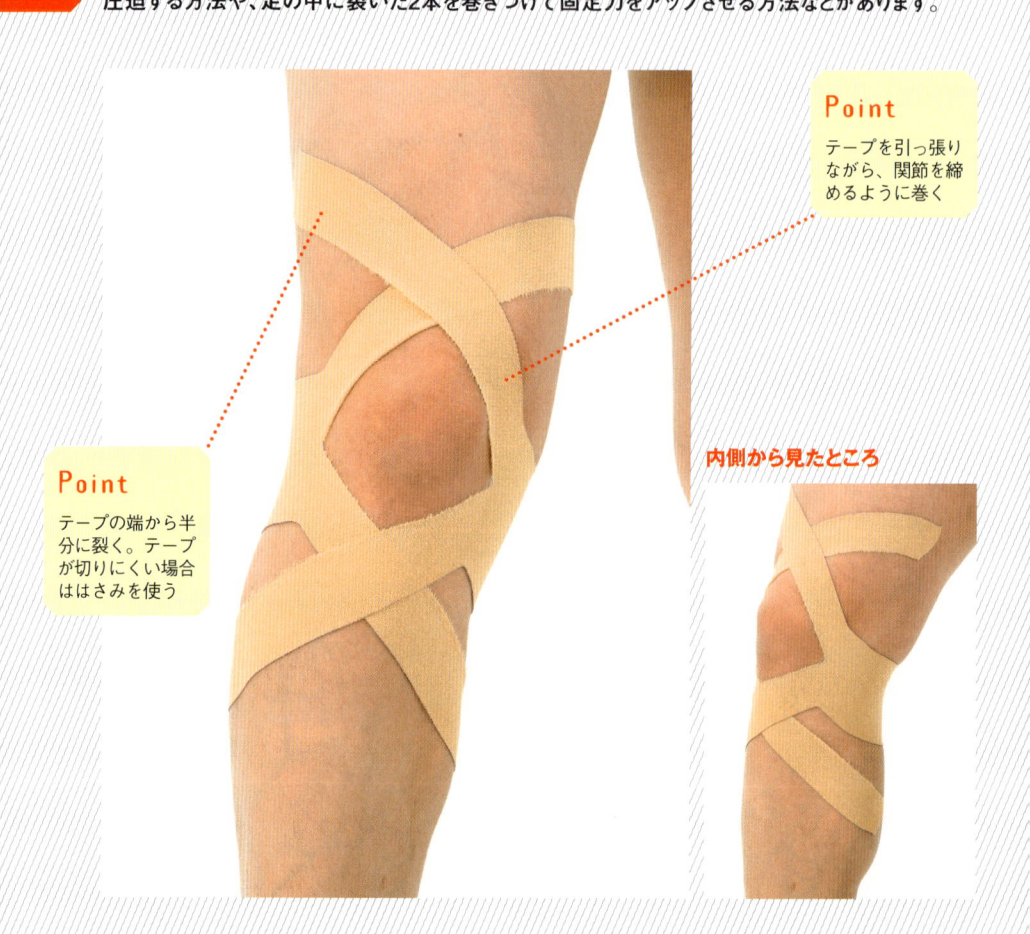

Point
テープを引っ張りながら、関節を締めるように巻く

Point
テープの端から半分に裂く。テープが切りにくい場合ははさみを使う

内側から見たところ

[注意]
- 強く締めすぎると、痛みが出たり、神経障害を起こしたり、血行が悪くなったりする

ひざ

1 ひざの裏にテープの中心を合わせ、**左右にテープを出して**貼る

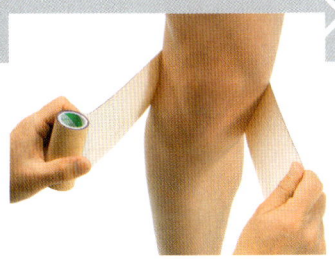

2 テープの端に切り込みを入れて**半分に裂く**

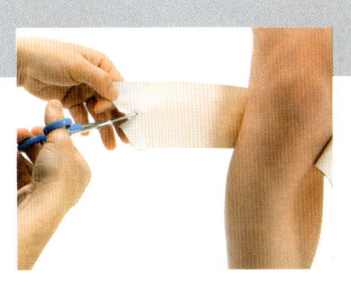

3 切り込みの裂け目がひざ頭の横にくるようにし、**ひざ頭に沿わせて**上下に貼る

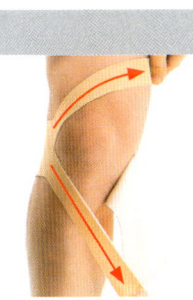

4 反対側も2、3と同様に**ひざ頭の上下に沿わせるように**貼って完成

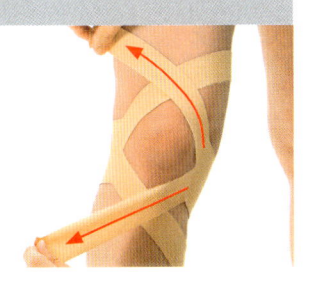

固定力強バージョン

1 ひざの裏にテープの中心を合わせ、左右にテープを出して貼り、端から**半分に裂く**

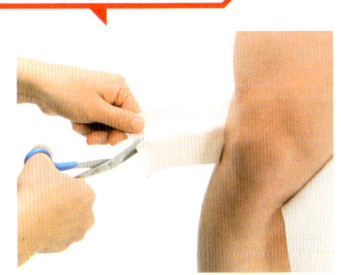

2 **ひざ頭を囲むように**上下に沿わせ、ひざ頭の横でとめる

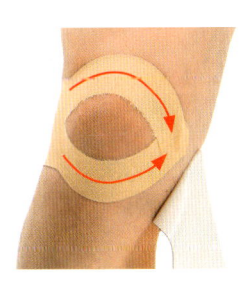

3 反対側も同様に、端に切り込みを入れ**半分に裂く**

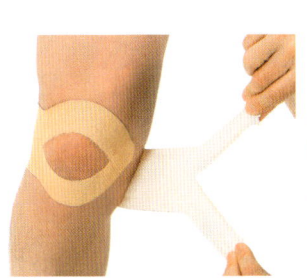

4 **ひざ頭を囲むように**上下に沿わせ、ひざ頭の横でとめて完成

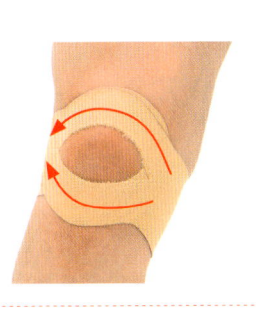

Chapter 1 基本のテーピング

アンダーラップ

役割 ・テープによるかぶれや摩擦から皮膚を守る

テーピング用のテープは、裏面ののりによって固定力を発揮しますが、そののりで皮膚がかぶれてしまうことがあります。アンダーラップは、テープののりがもつ強い粘着力から皮膚を保護し、使用後にはがしやすくするため、最初に巻きます。薄いスポンジ状のテープで、のりがなく固定力はありません。ただし固定力を損なうことにもなるので、アンダーラップを巻く前には粘着スプレーを使うのが一般的です。

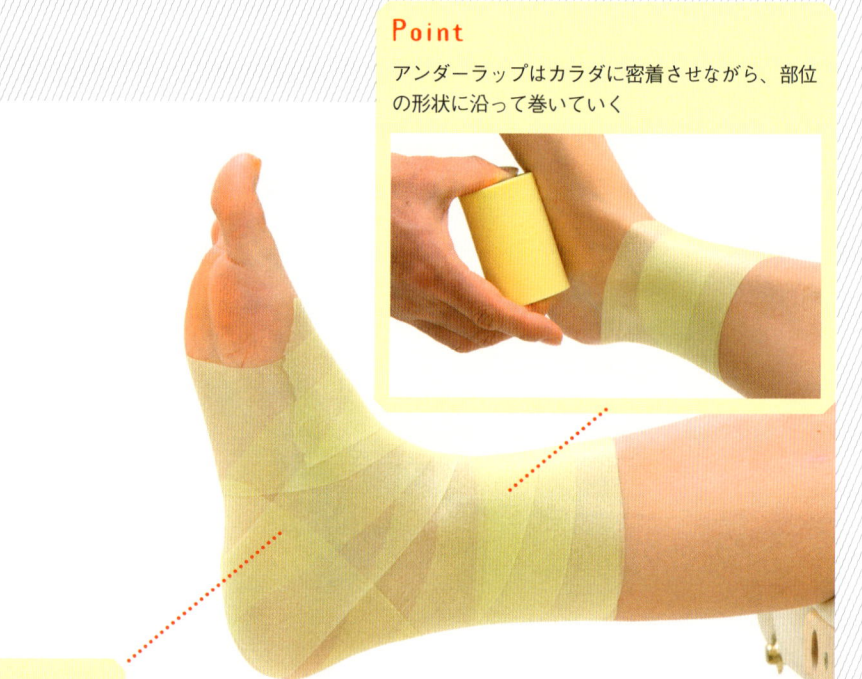

Point
アンダーラップはカラダに密着させながら、部位の形状に沿って巻いていく

Point
均一にテンションをかけ、引っ張りながら巻いていくことで、よれをなくす

[注意]
・カラダのラインを無視すると、端が丸まり、皮膚を圧迫して痛みや水ぶくれの原因となる
・アンダーラップ自体に粘着力はないので、巻く前に粘着スプレーをかけておく

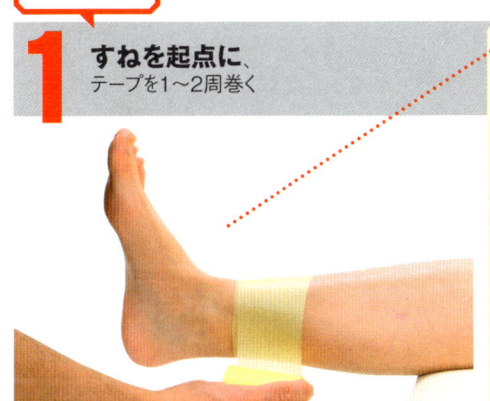

足首

1. すねを起点に、テープを1〜2周巻く

Point
基本は腓腹筋の下2〜3cm、足首から指4本分ほど外側の位置を目安に巻き始めるとよい

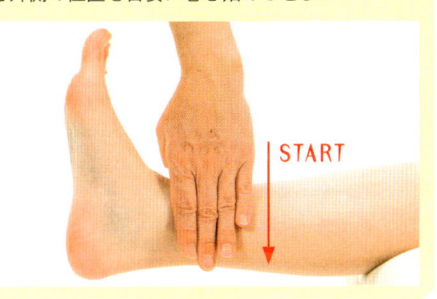

START

2. 1/2〜1/3ずらしながら、足首まで巻き、かかとの側面を通す

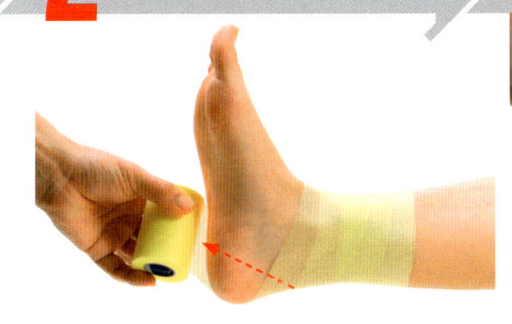

3. 足の裏から甲を通し、かかとの側面を巻く

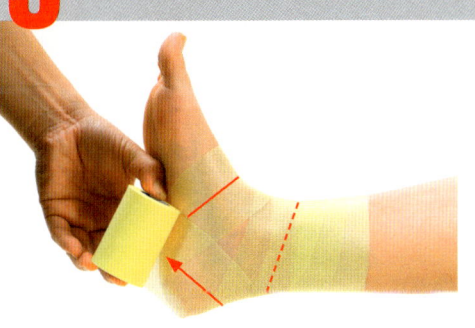

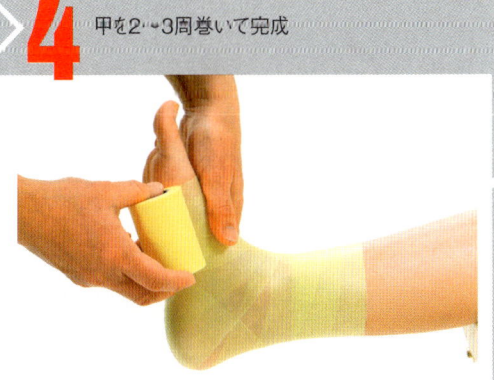

4. 甲を2〜3周巻いて完成

✕ NG
アンダーラップの端が丸まってしまったら、巻き直すかその部分をちぎって取る

✕ NG
すき間ができると皮膚を保護できない

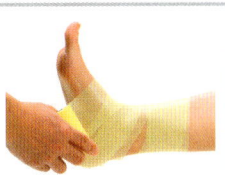

Chapter 1 基本のテーピング

キネシオロジーテープ

役割
・筋肉の力をアシストする

キネシオロジーテープは伸縮性の高いテープで、シールのように剥離紙(はくりし)をはがして皮膚に貼ります。このテープのおもな目的は、筋肉の力をアシストすることです。やや引っ張りながら皮膚に貼ることで筋力を補い、関節運動をアシストします。テープ裏面の剥離紙には長さを示す目盛りが刻まれています。あらかじめはさみで適度な長さに切って使用する場合と、剥離紙をはがしながら貼り、終わったらはさみや手で切る場合があります。

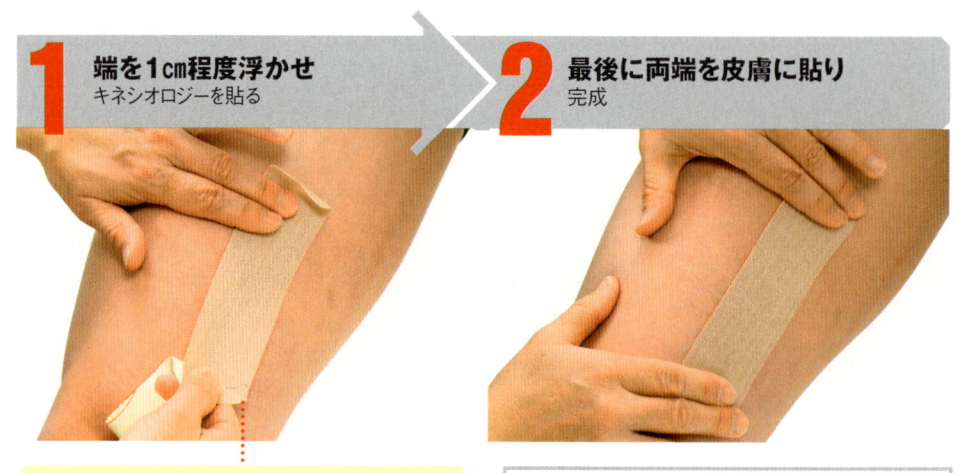

1 端を1cm程度浮かせ
キネシオロジーを貼る

2 最後に両端を皮膚に貼り
完成

Point
テープの四隅を丸くカットすると、はがれにくくなる

✗ NG
テープの端から強く引っ張って貼ると、皮膚がかぶれやすくなる

Chapter 2

足部の
テーピング

スターアップ

[固定力] 強

役割 ・足首の関節が内、外に曲がる動きを制限する

スターアップとは馬具の「あぶみ」の意味で、テープを踏むように足の裏から足首の上まで貼りつけ、足首のねんざに用いる技法です。このテープの目的は、足首の横曲げ（内反・外反）の制限です。引っ張り方によって、内側にも外側にもひねる動きを制限できますが、足首のねんざは圧倒的に内側にひねる内反ねんざが多いので、本書では内反を制限する方法を紹介します。

外側から見たところ

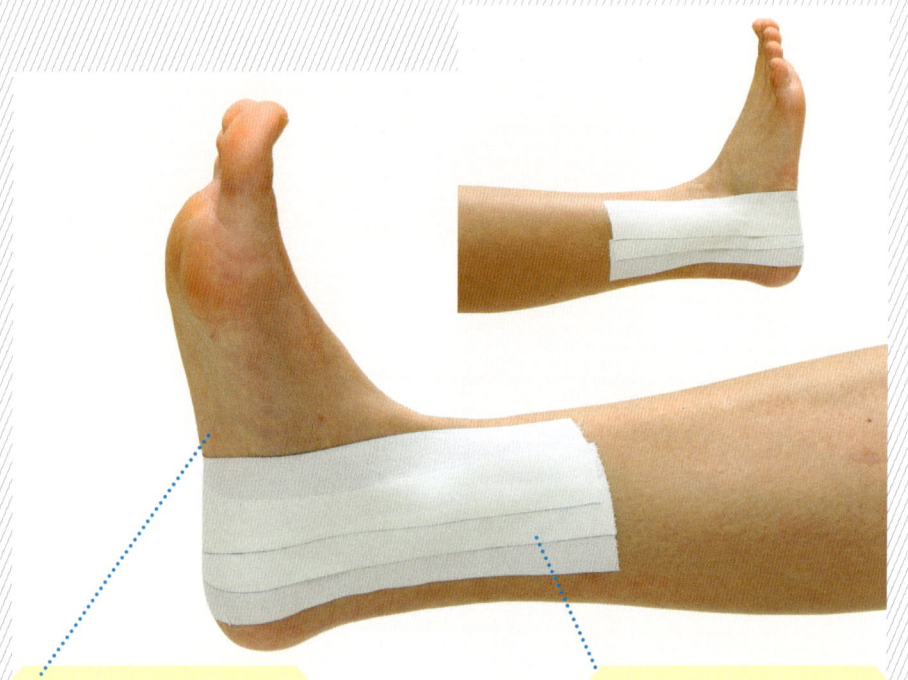

Point
足の裏を通るときは、外側に強く引っ張るように貼る

Point
テープを引っ張りながら貼り、テンションを利用する

[注意]
・テープを1/2〜1/3重ねるように貼る
・症状に応じて引っ張る方向を使い分ける

1 内くるぶしの上から
かかとに向かい、足の裏を通って外くるぶしの上まで巻く

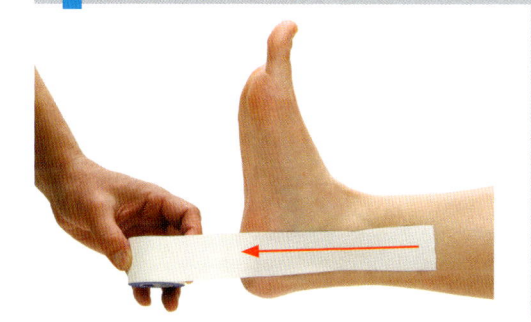

✗ NG
足裏への回し方が悪いと、テープが外側のくるぶしの上からずれてしまう

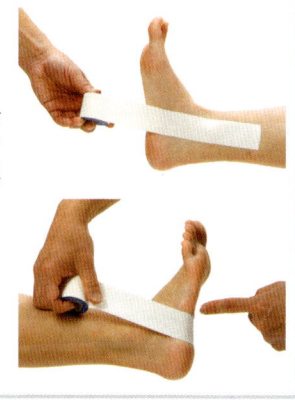

2 1のテープから1/2～1/3前方にずらし、同様にもう1本巻く

3 2のテープから1/2～1/3前方にずらし、同様に計3本巻いて完成

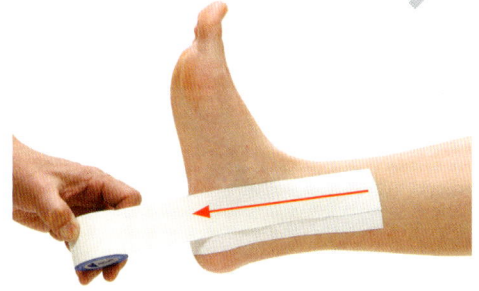

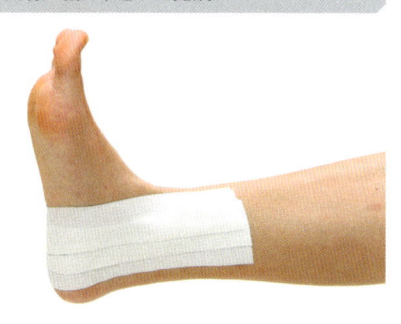

放射状（固定力弱）バージョン

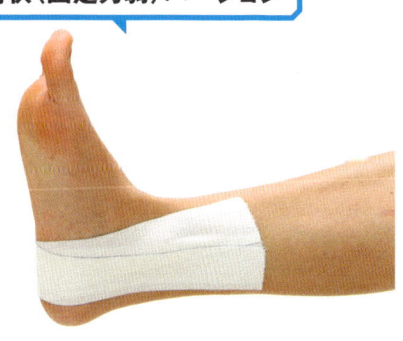

足の裏1点で重なり、**すねでは扇状**となる方法。基本のものと比べて固定力が弱く、足首の曲げ伸ばしの自由度が高い

Point
かかとはななめ下方向へ通るように巻くと、外くるぶしの上をうまく通るようになる

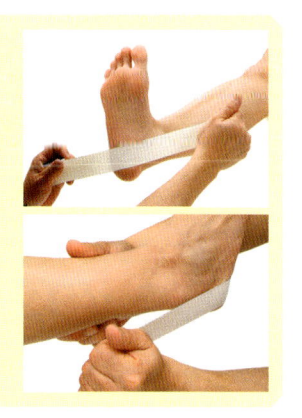

ヒールロック

[強度] 中

役割
- かかとの骨（踵骨）が左右にずれないよう保護する
- かかとを固定することで、足首の横曲げ（内反・外反）とひねりを制限する

かかとが内側（あるいは外側）に向かないように、横に曲がる動きを抑える技法で、スパイラルとほぼ同じ巻き方をします。かかとの外側を押さえる外側ヒールロック（内反・内旋制限）と、かかとの内側を押さえる内側ヒールロック（外反・外旋制限）があり、通常対称になるように両方とも行います。両側のヒールロックは足首を包み込む面積が大きいので、伸縮性テープを用いて工程の最後に行うラッピングとしても使えます。

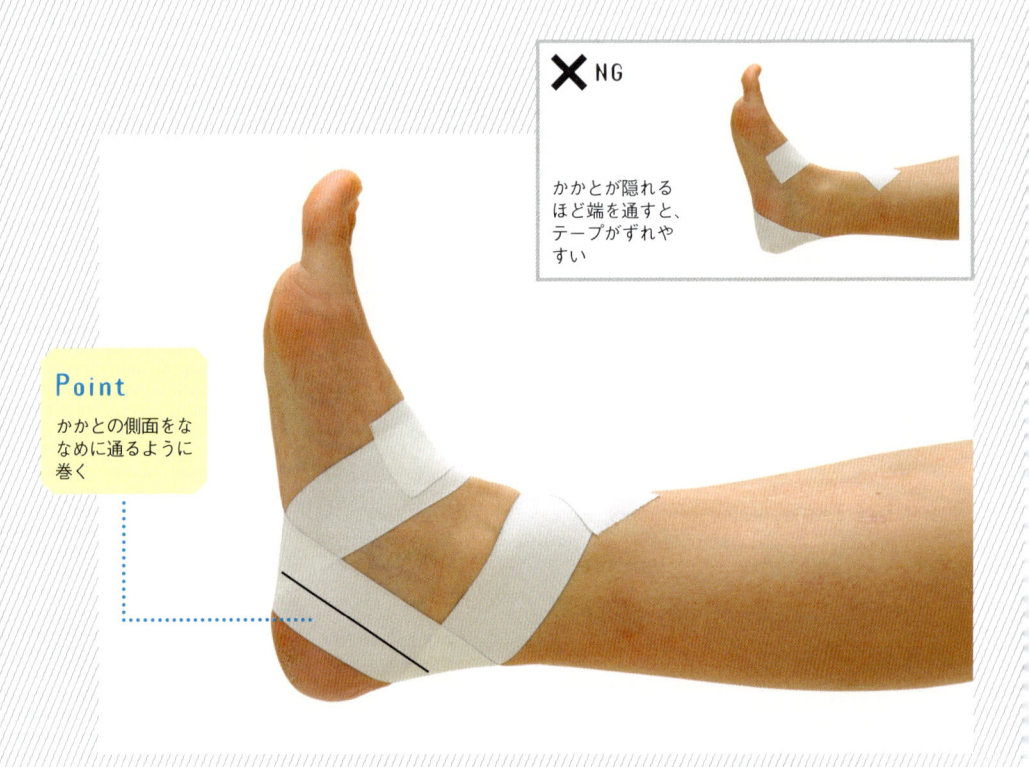

× NG
かかとが隠れるほど端を通すと、テープがずれやすい

Point
かかとの側面をななめに通るように巻く

※伸縮性テープでフィギュアエイト→外側ヒールロック→内側ヒールロックを連続して行えばラッピングとしても効果的で、しかもある程度の関節サポートも可能となる

[注意]
- 強く巻きすぎてアキレス腱に食い込みすぎないようにする
- かかとの端を通るとテープがずれてしまうため、かかとの角が見えるようにテープをななめに通す

Chapter 2 足部の基本のテーピング

1 外側ヒールロック

すねの前面を起点に、足首内側に向かってななめに巻き、**内くるぶしの上**を通す

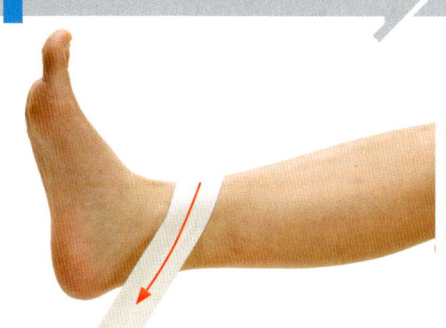

2 アキレス腱をななめに通り、**かかとの外側**を巻く

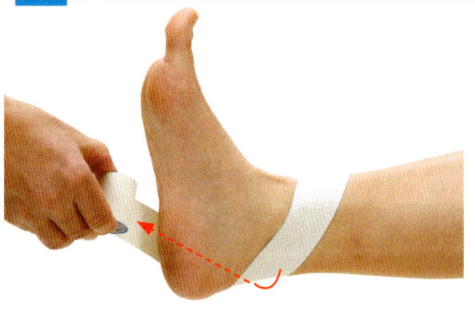

3 足の裏をななめに通して、甲まで巻き上げて完成

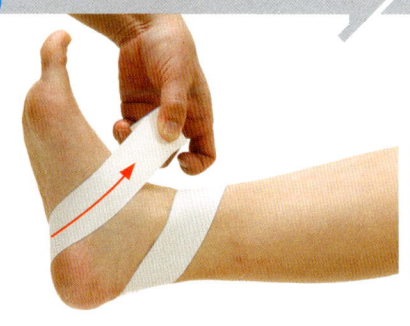

4 内側ヒールロック

すねの前面を起点に、足首外側に向かってななめに巻き、**外くるぶしの上**を通す

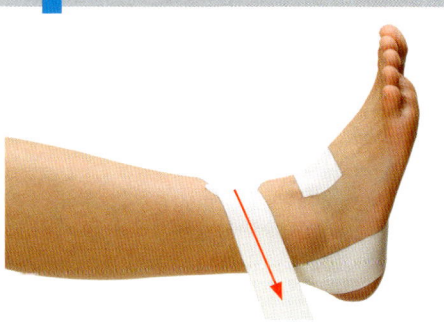

5 アキレス腱をななめに通り、**かかとの内側**を巻く

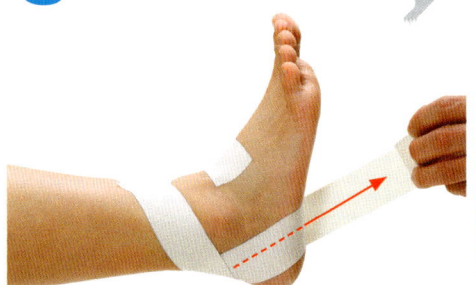

6 足の裏をななめに通して、甲まで巻き上げて完成

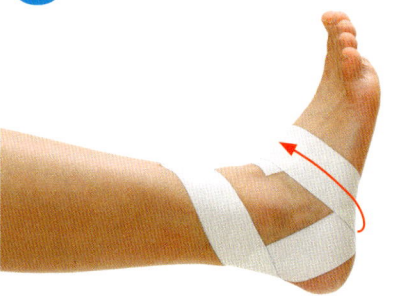

Chapter 2 　足部の基本のテーピング

ホースシュー

[固定力] **弱**

役割
- かかとを固定し、足首のぶれを防ぐ
- テープが皮膚から浮かないようにし、スターアップの密着性を高める

「馬のひづめ」の意味で、かかとを中心にU字形に巻きます。かかとや足首を後方から押さえ、スターアップを補強する効果があります。

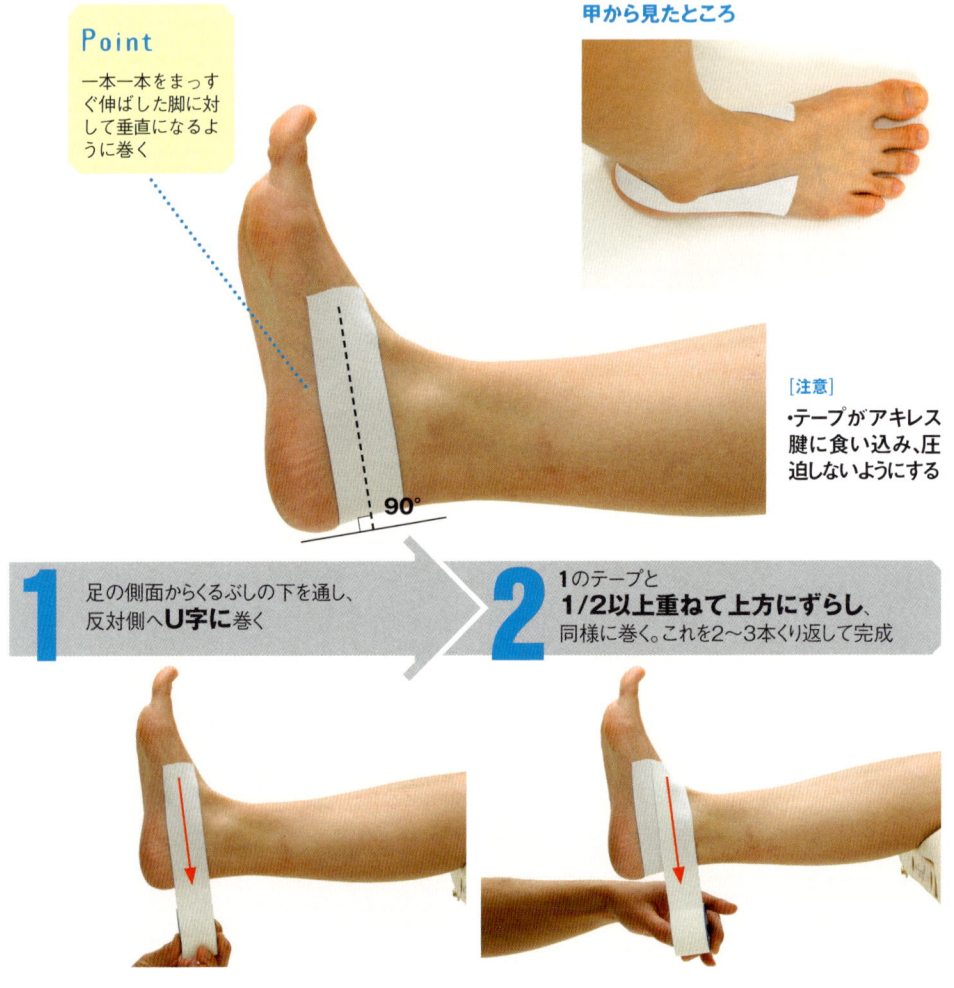

甲から見たところ

Point
一本一本をまっすぐ伸ばした脚に対して垂直になるように巻く

90°

[注意]
・テープがアキレス腱に食い込み、圧迫しないようにする

1 足の側面からくるぶしの下を通し、反対側へ**U字に巻く**

2 1のテープと**1/2以上重ねて上方にずらし**、同様に巻く。これを2〜3本くり返して完成

サーキュラー

[固定力] **弱**

役割
- スターアップがずれないように固定する
- 足首に均一に圧迫をかける

ホースシューが内くるぶしを少し越えるあたりから、足首を一周するように巻きます。スターアップの固定や下腿に均一に圧をかける効果があります。

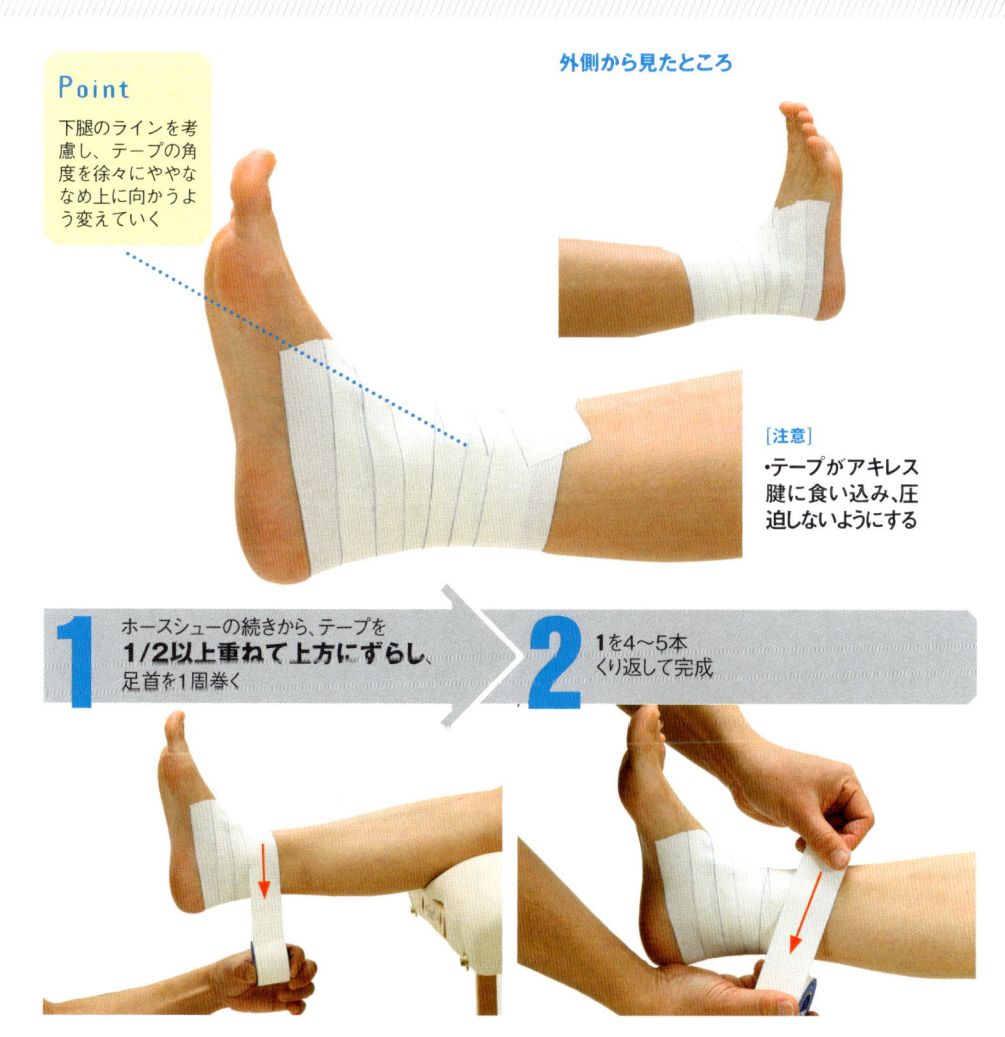

Chapter 2　足部の基本のテーピング

Point
下腿のラインを考慮し、テープの角度を徐々にややななめ上に向かうよう変えていく

外側から見たところ

[注意]
- テープがアキレス腱に食い込み、圧迫しないようにする

1 ホースシューの続きから、テープを **1/2以上重ねて上方にずらし、** 足首を1周巻く

2 1を4〜5本くり返して完成

Chapter 2 足部のテーピング

足首・足指・足裏

足部はつねに体重がかかり、歩く、走る、ジャンプするなどの基本的な動作で大きな負荷がかかります。数多くの骨がありますが、かかと側から足根骨、中足骨、趾骨の3つに大きく分けられます。
とくに足首は、もっともケガをしやすい部位であり、外側は脛骨・腓骨から足根骨へ3つの靱帯でつながっています。足の裏が内側に向いた状態を「内反」、外側に向いた状態を「外反」、また足首が曲がった状態を足の甲が曲がるため「背屈」、伸ばした状態を「底屈」といいます。足関節の障害でもっとも多いのが内反ねんざで、足首が内側に曲がり、外くるぶしの下の靱帯を傷める傷害です。
また、足の裏には縦（足の上下）と横（足の左右）のアーチがあり、ジャンプ時にかかる衝撃をやわらげたり、体重をバランスよく支えたりといった重要な役割を果たしています。扁平足では、この縦と横のアーチをサポートする必要があります。

[右足首外側]

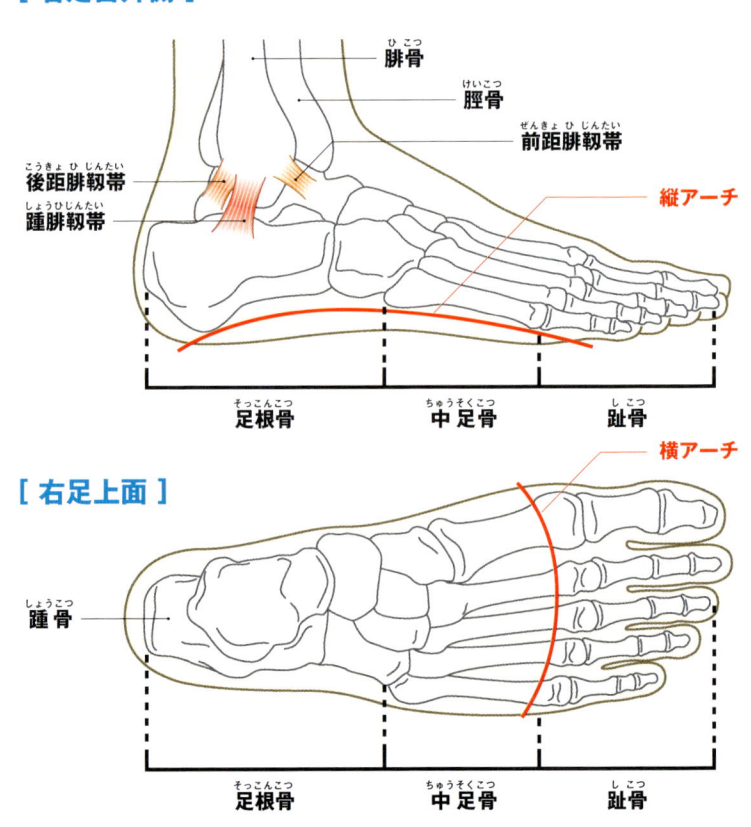

腓骨 (ひこつ)
脛骨 (けいこつ)
前距腓靱帯 (ぜんきょひじんたい)
後距腓靱帯 (こうきょひじんたい)
踵腓靱帯 (しょうひじんたい)
縦アーチ
足根骨 (そっこんこつ)
中足骨 (ちゅうそくこつ)
趾骨 (しこつ)

[右足上面]

踵骨 (しょうこつ)
横アーチ
足根骨 (そっこんこつ)
中足骨 (ちゅうそくこつ)
趾骨 (しこつ)

足部のテーピングの目的と症状

[筋肉のサポート]

土踏まずのアーチが
下がってきて痛い　→ P72.74 → **扁平足へ**

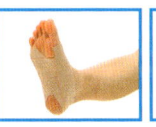

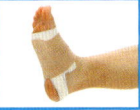

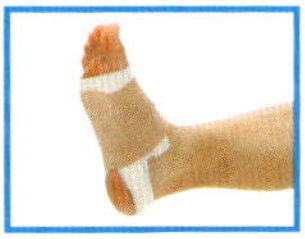

[関節のサポート]

足首の外側を押したり、
内側にひねったりすると痛い　→ P64 → **内反ねんざの再発予防へ**

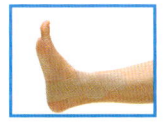

足の親指が
小指側に曲がって痛い　→ P68 → **外反母趾へ**

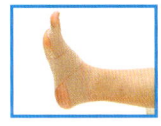

[関節の固定]

足首の外側を押したり、
内側にひねったりすると痛い　→ P56.60 → **内反ねんざへ**

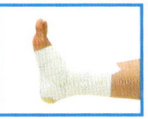

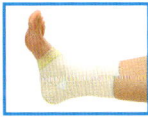

足の親指が
小指側に曲がって痛い　→ P66 → **外反母趾へ**

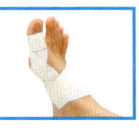

親指の裏側
（母趾球）が痛い　→ P70 → **種子骨障害へ**

[圧迫]

ジャンプの着地などで
かかとが痛い　→ P76 → **踵骨下脂肪体損傷へ**

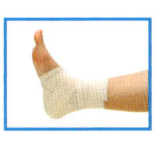

Chapter 2
足首
[目的] 関節の固定

[固定力] 強

足首を内側にひねると痛い
（足関節内反ねんざ）

原因・症状・診断 足首を内側にひねることで発生する、スポーツ中でもっとも起こりやすいケガのひとつ。ジャンプの着地や急激なターンなどでなりやすく、外くるぶしのあたりにある前距腓靭帯を傷めやすい。足首の外側に痛みがあり、内側にひねると痛みが増す。また、足首に不安定感を覚える。

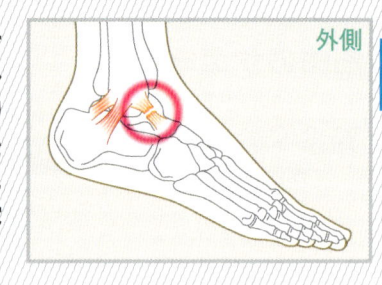

外側

これで

[スタート姿勢]
巻いてもらう場合…
ひざを伸ばして座り、足首を台から出す。
足首は90度に立てる

自分で巻く場合…
片ひざを曲げ、つま先をイスなどの**台の上にのせる**

× NG
足首の角度が広くなると、立ったときにテープが食い込み痛む

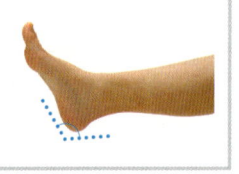

1 土踏まずのあたりからすねのあたりまでアンダーラップを巻く
（巻き方はP44-45参照）

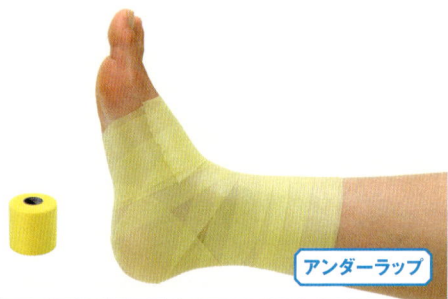

アンダーラップ

皮膚を保護する

4 3のテープから甲側へ1/2〜1/3ずらしながら、同様に**内側から外側へ**もう2本巻く

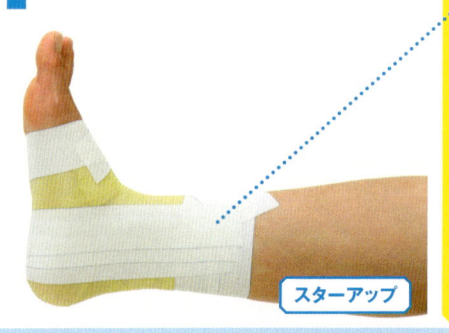

スターアップ

[透過]Point
足の甲の外側にある出っ張った骨（第五中足骨の根元、リスフラン関節）にテープが食い込まないよう、ややかかと側にスターアップを巻く

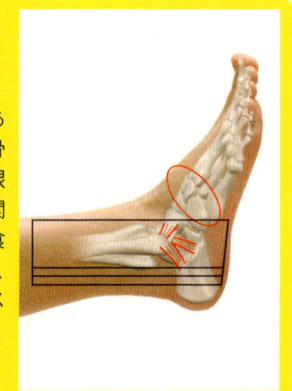

Professional technique
- 足の真ん中にある関節にテープが食い込まないようにする
- スターアップは<u>内から外へ</u>、足の裏を<u>ななめ下へ</u>向けて巻く

解決!

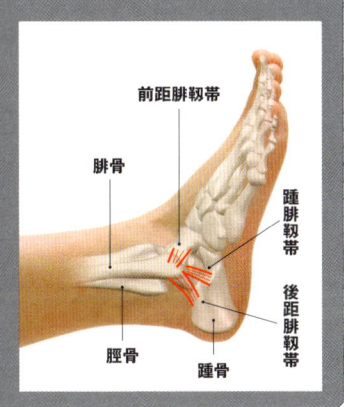

[使うテープ]
- アンダーラップ 
- ホワイトテープ 38mm 

図(足の骨格): 前距腓靱帯 / 腓骨 / 踵腓靱帯 / 後距腓靱帯 / 脛骨 / 踵骨

---

2 すねに2本、甲に1本、ホワイトを巻く
38mm

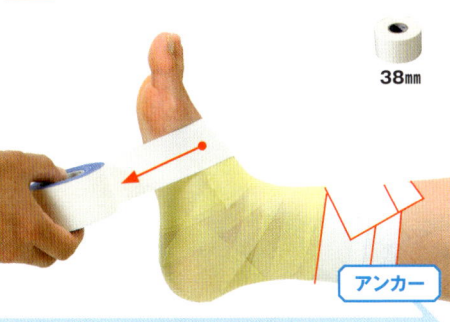

アンカー

テープがずれないようにする

---

3 2ですねに巻いたテープの**内側を起点に**かかとを通して外側のアンカーまで巻く

スターアップ

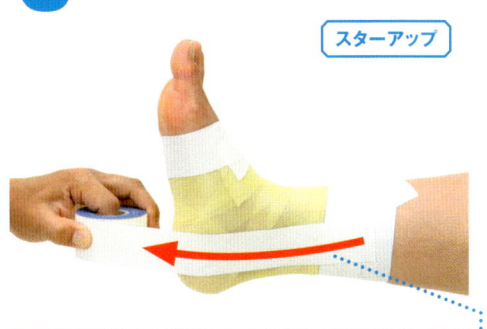

足関節の動きを制限し、ねじれを防ぐ

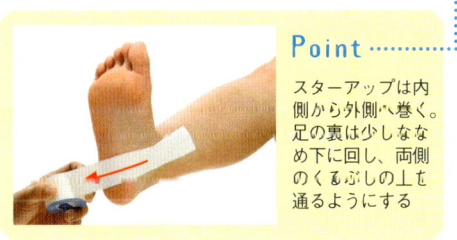

---

5 2で甲に巻いたテープの**内側を起点に**、アキレス腱を通して外側のアンカーまで巻く

ホースシュー

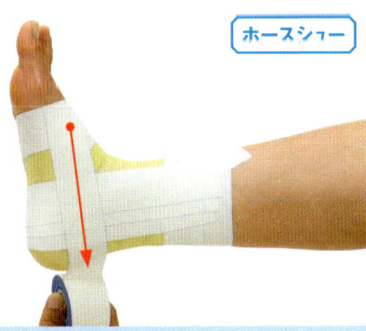

足関節の動きをより制限する

Point
スターアップは内側から外側へ巻く。足の裏は少しななめ下に回し、両側のくるぶしの上を通るようにする

次のページへ

6
5のテープから**すね側へ**
1/2〜1/3ずらしながら、
同様に4〜5本巻く

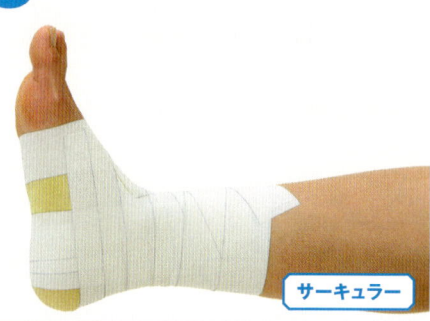

サーキュラー

7
すねの外側を起点に、
内くるぶしの横を通るよう
少しななめにテープを巻く

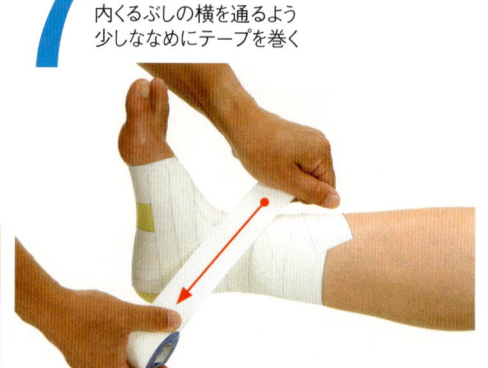

10
すねの内側を起点に、
テープを貼る

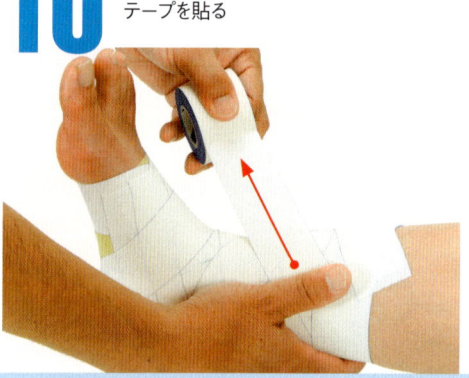

11
外くるぶしの横を通るよう
少しななめにテープを巻く

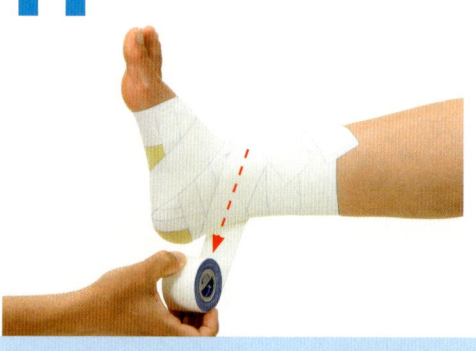

14
甲から土踏まずを通して、
テープを1周巻く

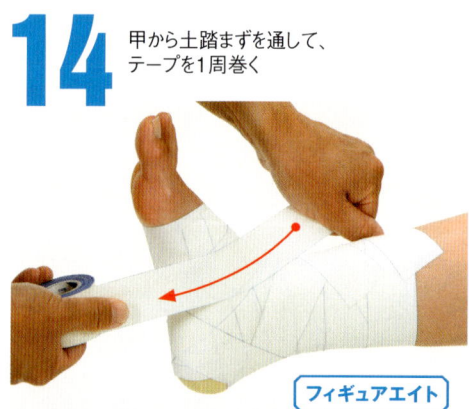

フィギュアエイト

15
14に対し垂直になる
ように、足首にテープ
を1周巻く

Point
甲のもっとも高い
部分である足首の
つけ根にテープの
交点がくるように

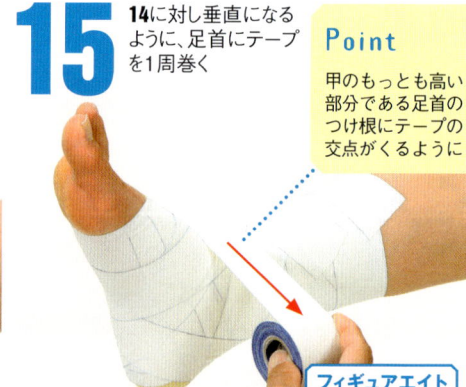

フィギュアエイト

8 かかとの外側を通して、足の裏側へ巻く

外側ヒールロック

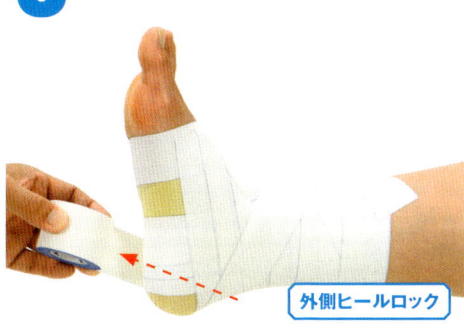

9 足裏を通して、甲へ巻き上げる

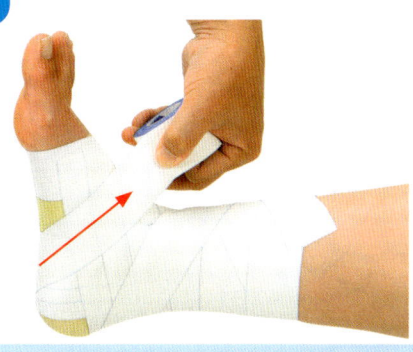

12 かかとの内側を通して、足の裏側へ巻く

内側ヒールロック

13 足裏を通して、甲へ巻き上げる

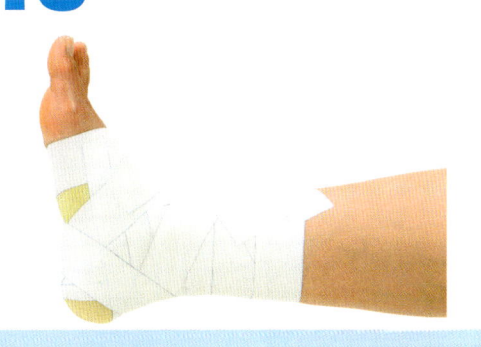

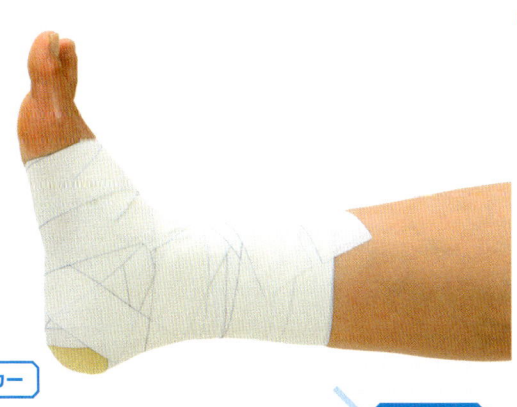

16 すねに2本、甲に1本テープを巻いて完成

外側から見たところ

アンカー

テープがずれないようにする

Finish

締めつけがきつい場合は、P.60固定力中へ

足首を内側にひねると痛い
(足関節内反ねんざ)

[固定力] 中

Chapter 2 足首
[目的] 関節の固定

これで解決!

Professional technique
- スターアップの角度を調整し、くるぶしを覆う
- サーキュラーはテープを締めすぎないように巻く

[使うテープ] 
- アンダーラップ
- ホワイトテープ 38mm
- 伸縮ソフトテープ 50mm

---

1 土踏まずのあたりからすねのあたりまでアンダーラップを巻く
（巻き方はP44-45参照）

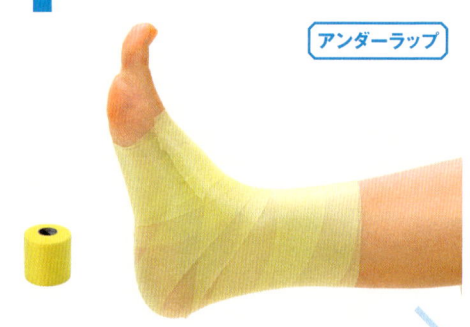

アンダーラップ

→ 皮膚を保護する

2 すねに2本ホワイトを巻く

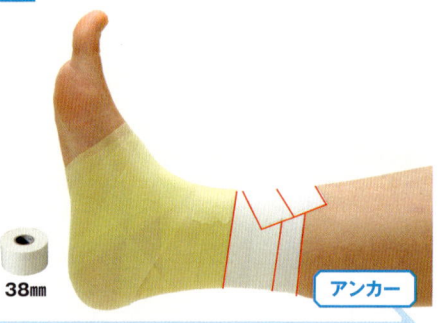

38mm / アンカー

→ テープがずれないようにする

5 すねにテープを1周巻く

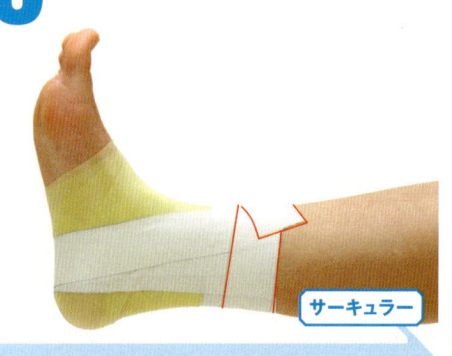

サーキュラー

6 すねの外側を起点に、内くるぶしの横を通るよう少しななめに伸縮ソフトを巻く

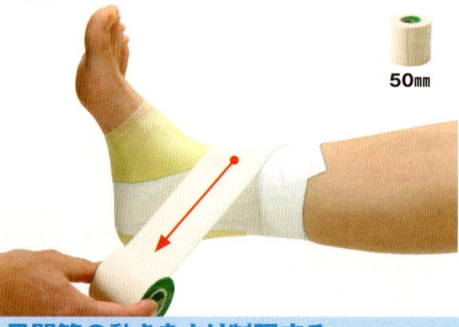

50mm

→ 足関節の動きをより制限する

060 Taping Bible

[スタート姿勢]
巻いてもらう場合…
ひざを伸ばして座り、
足首を台から出す。
足首は90度に立てる

自分で巻く場合…
片ひざを曲げ、つま先を
イスなどの**台の上にのせる**

✕ NG
足首の角度が広くなると、立ったときにテープが食い込み痛む

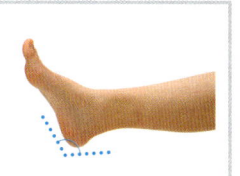

[透過] Point
足の裏は1点で重なり、すねでは扇状となるように巻くことで、足首の曲げ伸ばしの可動域が広がる。内、外のくるぶしを覆うようにする

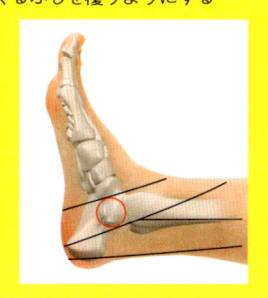

3
2で巻いたテープの**内側を起点に**、かかとを通して外側のアンカーまで巻く

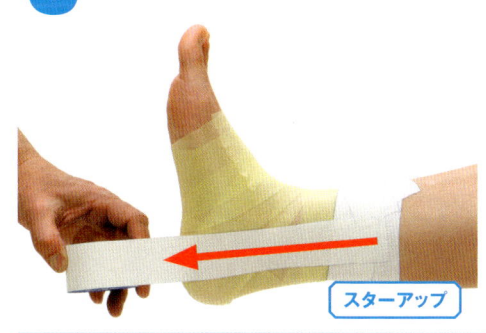

スターアップ

4
3のテープよりやや上と下を起点に、**かかとで重なるようV字に**外側のアンカーまで2本巻く

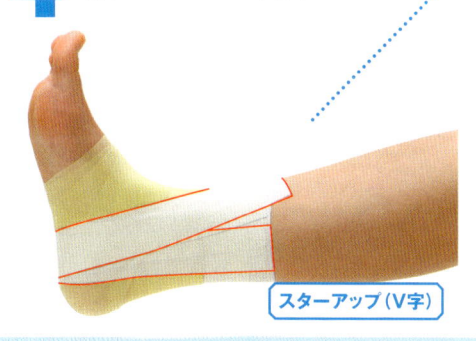

スターアップ（V字）

足関節の動きを制限し、ねじれを防ぐ

7
かかとの外側を通して、足の裏側へ巻く

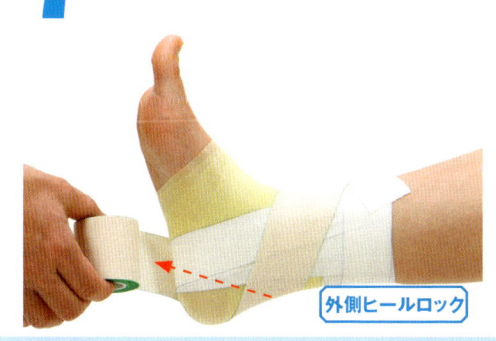

外側ヒールロック

8
足裏を通して、甲へ巻き上げる

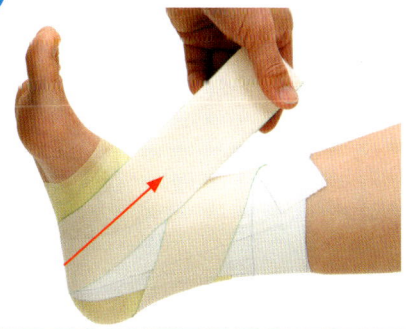

次のページへ

061

9 外くるぶしの横を通して、**かかとの内側**を巻く

内側ヒールロック

10 足裏を通して、甲へ巻き上げ、足首を1周巻く

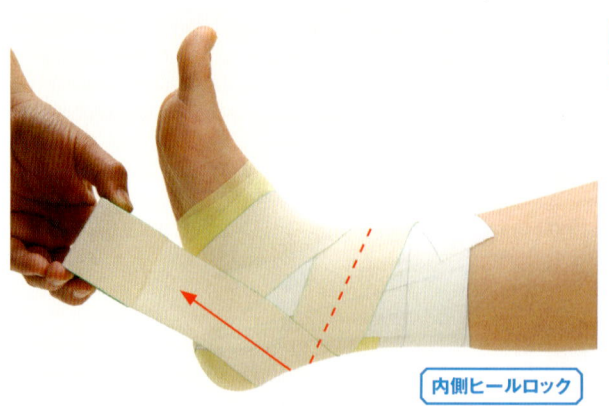

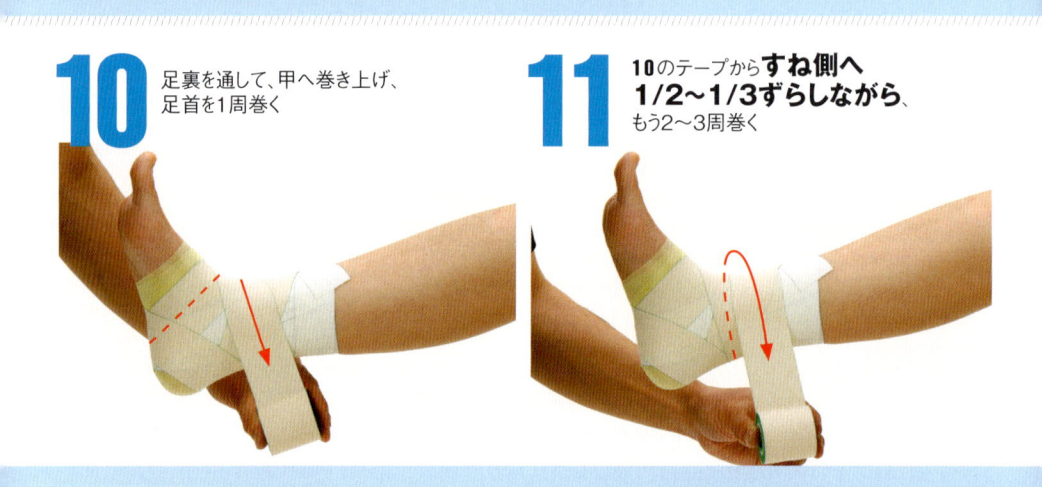

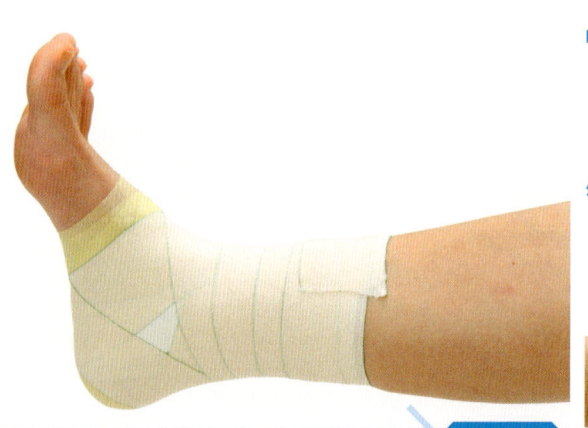

11 10のテープから**すね側へ 1/2～1/3ずらしながら**、もう2～3周巻く

12 **すねに巻いたテープまで覆い**完成

外側から見たところ

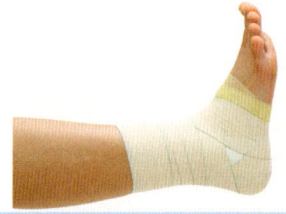

Finish　まだ痛みを感じる場合は、P.56固定力強へ

Column

足首のねんざから見る
テーピングとリハビリ

テーピングはリハビリにも応用できます。
リハビリの基本は、損傷した組織、関節可動域（柔軟性）、筋力、
そしてバランスや反応などの神経筋協調性を回復させることです。
テーピングをうまく使い分ければ、いずれも段階的に、安全に回復へと導いてくれます。
ここでは、足首のねんざを例に説明しましょう。

1.
保護段階（ねんざ初期）

ねんざをすると、関節のグラつき（不安定性）が強くなってしまいます。グラついた不安定な状態では、傷んだ組織（ここではおもに靭帯）の安静が図れず回復が遅れてしまいます。そこで最初は「さまざまな動きを制限するよう強めに固定」し、組織の回復を図ります。具体的にはP56-59のような、関節の固定のテーピングが適しています。

2.
リハビリ(回復)段階

傷んだ靭帯が徐々に回復し、関節のグラつきが低減してきたら、完全に固定するのではなく「危険な動きのみ制限する」固定力の低いテープを施します。具体的には足首を内側にひねる動きを制限するP60-62の技法が適しています。この技法は、足首を内側にひねれないようしっかりと固定するものの、足首はある程度曲げ伸ばしできます。こうして必要以上に動きを制限せず、足首をそれなりに動かすことが柔軟性の回復につながります。また、足首まわりの筋肉を適度に使うことは筋力のリハビリにもなるのです。

3.
予防段階

損傷した靭帯がほぼ回復したら、グラついて再び傷まないよう、より簡単な関節のサポートテープを施します。具体的にはP64-65の技法がよいでしょう。弱いサポートのため、多方向に動かせることで柔軟性が養われ、自分の筋力で関節を安定させる割合も強まるので、筋力を回復させる最終段階に役立ちます。

**テーピングはこのように段階的にうまく活用すると、
受傷箇所の機能回復が図れます。**

Chapter 2
足首

[目的] 関節のサポート

[固定力] 弱

内反ねんざの再発予防

これで解決！

Professional technique
・テープが外くるぶしの前側を通るようにする
・スターアップの引っ張り具合でサポート力を調整する

[使うテープ]
キネシオロジーテープ 50mm

1 すねの内側上部を起点に、キネシオロジーテープをかかとへ巻く

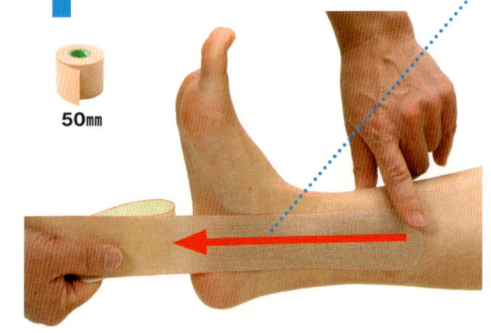

50mm

Point
キネシオロジーテープを貼る際は、端を1cmくらい浮かしておき、最後に貼るとかぶれにくくなる

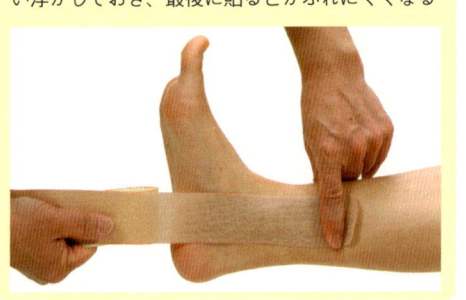

足関節の動きを制限する

3 1、2をくり返しもう1本テープを重ねる

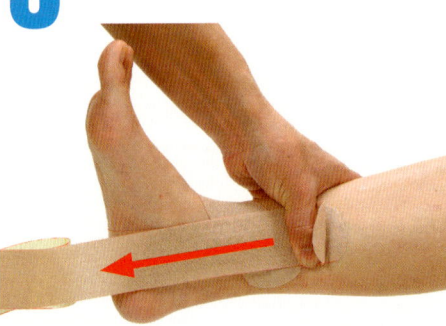

4 足首がサポートされれば完成

Point
固定力を高めたい場合はさらにもう1本重ね、3本にしてもよい

外側から見たところ

固定力を高める

Finish

[スタート姿勢]
巻いてもらう場合…
ひざを伸ばして座り、足首を台から出す。
足首は90度に立てる

自分で巻く場合…
片ひざを曲げ、つま先をイスなどの**台の上にのせる**

✕ NG
足首の角度が広くなると、立ったときにテープが食い込み痛む

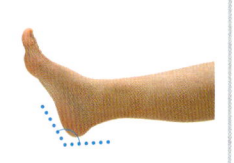

[透過]Point
テープが外くるぶしにかからないよう、外くるぶしよりややななめ下にある前距腓靭帯を覆うように巻く

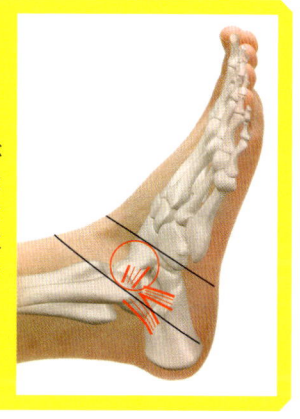

2 そのまま**外くるぶしの前**を通し、内くるぶしの横あたりまで巻く

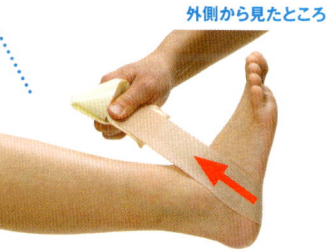

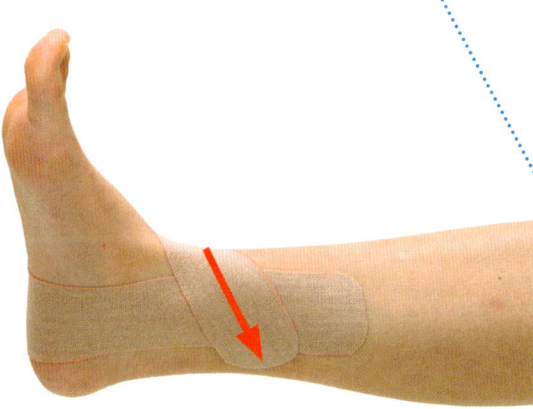

外側から見たところ

Check
ねんざがクセになっていて予防したい場合や、足首に違和感がある場合はキネシオロジーテープを巻いておくと、足首の左右へのひねりが制限され、安定する。

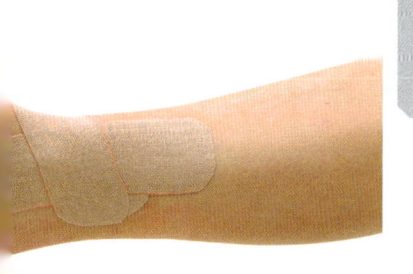

サッカーで芝に足を取られた際などに、足首を内側にひねってしまう

まだ痛みを感じる場合は、P.060固定力中へ

Chapter 2 足指

親指が小指側に曲がっている
(外反母趾)

[目的] 関節の固定

原因・症状・診断 つま先の幅が狭い靴などを履いていると、親指が小指側に曲げられてしまうために発症する。とくにヒールの高い靴を長時間履いている女性に起こりやすい。親指のつけ根や指同士がぶつかるため、ほかの指にも痛みを感じることがある。親指の先端が小指側に向いているかどうか外見で判断できる。

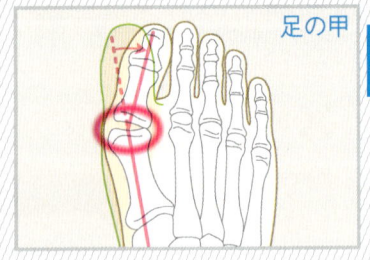

足の甲

これで

[スタート姿勢]
巻いてもらう場合…
ひざを伸ばして座り、足首を台から出す

自分で巻く場合…
イスに座り、**脚を浅く組む**

1 親指のつけ根に
ホワイトを1周巻く

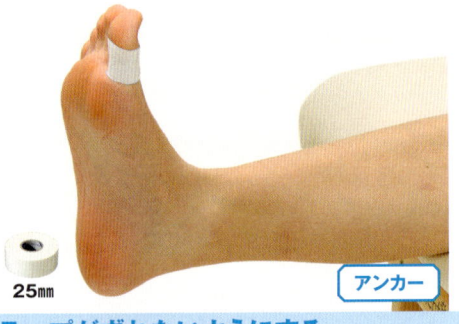

25mm アンカー

テープがずれないようにする

4 親指の甲側から、2で巻いた足裏のテープの端まで**ななめに**貼る

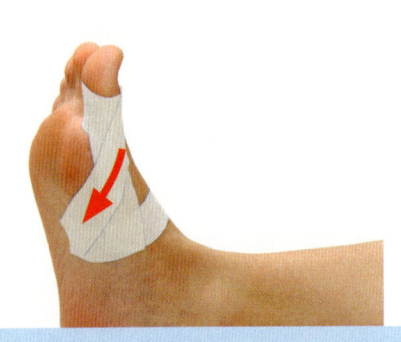

5 4と交差するように、親指の裏側から2で巻いた甲のテープの端までななめに貼る

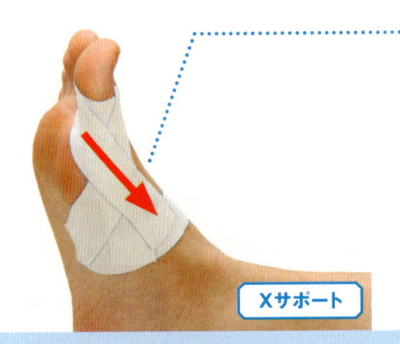

Xサポート

解決!

Professional technique
- 手を使い、親指を正常な状態に引っ張りながら固定する
- Xサポートは親指のつけ根で交差させる

長母趾屈筋
母趾内転筋
後脛骨筋
長趾屈筋
踵骨

[使うテープ]
ホワイトテープ 25mm (or19mm)
ホワイトテープ 38mm

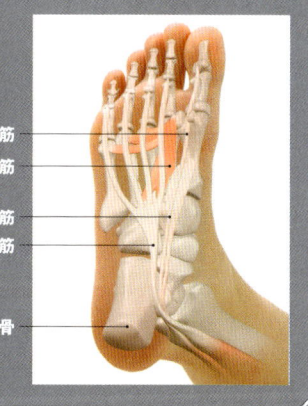

2
甲の中心から足裏の中心までテープを半周巻く

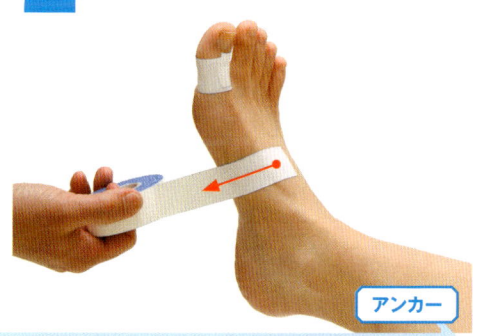

アンカー

3
1から2のテープまで、足の内側**側面**に**まっすぐ**テープを貼る

Point
親指を一方の手でつまんで、正常な角度に保ったままテープを貼る

親指を正常な状態で固定する

[透過] Point
4、5のテープが親指のつけ根（母趾球）の側面で交差してテコの支点となり、曲がった親指を元の位置に引き戻すようにする

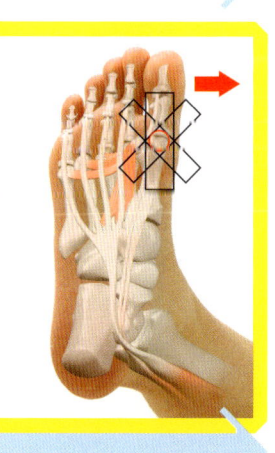

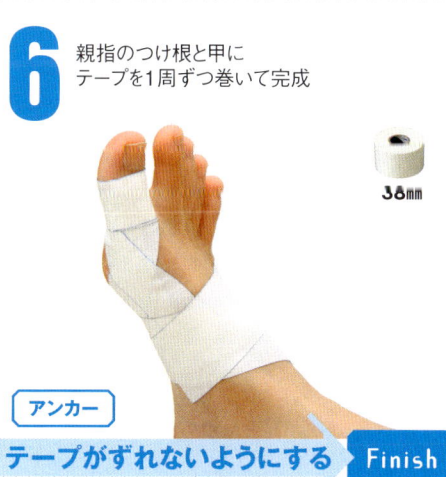

6
親指のつけ根と甲にテープを1周ずつ巻いて完成

38mm

アンカー

テープがずれないようにする

Finish

Chapter 2 足指

親指が小指側に曲がっている
（外反母趾）

[目的] 関節のサポート

簡単

これで解決！

Professional technique
・手を使い、親指を正常な状態に引っ張りながら固定する
・足の裏を通し、土踏まずを上げるように強く引っ張る

[使うテープ]
キネシオロジーテープ 50mm

1 キネシオロジーテープの一端に2〜3cm **切り込みを入れる**

2 1で入れた切り込みの裂け目を **親指の側面にあて、**片方を表に、もう片方を裏に回して巻く

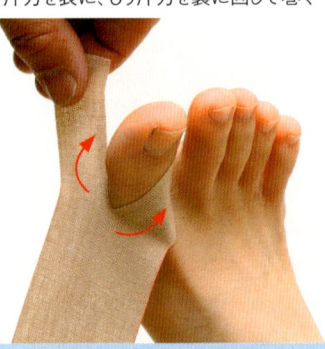

50mm

親指を正常な状態で固定する

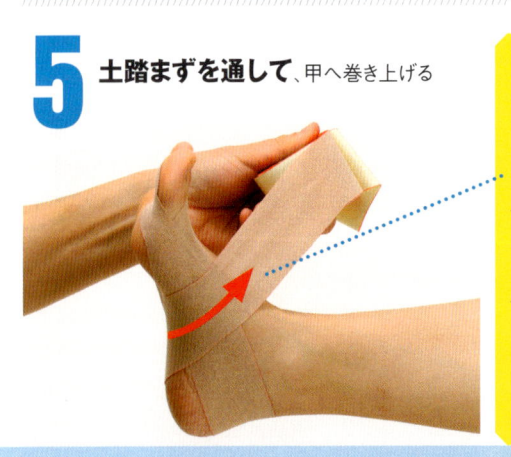

5 **土踏まずを通して、**甲へ巻き上げる

[透過] Point
土踏まず（内側縦アーチ）を通るようテープを巻き、足裏のアーチを押し上げる

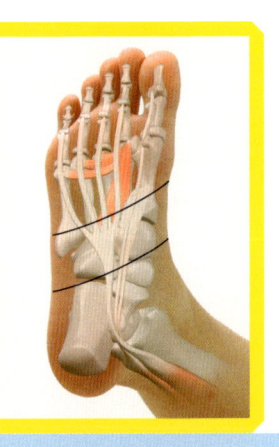

[スタート姿勢]
巻いてもらう場合…
ひざを伸ばして座り、
足首を台から出す。
足首は90度に立てる

自分で巻く場合…
イスに座り、**脚を浅く組む**

✗ NG
足首の角度が広くなると、立ったときにテープが食い込み痛む

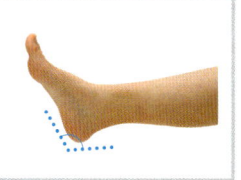

Check
キネシオロジーテープ1枚でできる簡単な補強方法。親指を正常の向きに近づけることと、足裏のアーチを保ち、足部の骨の位置や向きを正すことで、親指のつけ根にきちんと荷重がかかるようにする。

3 2のテープを**かかとまで**引っ張り貼る

Point
つめにテープがかからないようにし、一方の手で親指を正常な角度に保ったまま貼る

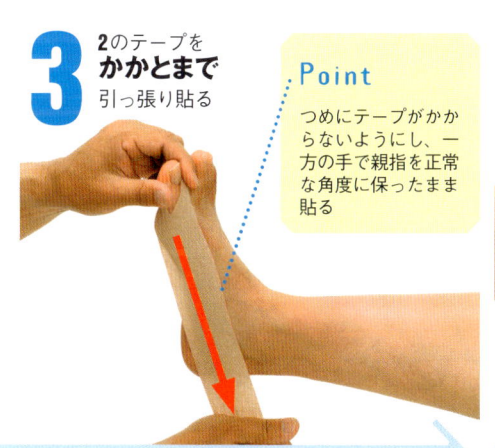

4 かかとの外側を通して足の裏側へ巻く

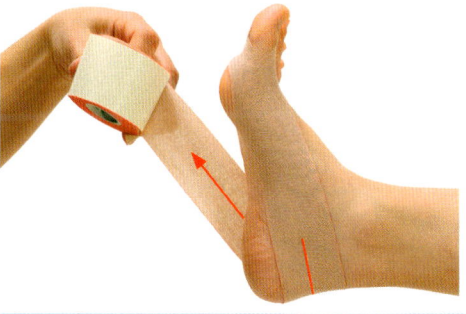

土踏まずを上げる

6 甲を1～2周巻く

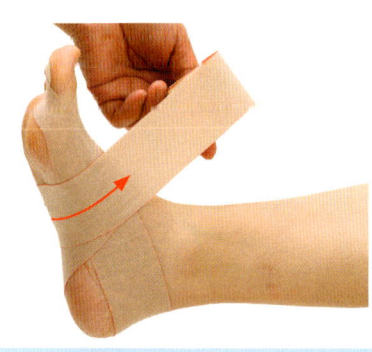

7 親指と土踏まずがサポートされれば完成

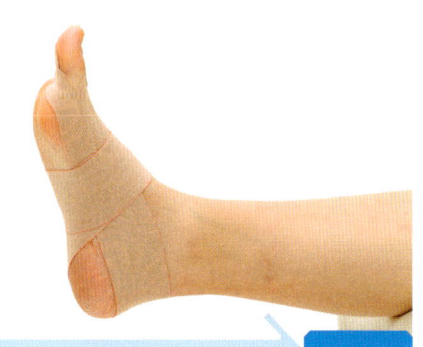

Finish

親指の裏側が痛い
（種子骨障害）

Chapter 2 足指
[目的] 関節の固定

原因・症状・診断 足の親指のつけ根（母趾球）の裏側にある小さな2つの骨（種子骨）が、体重がかかることによってほかの組織を圧迫し、痛みが生じる。歩いたり体重をかけて親指を曲げたりする（つま先立ちをする）と痛みを感じる。

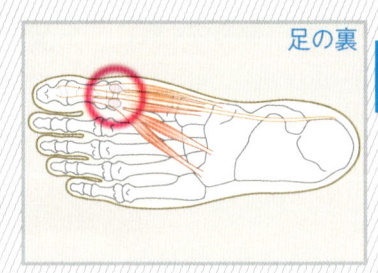

足の裏 これで

［スタート姿勢］
巻いてもらう場合…
ひざを伸ばして座り、足首を台から出す

自分で巻く場合…
イスに座り、**脚を浅く組む**

Point
キネシオロジーテープ、ホワイトともにテープ幅がいろいろあるので、足の大きさに合った太さのものを選ぶ

1 親指のつけ根と甲にキネシオロジーテープを1周ずつ巻く

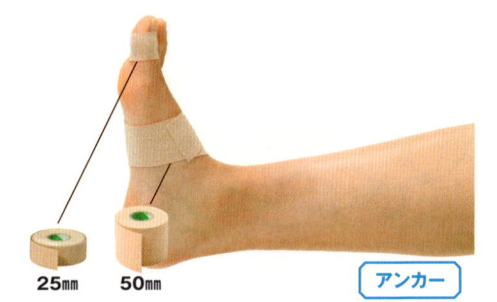

25mm　50mm

アンカー

テープがずれないようにする

4 3と受傷箇所で交差するよう親指の裏側から足の側面までななめに貼る

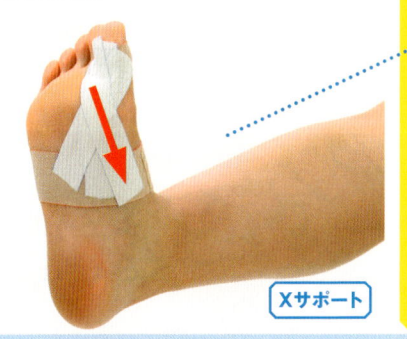

［透過］Point
3、4のテープが受傷箇所である親指のつけ根裏側（母趾球、種子骨の上）で交差するようにする

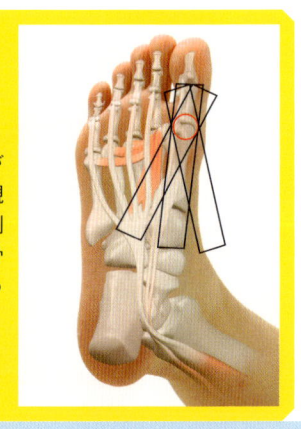

Xサポート

070 Taping Bible

Professional technique

- 親指が曲がらないよう、手を使い正常な位置に保ちながら巻く
- Xサポートは親指のつけ根で交差するように貼る

解決!

長母趾屈筋
母趾内転筋
後脛骨筋
長趾屈筋
踵骨

[使うテープ]
キネシオロジーテープ 25mm、50mm
ホワイトテープ 25mm(or 19mm)

2
親指を一方の手で固定し、親指から土踏まずまで、足の裏にまっすぐホワイトを貼る

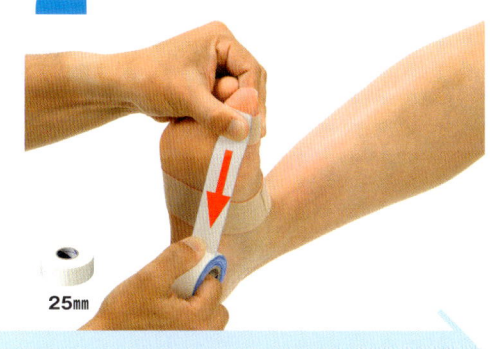

25mm

3
受傷箇所を覆うように、親指の裏側から足裏の中心までななめに貼る

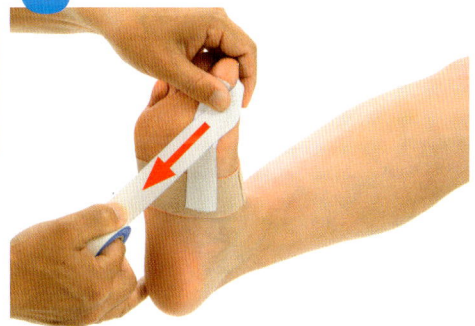

親指のつけ根裏を圧迫する

5
親指のつけ根にキネシオロジーテープを1周巻く

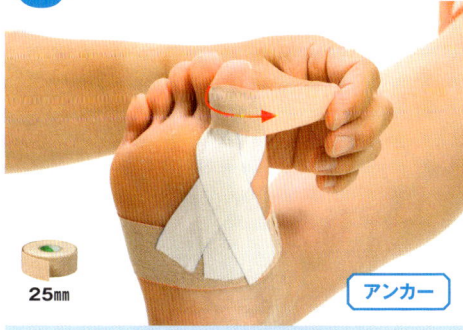

25mm
アンカー

テープがずれないようにする

6
甲にも1周巻いて完成

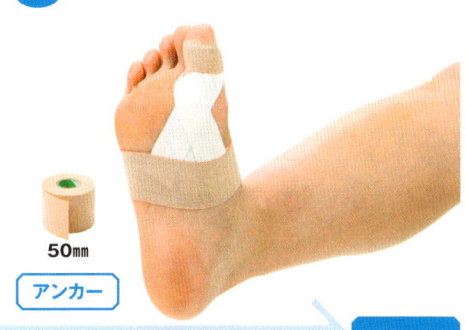

50mm
アンカー

Finish

071

Chapter 2 足裏

[目的] 筋肉のサポート

[固定力] 中　疲労予防

土踏まずが痛い
（扁平足）

原因・症状・診断　足部や下腿の筋肉の機能低下によって足のアーチが下がると、ジョギングや長時間の立ち仕事で土踏まずやその周辺に痛みを感じることがある。歩いたり走ったりすると足の裏が痛い。疲れやすい。土踏まず（足の裏のアーチ）が少なくなって地面についていないか、外見で判断できる。

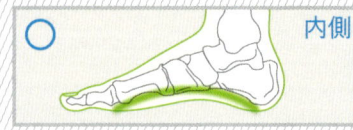

○ 内側
×

これで

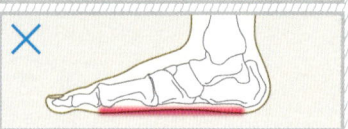

[スタート姿勢]

巻いてもらう場合…
ひざを伸ばして座り、足首を台から出す。
足首は90度に立てる

自分で巻く場合…
イスに座り、**脚を浅く組む**

✕ NG
足の角度が広くなると、立ったときにテープが食い込み痛む

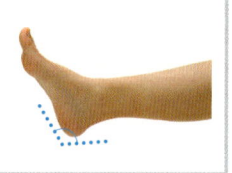

1 小指の下を起点に、足裏、かかとのまわりにキネシオロジーテープを巻く

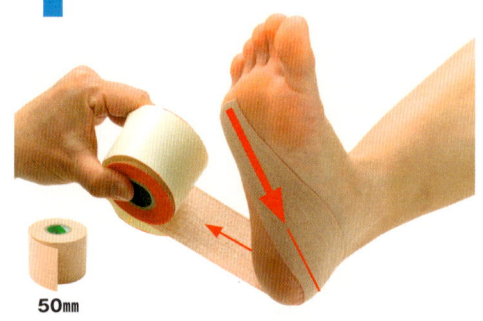

50mm

土踏まずの上下をサポートする

3 テープを**両側へ引っ張りながら**かかとの上に貼る

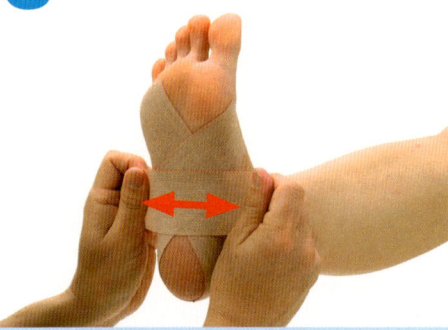

4 3の上にもう1本、同じようにテープを貼り、**足の裏を覆う**

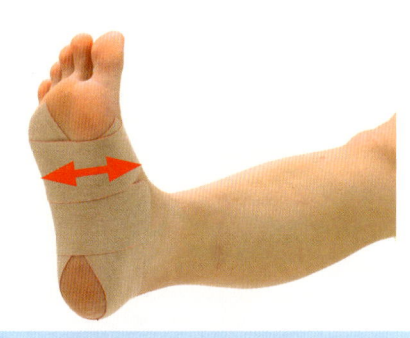

土踏まずの左右をサポートする

Professional technique
- 足の裏を通すテープは強く引っ張りながら貼る
- 土踏まずの縦アーチ、横アーチをしっかり覆う

解決!

[使うテープ] 
キネシオロジーテープ 50mm

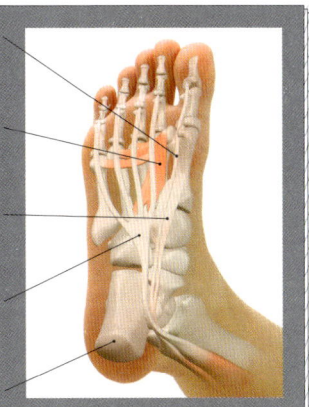

長母趾屈筋
母趾内転筋
後脛骨筋
長趾屈筋
踵骨

2 そのまま**土踏まずを通して**、親指の下まで巻く

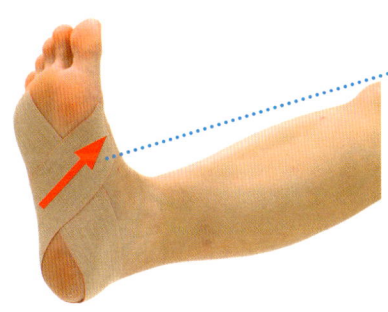

[透過] Point
足の裏を通るテープは、土踏まず（内側縦アーチ）の上下すべてを覆うようにサポートし強く上に押し上げるようにする

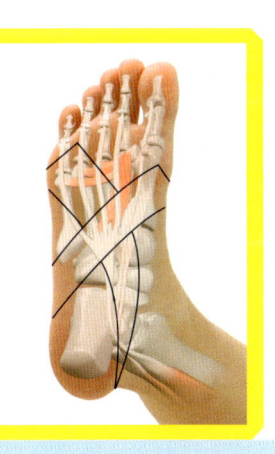

5 親指の下からかかとへ足の側面を覆うように巻く

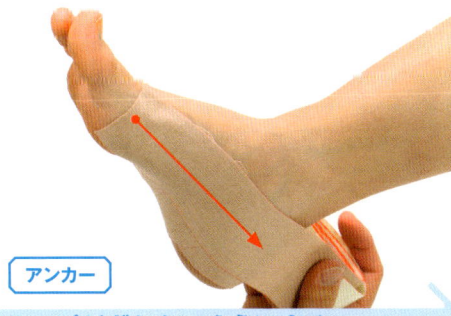

アンカー
テープがずれないようにする

6 そのまま小指の下まで巻いて完成

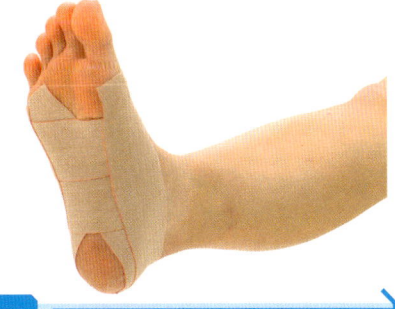

Finish　まだ痛みを感じる場合は、P.74固定力強へ

Chapter 2 足裏

[目的] 筋肉のサポート

土踏まずが痛い
（扁平足）

[固定力] 強

これで解決！

Professional technique
- アキレス腱にテープがかからないようにする
- かかとを回すとき、テープがよれないよう注意する

[使うテープ]
ホワイトテープ 25mm 
キネシオロジーテープ 50mm

---

1 足の側面を起点に、足の裏の指のつけ根にホワイトを半周巻く

25mm

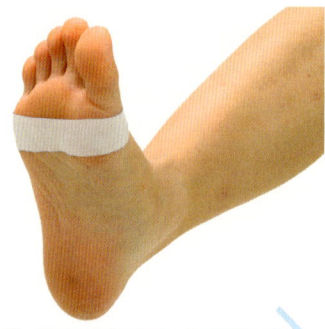

[アンカー]

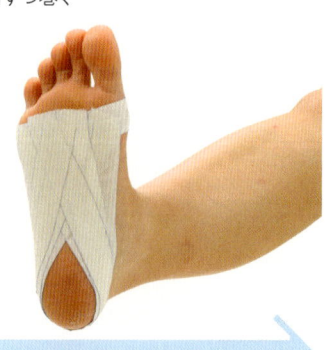

テープがずれないようにする

2 親指の下を起点に、かかとを回し起点の位置に戻す

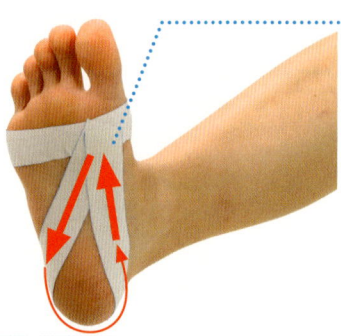

土踏まずの上下をサポートする

4 2、3を足の**内側へ** **1/2〜1/3ずらして** もう1周ずつ巻く

5 かかとの上から指のつけ根まで、1/2〜1/3ずらしながら貼り、**土踏まずを覆う**

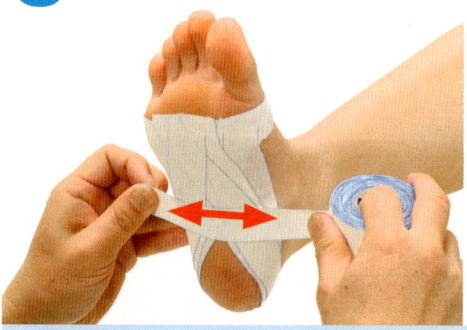

土踏まずの左右をサポートする

[スタート姿勢]
巻いてもらう場合…
ひざを伸ばして座り、足首を台から出す。
足首は90度に立てる

自分で巻く場合…
イスに座り、**脚を浅く組む**

✕ NG
足首の角度が広くなると、立ったときにテープが食い込み痛む

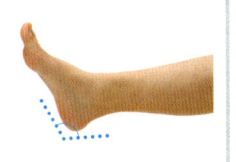

Check
足裏のアーチを正常な状態に近づけることが大切。土踏まずの上下と左右のアーチを押し上げるようにテープを巻き、痛みを緩和する。

[透過] Point
テープがアキレス腱にかからないよう、かかとの骨のまわりを通して足の指のつけ根まで引っ張り、土踏まずをサポートする

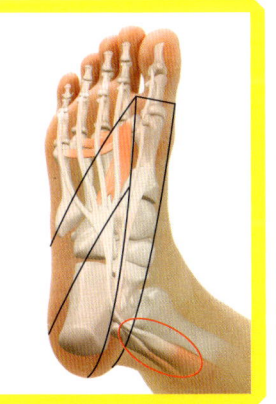

3 小指の下を起点に、2と反対向きに、かかとを回し起点の位置に戻す

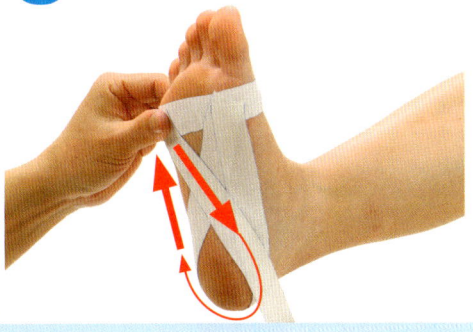

6 5のテープの両端にまっすぐテープを貼る
アンカー 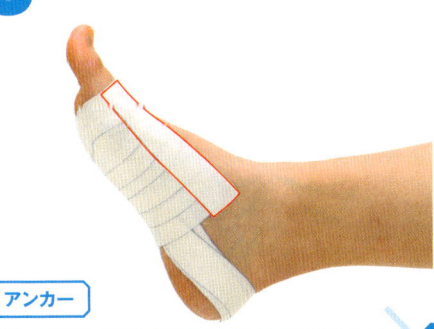
テープがずれないようにする

7 甲にキネシオを2〜3周巻いて完成
50mm

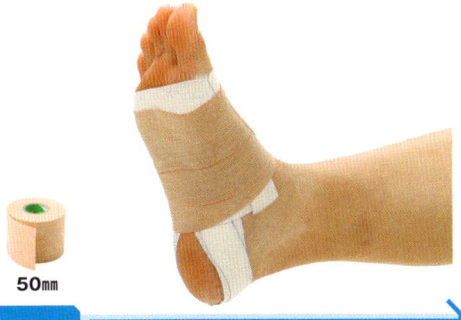

Finish　締めつけがきつい場合は、**P.072固定力中へ**

Chapter 2 足裏

[目的] 圧迫

かかとが痛い
（踵骨下脂肪体損傷）

原因・症状・診断 歩く、走る、高くジャンプするなどの動作で、かかとをくり返し強く打ちつけることによって、踵骨を覆って衝撃から保護している脂肪組織などが炎症を起こす。重症になると、体重をかけただけで痛む。

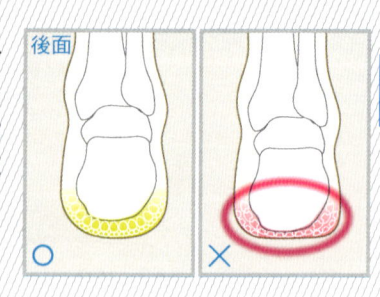

後面　○　×　これで

[スタート姿勢]
巻いてもらう場合…
うつぶせになり、足首を台から出す。
足首は90度に立てる

自分で巻く場合…
イスに座り、**脚を浅く組む**

×NG 足首の角度が広くなると、立ったときにテープが食い込み痛む

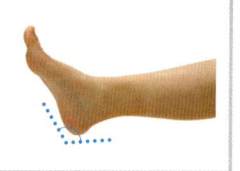

1 内くるぶしの下から外くるぶしの下まで、**足の裏と平行になるように**ホワイトを貼る

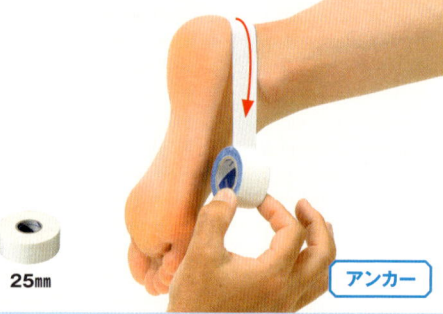

25mm　アンカー

テープがずれないようにする

4 かかと側へ**1/2〜1/3ずらしながら**1、2をそれぞれ2〜3回くり返す

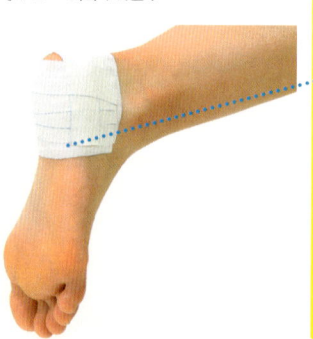

[透過] Point テープを少しずつずらしながら何重にも重ねて貼ることで、かかと全体を覆い、脂肪体を集めて均等に圧迫する

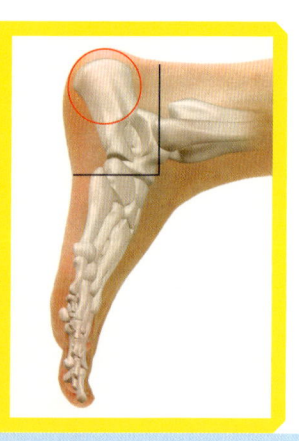

解決!

Professional technique
- かかとにかける圧迫を強くし、脂肪を集めるように巻く
- 内・外のくるぶしにテープがかからないようにする

踵骨
脛骨
腓骨

[使うテープ]
ホワイトテープ 25mm（or19mm） 
伸縮ソフトテープ 50mm

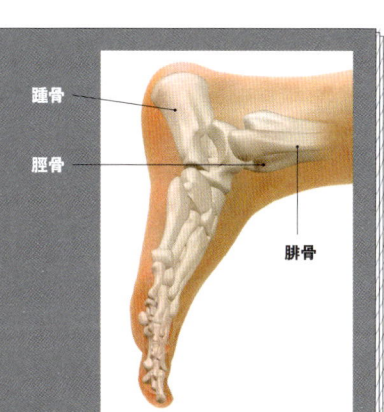

2 1に対し**垂直になるように**、テープの端から足の裏を通し、反対の端まで貼る

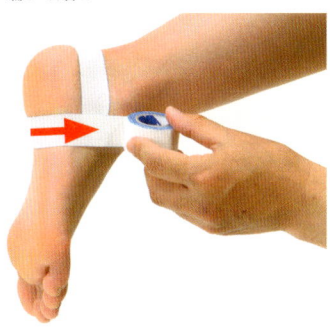

3 2のテープの上に、**1/2〜1/3ずらして**もう1枚貼る

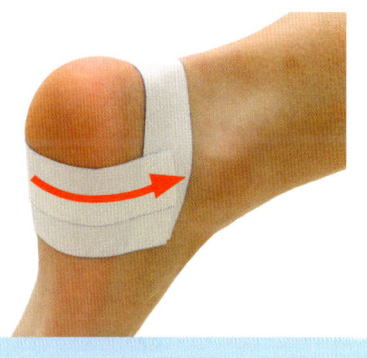

かかとを圧迫する

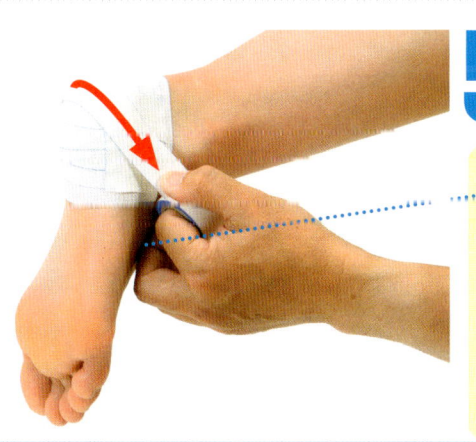

5 すき間が空いている部分にテープをななめに貼り、**かかとを覆う**

Point
痛みが強かったり、かかとに衝撃を受ける運動をする場合はヒールカップをあてると、衝撃が直接かからず、痛みが緩和される

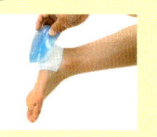

次のページへ

6
足を上向きに変え、甲から土踏まずを通して伸縮ソフトを1周巻く

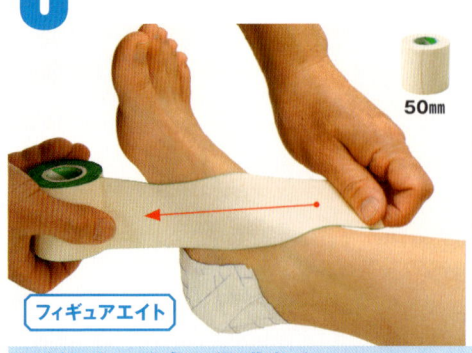

フィギュアエイト

7
6に対し**垂直になるように**、甲から足首の内側にテープを1周巻く

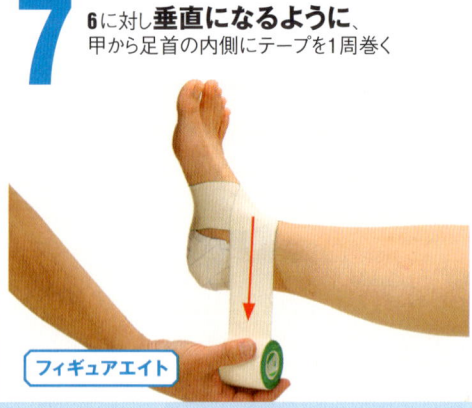

フィギュアエイト

はがれないように保護する

10
足裏を通して甲まで巻き上げ、かかとへ向けてななめに巻く

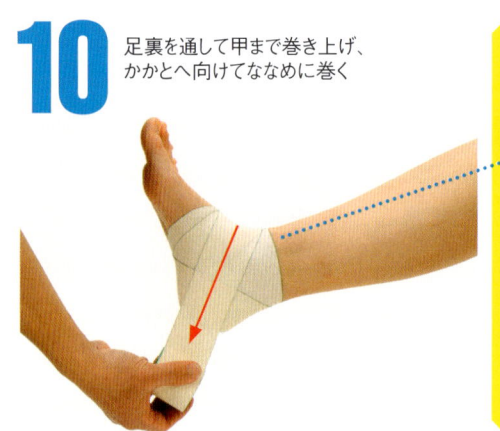

[透過] Point
ヒールロックに加え、足首前面からかかとに向けてななめに巻くことで、下のホワイトを保護し、受傷箇所であるかかとを覆う

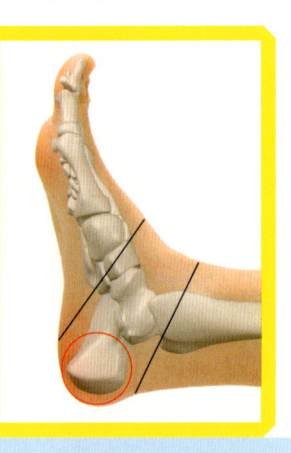

Column
ワンランク上のテーピングをするための上達法
確認と微調整の重要性

テーピングというと、なかなかうまく巻けず、苦手だと感じる方も多くいると思います。そこで本書では、だれでもテープを正しく巻けるよう、プロの技術を5つのコツに基づいてわかりやすく紹介しています。

しかし、そのレベルをさらに一歩先に進めるには「確認」と「微調整」が非常に重要です。毎回テーピングの効き具合を確認し、それに応じて微調整をするのです。これを怠ってはいけません。

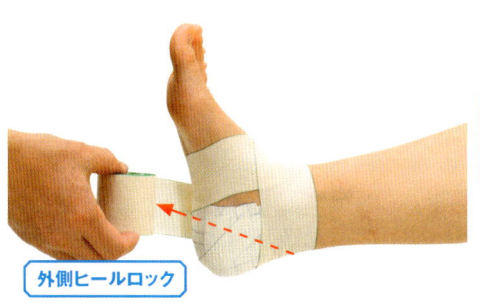

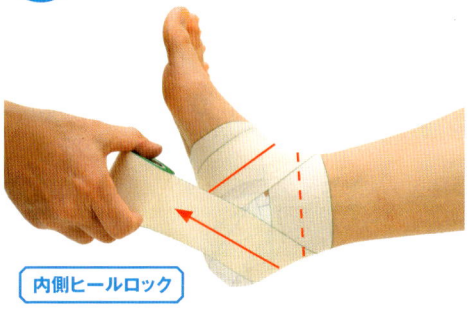

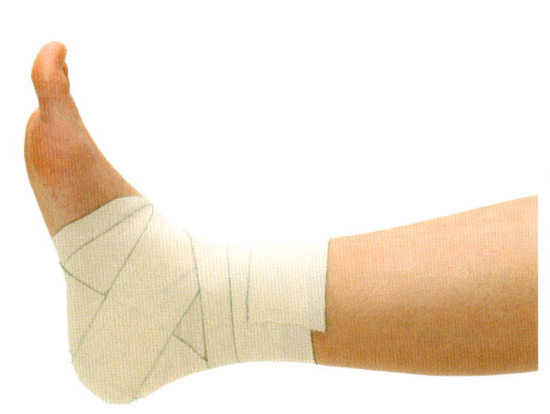

8 **かかとの外側**を通して、足の裏側へ巻く

外側ヒールロック

9 甲へ巻き上げ、足首の外側を通して**かかとの内側**をななめに巻く

内側ヒールロック

11 かかとから甲へ巻き上げ、足首のまわりを2〜3周巻いて完成

甲側から見たところ

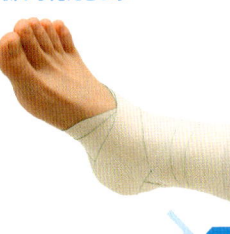

Finish

まず確認する項目には
①痛みの変化
②不安定性の変化
③巻かれた本人の感覚
などがあります。

次に、微調整する項目は
①テープにかける張力
②締め付け具合
③テープを貼る位置
④本で紹介されていないテープを追加する
などです。

　この確認と微調整ができる点こそが、オーダーメイドで巻けるテーピングの利点であり、ワンランク上のテーピングをする秘訣です。これをくり返すことがテーピング上達のカギをにぎります。

079

Chapter 2 足 ストレッチ

足部のストレッチ

歩く、走る、ジャンプするといった運動の基本動作でつねに酷使される足。
ふだんからストレッチを行い、ケガの予防につとめよう

足裏が伸びる

1 イスに座り、片足をひざにのせる。
かかととつま先を持ち、
足首と指先を曲げる

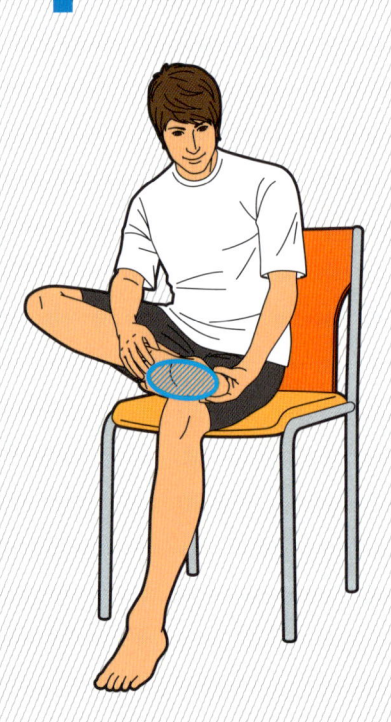

すねが伸びる

2 イスに座り、片足をひざにのせる。
つま先を持ち、足首を伸ばす。
反対の手は足首を押さえて固定しておく

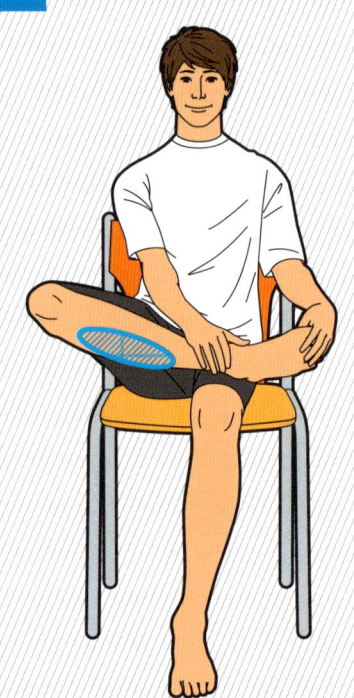

Chapter 3
脚部のテーピング

ひざ

カラダのなかでもっとも大きな関節ですが、大腿骨と脛骨のはまりが浅いため、不安定でケガを起こしやすい部位です。大腿骨と脛骨、腓骨をおもに4つの靱帯が結んでいますが、スポーツ中の接触など、とくに外側からの力や、ひざを内側に入れてしまう動作でこれらの靱帯を損傷することが多いので、テーピングで補強やサポートをしておくとよいでしょう。ひざの内側にある内側側副靱帯と外側にある外側側副靱帯が左右の動きを、また前十字靱帯と後十字靱帯が前後の動き、そしてひねる動きを制限しています。
「お皿」と呼ばれるひざ頭の骨は膝蓋骨といい、ジャンプなどひざの屈伸をくり返すことで炎症が起きます。

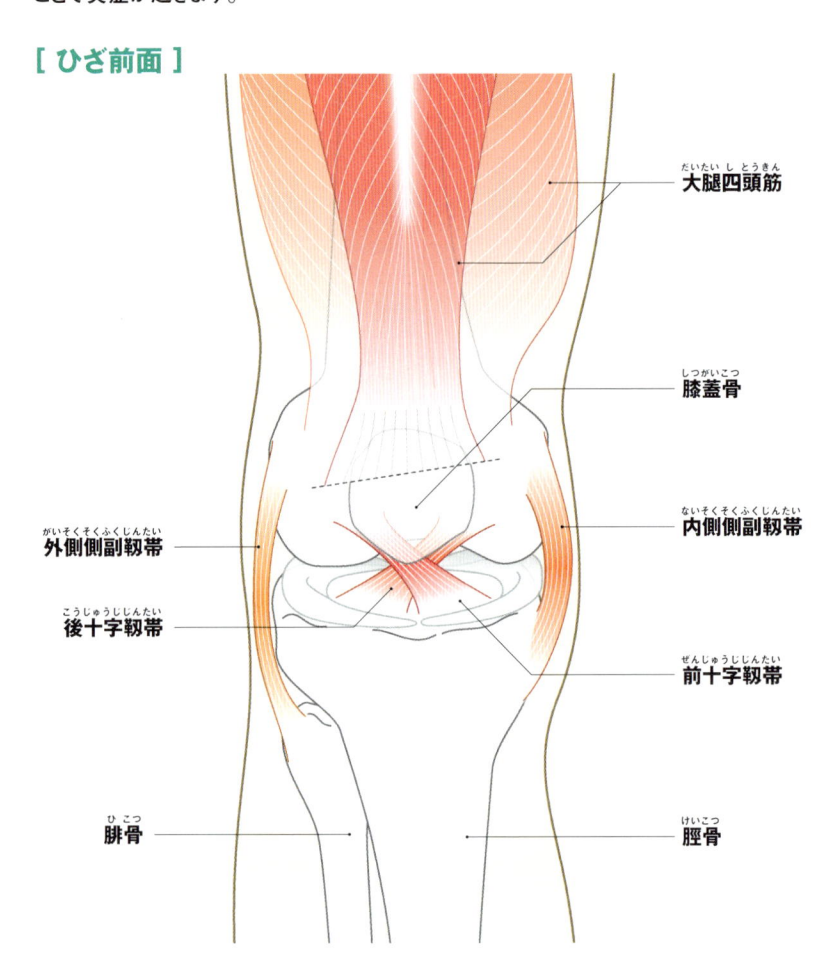

[ひざ前面]

- 大腿四頭筋（だいたいしとうきん）
- 膝蓋骨（しつがいこつ）
- 外側側副靱帯（がいそくそくふくじんたい）
- 内側側副靱帯（ないそくそくふくじんたい）
- 後十字靱帯（こうじゅうじじんたい）
- 前十字靱帯（ぜんじゅうじじんたい）
- 腓骨（ひこつ）
- 脛骨（けいこつ）

ひざのテーピングの目的と症状

[筋肉のサポート]

ひざの下の
出っ張った骨を押すと痛い → P90 → オスグッド
シュラッター病へ

ひざ頭下の
軟らかい腱の部分を押すと痛い → P92 → ジャンパーズニーへ

ひざの外側の
やや上が痛い → P94 → ランナーズニーへ

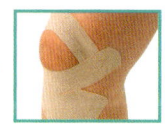

[関節の固定]

ひざを押したり、
内側に体重が
かかったりすると痛い → P84 → 膝関節内側
側副靱帯損傷へ

ひざが前方向に
グラグラして痛い → P88 → 膝関節前十字
靱帯損傷へ

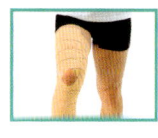

Chapter 3
[ひざ]
[目的] 関節の固定

内側に体重がかかると痛い
(膝関節内側側副靱帯損傷)

原因・症状・診断 ジャンプからの着地で体勢をくずしたり、柔道やフットサルなどの接触で側方からの衝撃を受け、ひざの外側から内側に強い力がかかったり（外反）したときに起こる。ひざ内側の靱帯が伸びたり断裂したりした状態になる。ひざを押したり歩いたりすると痛む。また、内側に体重をかけたときに不安定感がある。

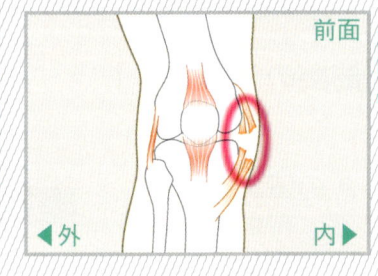

これで

◀外　内▶　前面

[スタート姿勢]
巻いてもらう場合…
足を一歩前に出し、ひざを軽く曲げて立つ。
かかとの下に5cm程度の足台を置く

自分で巻く場合…
イスに座り、足を前に出して
ひざを軽く曲げる

Point
ひざ頭と足先の向いている方向が同じになるようにする

1
太もものつけ根よりやや下に伸縮ハードを1周巻く

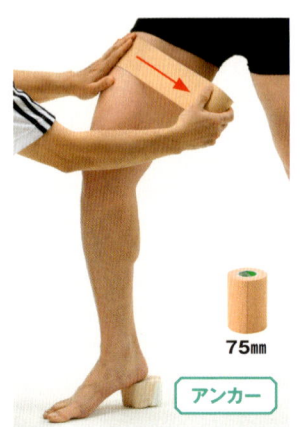

75mm
アンカー

テープがずれないようにする

3
2でふくらはぎに巻いたテープの内側を起点に、**受傷箇所を通り**太ももの正面まで貼る

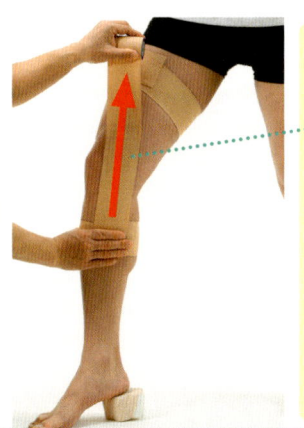

Point
ひざ頭から指1.5～2本分、内側にテープの端がくるようにすると、受傷箇所を通るように貼れる

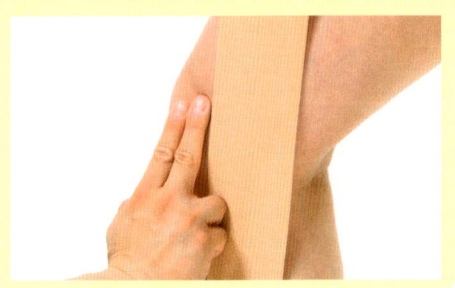

ひざ関節を固定する

Professional technique

- **Xサポートは下から上へ向け、強く引っ張り上げる**
- **動きに対応できるよう、ひざ頭をあけて巻く**

➡ 解決!

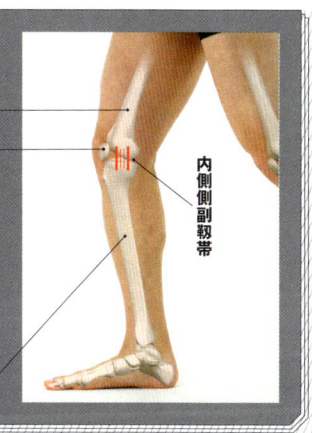

[使うテープ]

伸縮ハードテープ 75mm

大腿骨
膝蓋骨
内側側副靱帯
脛骨

2
ふくらはぎの
いちばん
太い部分にも
1周巻く

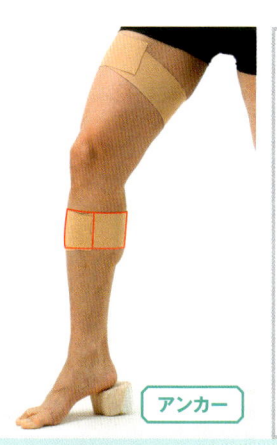

アンカー

✗ NG
脚はピンと伸ばさないようにする。アンカーを巻くときは、ひざを軽く曲げ、脚に力を入れておくとテープがきつくなりすぎない

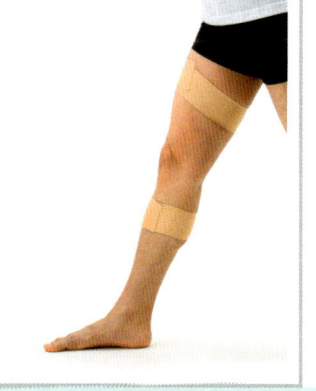

4
2でふくらはぎに巻いたテープの外側を起点に、3のテープと**受傷箇所で交差するよう**、太ももの内側まで貼る

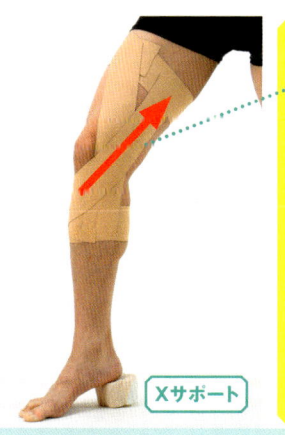

Xサポート

[透過] Point
3、4のテープが受傷箇所であるひざの内側（内側側副靱帯）で交差するように。ひざ頭の骨（膝蓋骨）にはかからないよう注意する

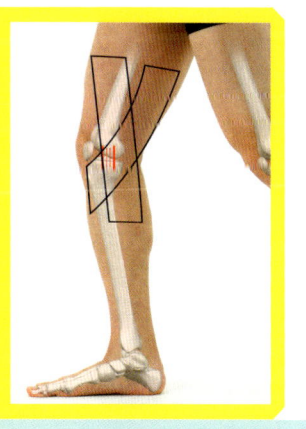

次のページへ

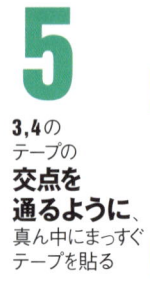

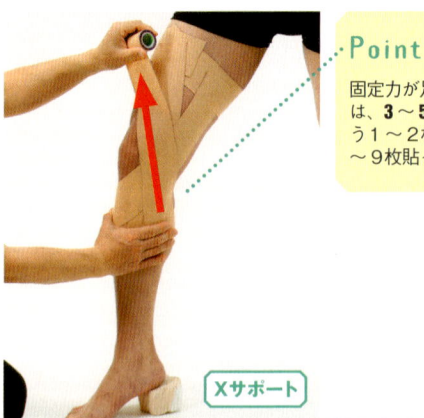

5
3,4のテープの**交点を通るように**、真ん中にまっすぐテープを貼る

Point
固定力が足りない場合は、**3〜5**をさらにもう1〜2枚ずつ、計6〜9枚貼ってもよい

Xサポート

7
ひざ外側に出ている**テープの端を裂く**

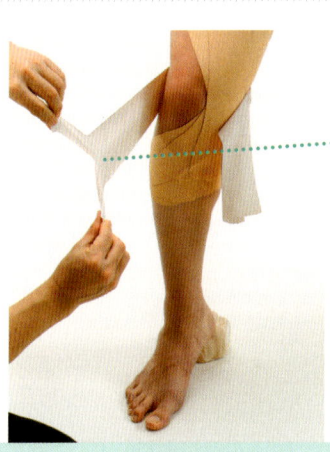

Point
伸縮ハードは手では簡単に切れないので、はさみで切り込みを入れる。裂く位置はひざ頭の横まで

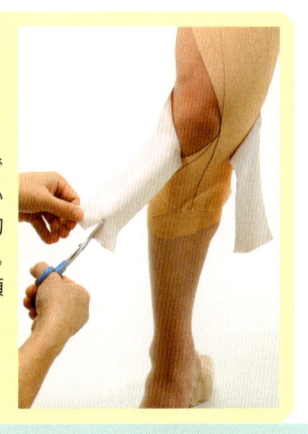

10
太ももに3本テープを巻く

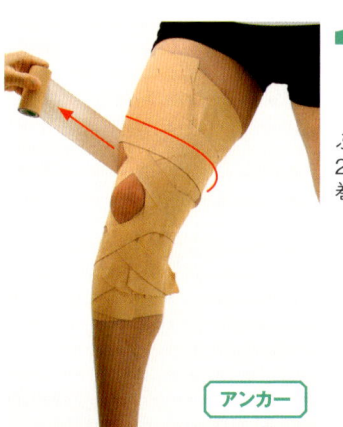

アンカー

11
ふくらはぎにも2本テープを巻く

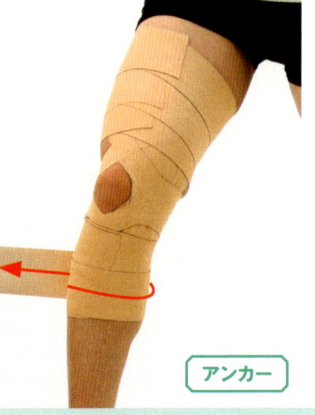

アンカー

はがれないように保護する

6
ひざの裏が中心にくるように、**左右にテープを出して**貼る

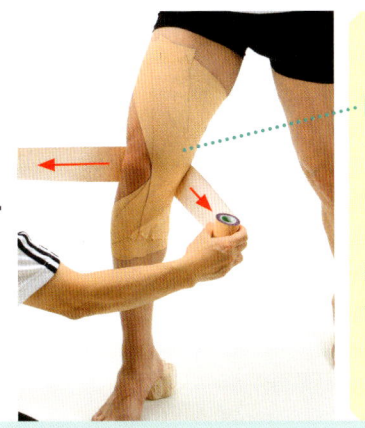

Point
ひざの裏に貼るテープが皮膚を圧迫して傷つけないように、ワセリンを塗ったガーゼか脱脂綿をあてるとよい

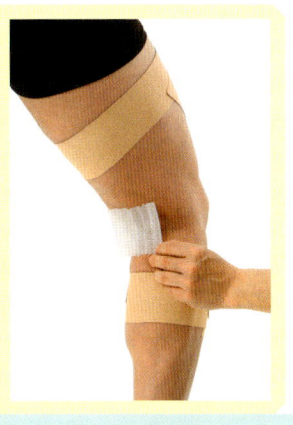

8
ひざ頭を囲むように、テープを**上下に沿わせて**ひざの内側でとめる

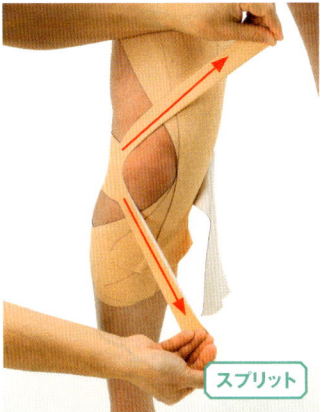

スプリット

9
反対側も**7,8**と同様に貼り、ひざの外側でとめる

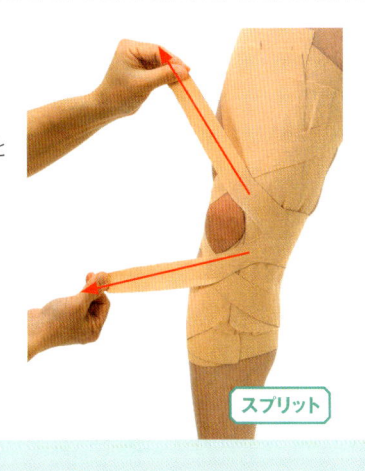

スプリット

12
ひざ頭が空いており、曲げ伸ばしができれば完成

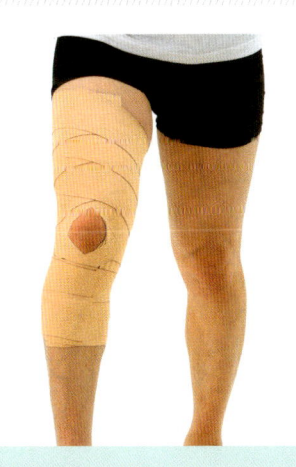

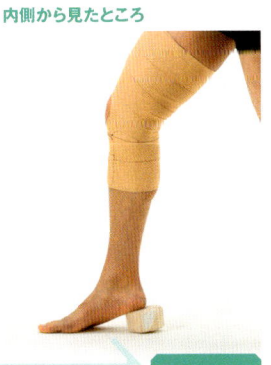

内側から見たところ

Finish

前方向にグラグラして痛い
（膝関節前十字靭帯損傷）

Chapter 3 ひざ
[目的] 関節の固定

原因・症状・診断 高いところから飛び降りたときにひざが内側に入ったり（外反）、つま先が外を向いている状態で踏ん張ったりすると、ひざの中の靭帯が伸びたり断裂した状態になる。ひざの力が抜け、ガクッと落ちる。

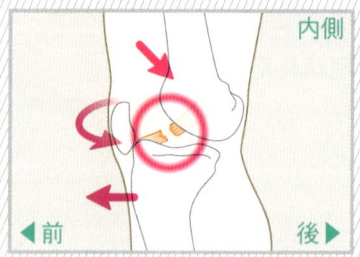

これで

内側 / 前 / 後

[スタート姿勢]

巻いてもらう場合…
足を一歩前に出し、
ひざを軽く曲げて立つ。
かかとの下に5cm程度の足台を置く

自分で巻く場合…
イスに座り、足を前に出して
ひざを軽く曲げる

1
太ももと
ふくらはぎの
いちばん
太い部分に
伸縮ハードを
1周ずつ巻く

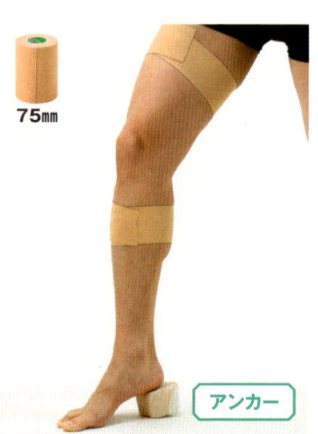

75mm

アンカー

テープがずれないようにする

4
ふくらはぎの
外側から、
ひざ下を通り
太ももの内側
まで引っ張り上
げるように貼る。ふく
らはぎ内側から太
もも外側へも同
様に貼り
V字をつくる

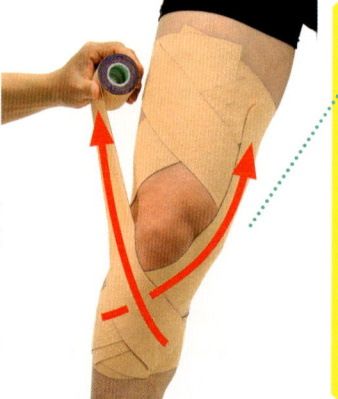

[透過] Point
ひざ頭の骨（膝蓋骨）にかからず、その下でV字になるようにクロスして引っ張り上げ、下腿が前方向へ出てこないようにする。固定力が弱い場合は、これを2〜3セット行う

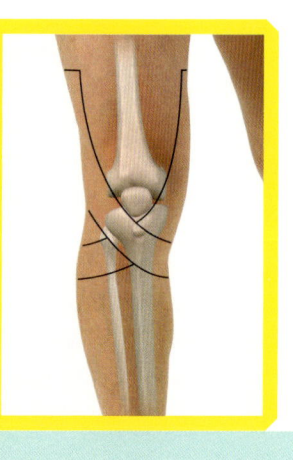

前方向への動きを制限する

088 Taping Bible

Professional technique

- V字に貼るテープがひざ下を通り、前への動きを抑えるようにする
- スパイラルは下から上へ巻き、ひざ頭にかからないようにする

解決!

[使うテープ]
伸縮ハードテープ 75mm

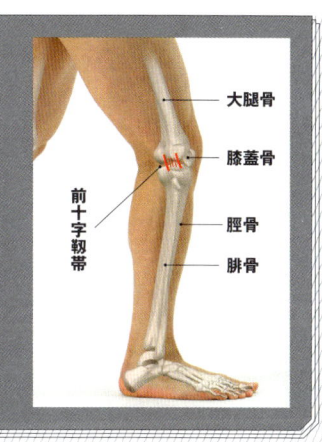

大腿骨
膝蓋骨
前十字靭帯
脛骨
腓骨

2
ふくらはぎの外側から、ひざの裏を通して太ももの内側まで、**らせん状に**巻く

スパイラル

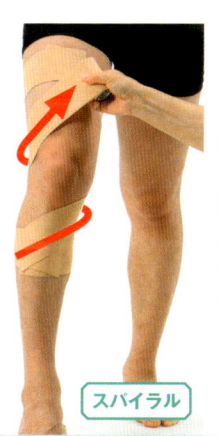

3
2と反対方向に、ふくらはぎ内側から、ひざの裏を通して太ももの外側まで**らせん状に**巻く

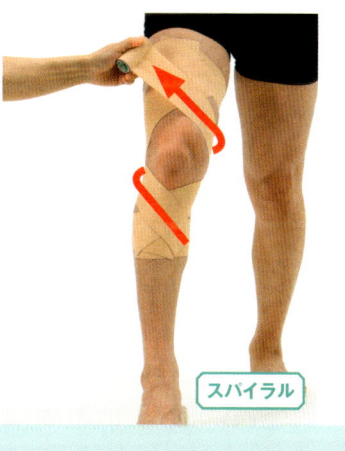

スパイラル

ひねりを制限する

5
ひざ裏を中心にし、両端を裂いたテープでひざ頭を囲むように**上下に沿わせて**巻く

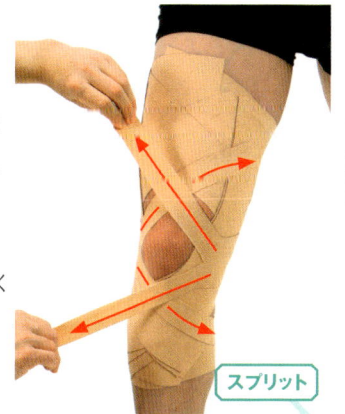

スプリット

ひざ関節を固定する

6
太ももに3本、ふくらはぎにも2本テープを巻いて完成

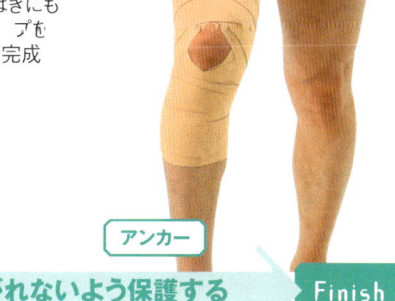

アンカー

はがれないよう保護する

Finish

Chapter 3 ひざ

[目的] 筋肉のサポート

ひざの下の骨が痛い
（オスグッドシュラッター病）

疲労予防

原因・症状・診断 成長期に起こることが多く、ひざの屈伸をくり返すことで生じる。ジャンプやランニングなどの動作で大腿四頭筋がひざ下の骨を過度に引っ張ることで、腱と骨の接合部に炎症が起こる。ひざ下が出っ張り、押したり運動したりすると痛い。また、大腿四頭筋をストレッチしたとき、硬さを感じる。

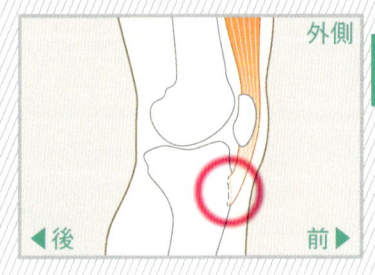

外側　←後　前→

これで

[スタート姿勢]
巻いてもらう場合…
足を一歩前に出し、ひざを軽く曲げて立つ。
かかとの下に5cm程度の足台を置く

自分で巻く場合…
イスに座り、足を前に出して**ひざを軽く曲げる**

1 キネシオロジーテープの一端に長めの**切り込みを入れる**。これを2本つくる

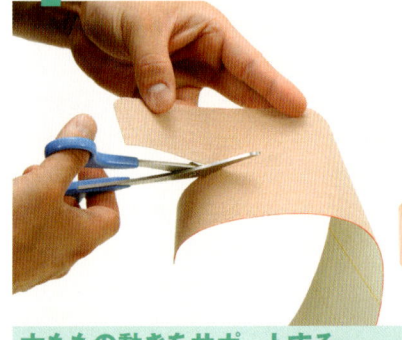

75mm

太ももの動きをサポートする

4 もう1本の切り込みを入れたテープを、すねの中央からひざ頭をはさむように**Y字に**貼る

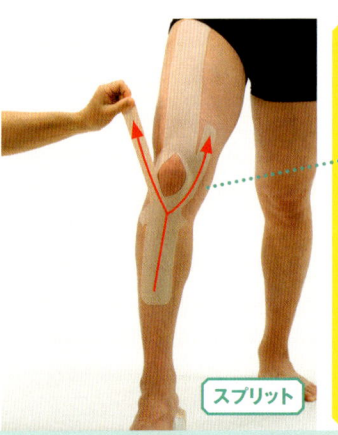

スプリット

[透過] Point
ひざ下の出っ張った骨（脛骨粗面）を押さえるようにテープを貼る

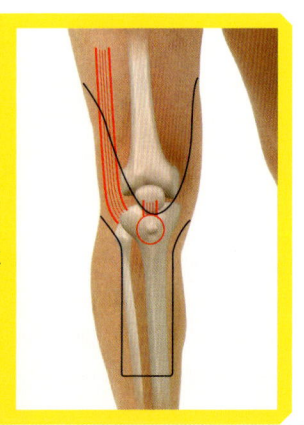

Professional technique

- ひざ頭下の出っ張った骨の部分を強く圧迫する
- 太ももに貼るテープの引っ張り具合でサポート力を調整する

解決!

[使うテープ]

キネシオロジーテープ 50mm、75mm

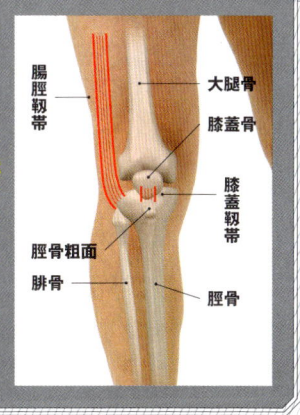

腸脛靭帯 / 大腿骨 / 膝蓋骨 / 膝蓋靭帯 / 脛骨粗面 / 腓骨 / 脛骨

2
太もものつけ根前面からひざ頭までテープを貼る

Point
切り込みの裂け目がひざ頭の真上にくるようにする

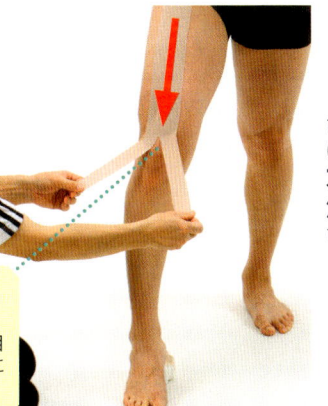

3
ひざ頭を囲むように、テープを**左右に沿わせ**ひざの下でとめる

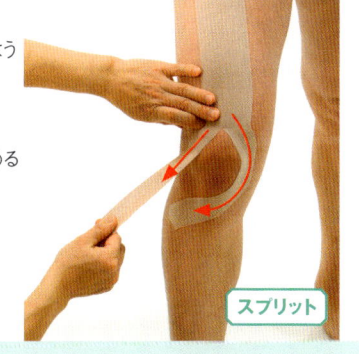

スプリット

5
テープの両端を引っ張りながら、ひざの下にななめに貼る

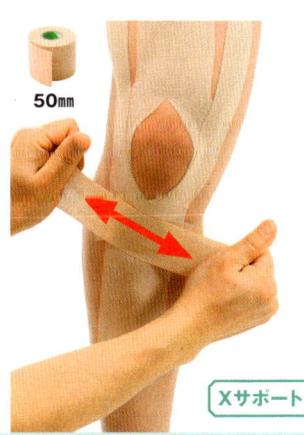

50mm

Xサポート

6
5と交差するように、ひざ下にもう1本ななめにテープを貼り完成

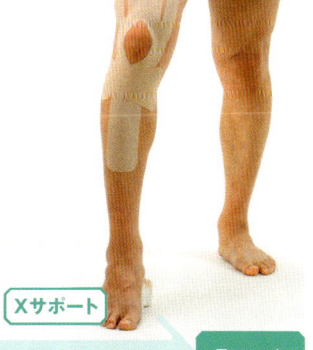

Xサポート

ひざの下を圧迫する

Finish

Chapter 3 ひざ

[目的] 筋肉のサポート

ひざの下が痛い
疲労予防
（ジャンパーズニー）

原因・症状・診断 ひざの屈伸をくり返すことで生じる。大腿四頭筋は腱となりひざ下の骨につくが、これがジャンプなどの動作でくり返し強く引っ張られることで炎症を起こす。立ち上がったり、ひざを伸ばすよう力を入れたり、ひざ頭下のやわらかい腱の部分を押したりすると痛む。また、大腿四頭筋をストレッチしたとき、硬さを感じる。

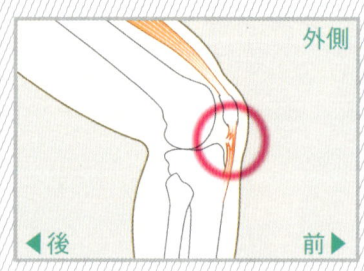

外側 / 後 / 前

これて

[スタート姿勢]
巻いてもらう場合…
足を一歩前に出し、ひざを軽く曲げて立つ。
かかとの下に**5cm程度の足台を置く**

自分で巻く場合…
イスに座り、足を前に出して**ひざを軽く曲げる**

1
キネシオロジーテープの一端に長めの**切り込みを入れる**

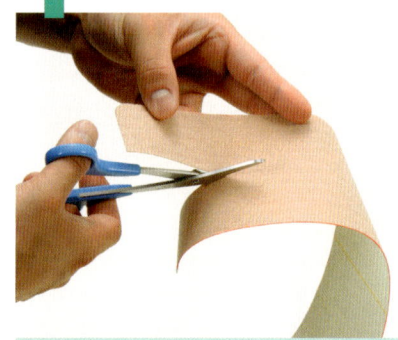

75mm

太ももの動きをサポートする

4
テープの両端を引っ張りながら、ひざ頭の真下にななめに貼る

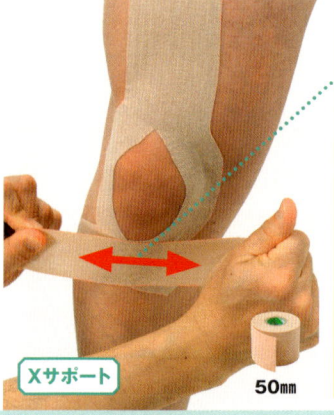

Xサポート
50mm

[透過] Point
ひざ頭の骨から下に伸びる靭帯（膝蓋靭帯）を押さえるようにテープを貼る。オスグッドシュラッター病（P90）のXサポートよりも上部をサポートする

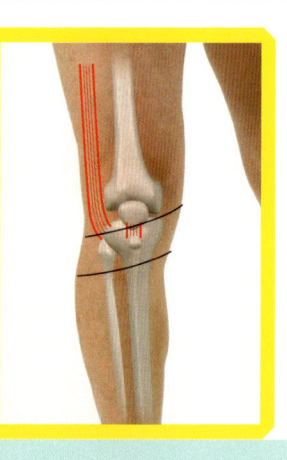

ひざの下を圧迫する

Professional technique

- ひざ頭の真下をXサポートで強く圧迫する
- 太ももに貼るテープの引っ張り具合でサポート力を調整する

解決!

[使うテープ] 
キネシオロジーテープ
50mm、75mm

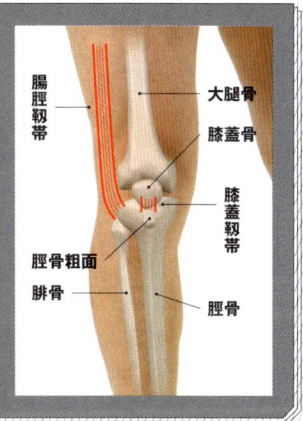

腸脛靭帯 / 大腿骨 / 膝蓋骨 / 膝蓋靭帯 / 脛骨粗面 / 腓骨 / 脛骨

2
太もものつけ根前面からひざ頭までテープを貼る

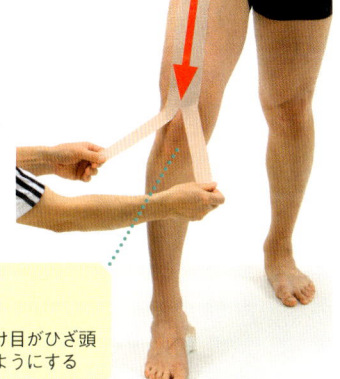

Point
切り込みの裂け目がひざ頭の真上にくるようにする

3
ひざ頭を囲むように、テープを**左右に沿わせ**ひざの下でとめる

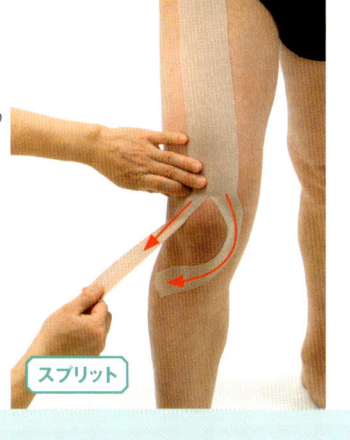

スプリット

5
4と**交差するように、**ひざの下にもう1本ななめにテープを貼り完成

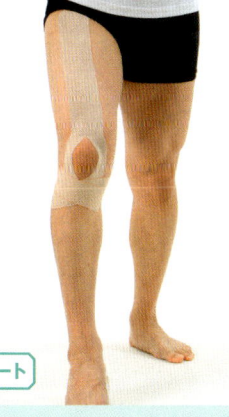

Xサポート

内側から見たところ

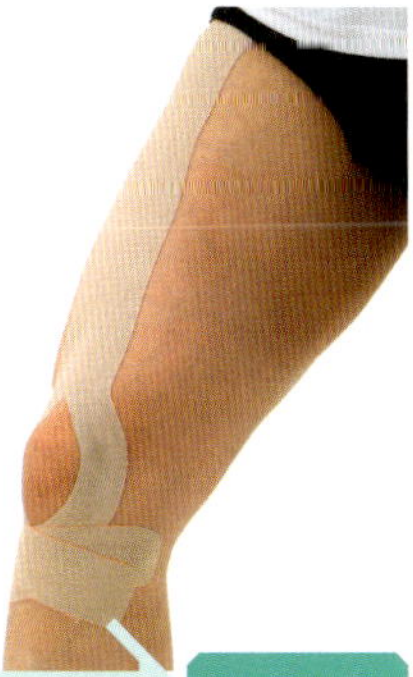

Finish

Chapter 3 ひざ

[目的] 筋肉のサポート

ひざの外側のやや上が痛い

疲労予防

（ランナーズニー）

原因・症状・診断 長距離を走るなど、ひざの屈伸をくり返すことで生じる。太ももからひざにかけての外側にある腸脛靭帯が、ひざの外側の骨と頻繁にすれ合うことで起こる。走るときや、屈伸などひざの曲げ伸ばしをするときにひざの外側が痛む。また腸脛靭帯をストレッチしたとき、硬さを感じる。

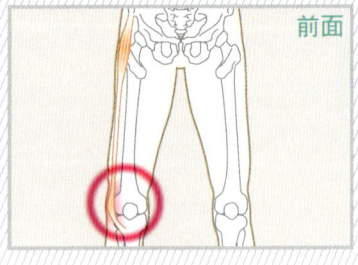

前面

これで

[スタート姿勢]

巻いてもらう場合…
足を一歩前に出し、ひざを軽く曲げて立つ。
かかとの下に**5cm程度の足台を置く**

自分で巻く場合…
イスに座り、足を前に出して**ひざを軽く曲げる**

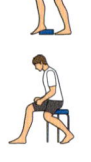

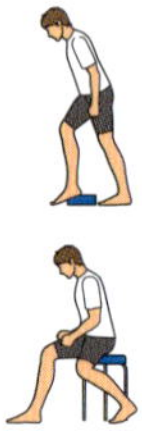

1
太もものつけ根外側からひざの内側に向かってキネシオロジーテープを巻く

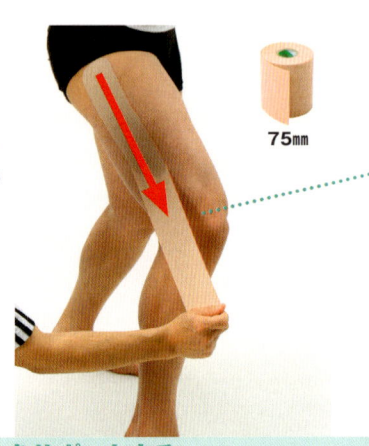

75mm

ひざの筋肉をサポートする

2
キネシオロジーテープの一端に**切り込みを入れる**

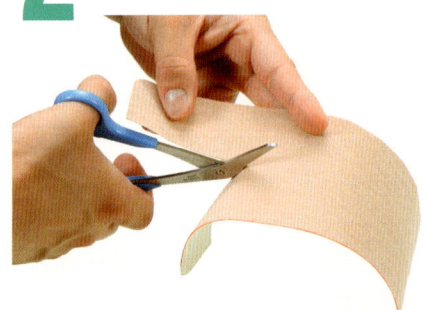

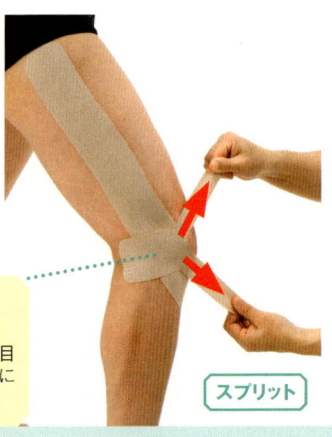

ひざ頭を内側へ寄せる

3
ひざの側面からひざ頭を囲むように、テープを**上下に沿わせる**

Point
切り込んだ裂け目がひざ頭の真横にくるようにする

スプリット

Professional technique

- **太ももの外側に貼るテープは強く引っ張る**
- **スプリットはひざ頭の外側から内側へ引っ張るように巻く**

[使うテープ]

キネシオロジーテープ 75mm

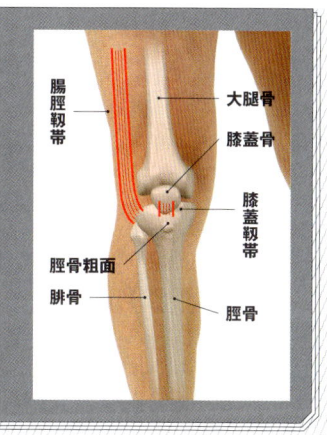

（図：腸脛靭帯、大腿骨、膝蓋骨、膝蓋靭帯、脛骨粗面、腓骨、脛骨）

[透過] Point
痛みの原因である太もも外側の腸脛靭帯をサポートするように、上下に引っ張ってテープを貼る

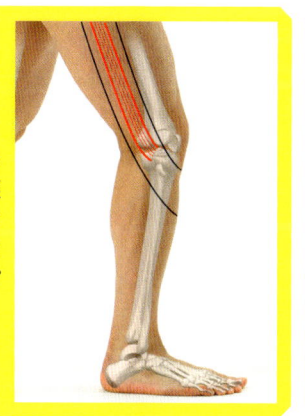

Point
テープはひざ関節の外側までは強く引っ張りながら貼り、ひざ頭の下は普通の強さで巻く

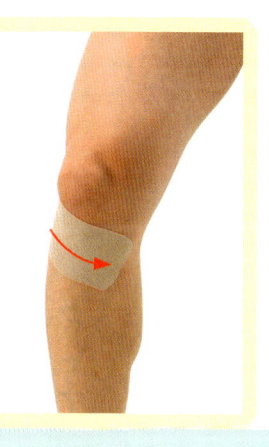

4
3のテープをひざの内側でとめて完成。

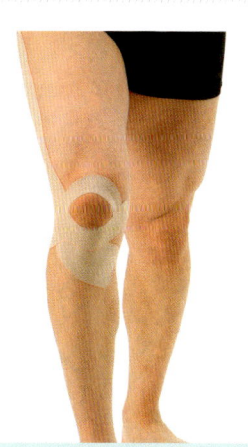

内側から見たところ

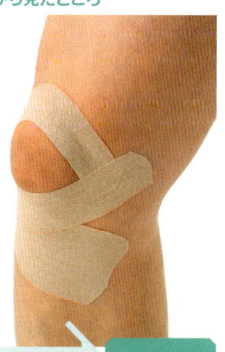

Finish

太もも・ふくらはぎ

太ももは大腿骨を中心に筋肉が覆うように広がっています。前面は中間広筋、大腿直筋、外側広筋、内側広筋からなる大腿四頭筋が、後面は大腿二頭筋、半腱様筋、半膜様筋からなるハムストリングがあり、ひざの曲げ伸ばしや股関節の動きを担っています。準備運動やストレッチが充分でないと、肉離れなど重度のケガを起こすこともあります。

ふくらはぎは腓腹筋、ヒラメ筋からなる下腿三頭筋と、そこからかかとまでをつなぐアキレス腱で構成されています。歩く、跳ぶといった基本運動において、重要な役割を果たしており、疲労の蓄積や急激な動きにより、つったり肉離れを起こしたりしやすい部位です。

脚部のテーピング

[太もも前面]

- 中間広筋（深層筋）ちゅうかんこうきん
- 大腿直筋 だいたいちょっきん
- 外側広筋 がいそくこうきん
- 内側広筋 ないそくこうきん

[太もも後面]

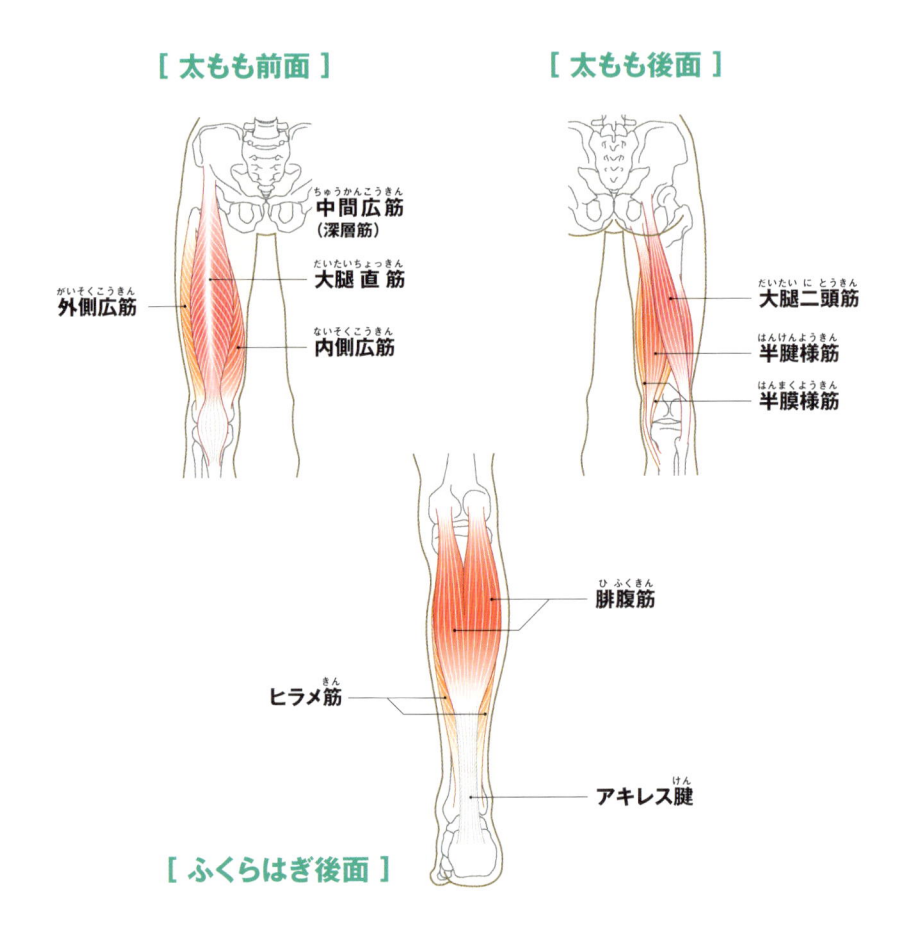

- 大腿二頭筋 だいたいにとうきん
- 半腱様筋 はんけんようきん
- 半膜様筋 はんまくようきん

[ふくらはぎ後面]

- 腓腹筋 ひふくきん
- ヒラメ筋 きん
- アキレス腱 けん

太もも・ふくらはぎのテーピングの目的と症状

[筋肉のサポート]

太ももの裏側に
肉離れを起こした
→ P98 → **ハムストリングの肉離れへ**

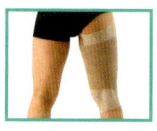

走ったり跳んだりすると
すねの内側が痛い
→ P104 → **シンスプリントへ**

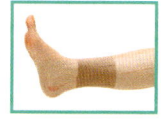

ふくらはぎの下が痛い
→ P106 → **アキレス腱炎へ**

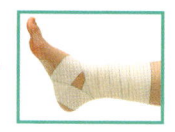

ふくらはぎをつった
→ P110 → **下腿三頭筋の痙攣へ**

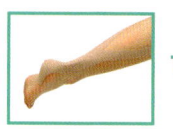

**股関節や
脚のつけ根**が痛い
→ P112 → **鼠径部痛症候群へ**

[圧迫]

太ももの前面を
強く打って痛い
→ P100 → **大腿四頭筋の打撲へ**

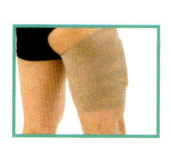

Chapter 3 太もも
[目的] 筋肉のサポート

太もも裏側の肉離れ
（ハムストリングの肉離れ）

疲労予防

原因・症状・診断 ダッシュなど強い力を発揮したり、急激に筋肉が引き伸ばされたりすると起こる。また、疲労の蓄積や、準備運動の不足も原因にあげられる。筋肉が軽く痛むだけの場合や、部分的に筋肉が切れた部分断裂、完全に切れた完全断裂がある。ひざの屈伸をすると太ももが痛む。

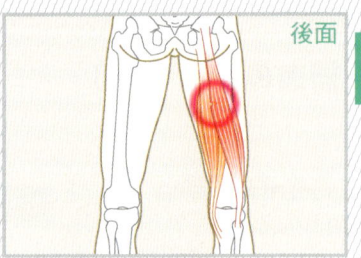

後面

これで

[スタート姿勢]
巻いてもらう場合…
ひざを軽く曲げて立つ。
もしくはうつぶせになり、ひざを軽く曲げた状態にする

1
太もも裏側の**やや内側に**、ひざの下から太もものつけ根までキネシオロジーテープを貼る

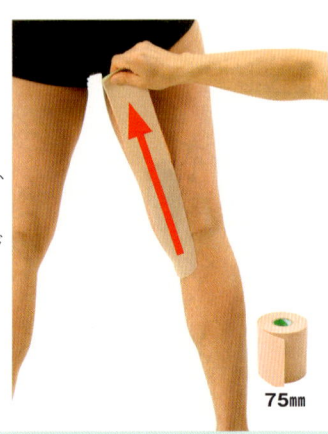

75mm

ハムストリングスをサポートする

4
ひざの裏で**交差するよう**、ななめに2本テープを貼る

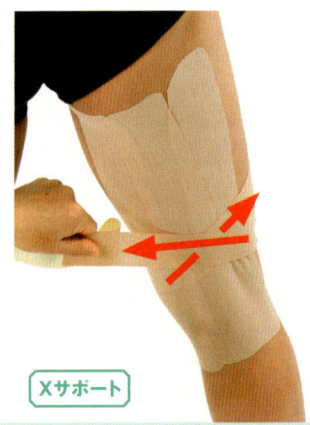

Xサポート

5
4のテープから上へ1/2〜1/3ずらしながら、**ハムストリングが隠れるまで**テープを交差させる

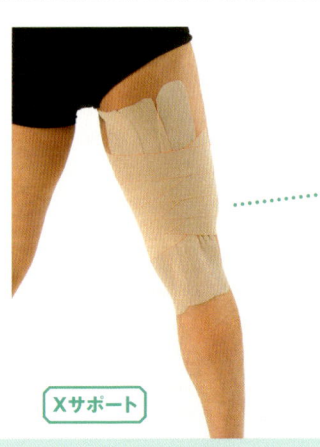

Xサポート

ハムストリングスを圧迫する

Professional technique
- Xサポートは受傷箇所とその延長線上で交差させる
- 痛みがひどい場合は、Xサポートをホワイトで行う

解決!

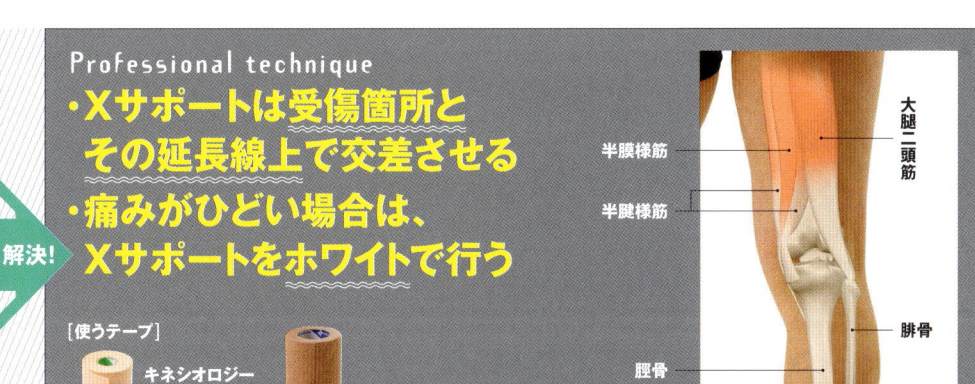

[使うテープ]
キネシオロジーテープ 75mm(or50mm) 
自着性伸縮包帯 75mm

大腿二頭筋
半膜様筋
半腱様筋
腓骨
脛骨

2
太もも裏側の**やや外側にも**、ひざの下から太もものつけ根までテープを貼る

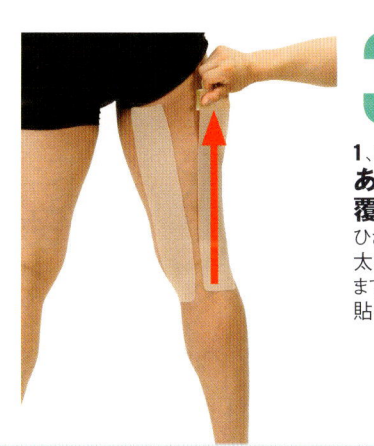

3
1、2のテープの**あいだを覆うように**、ひざの下から太もものつけ根までテープを貼る

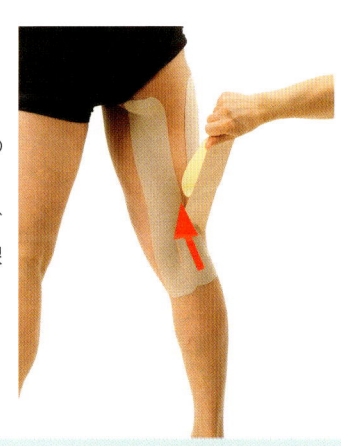

[透過] Point
Xサポートが交差する位置は受傷箇所とその延長線上になるようにする

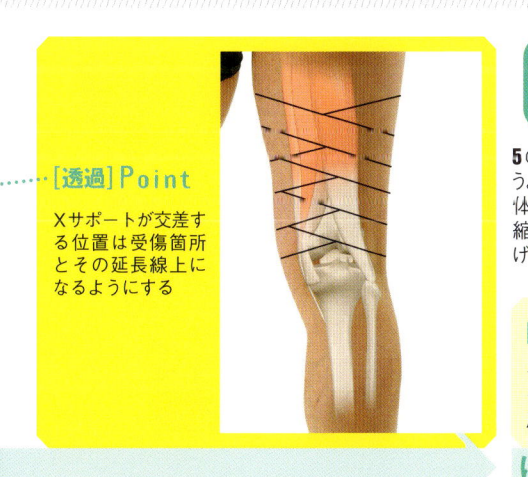

6
5のテープを覆うよう、太もも全体に自着性伸縮包帯を巻き上げて完成

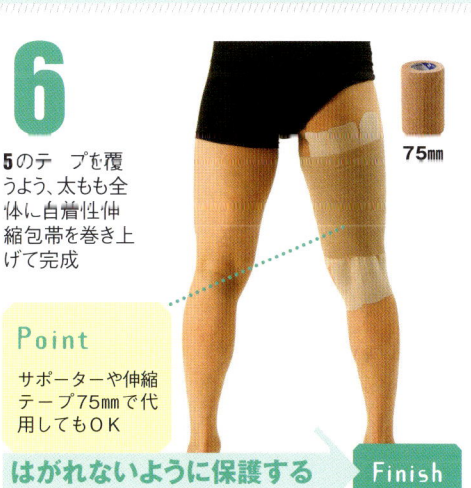

75mm

Point
サポーターや伸縮テープ75mmで代用してもOK

はがれないように保護する

Finish

Chapter 3 太もも ［目的］圧迫

太もも前面の打撲
（大腿四頭筋の打撲）

原因・症状・診断 大腿四頭筋は太もも前面にあり、ひざを伸ばす筋肉。強くぶつかることで筋肉が損傷する。ラグビーやサッカーなどの接触プレーが多い競技で起きやすく、ひざの曲げ伸ばしや歩行時に太ももの前面が痛む。

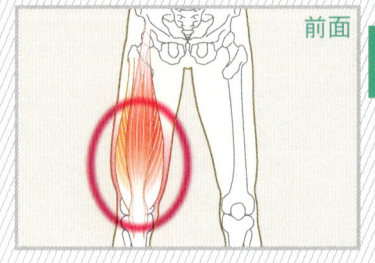

前面

これで

[スタート姿勢]

巻いてもらう場合…
ひざを軽く曲げて立つ。
もしくは太ももが上に向くよう、ひざを伸ばして座る

自分で巻く場合…
イスに座り、足を前に出して
ひざを軽く曲げる

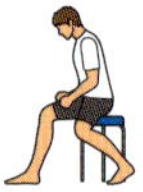

1
太ももの内側に
まっすぐ
ホワイトを貼る

50mm

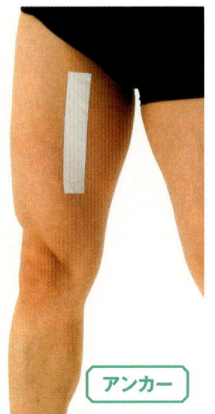

アンカー

テープがずれないようにする

4
3のテープから
上へ1/2〜1/3
ずらしながら、
**太ももが
覆われる
まで**
テープを
交差させる

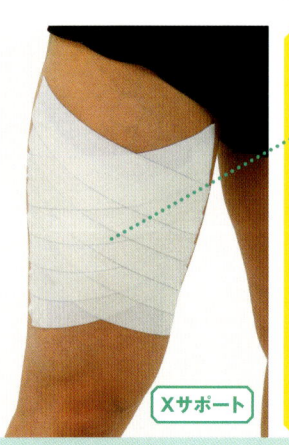

Xサポート

[透過] Point
Xサポートが交差する位置は受傷箇所とその延長線上になるようにする。筋肉を中心に寄せるようにテープを貼る

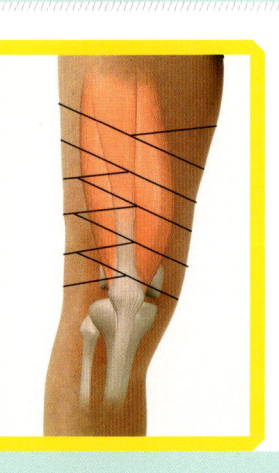

Taping Bible

Professional technique

- Xサポートの交差する位置が受傷箇所の延長線上になる
- パッドの上を覆うテープは、内側・外側から交互に貼る

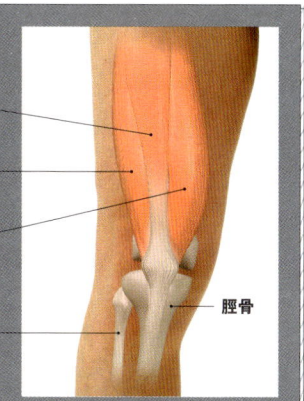

解決！

[使うテープ]
ホワイトテープ 50mm(or38mm) 
自着性伸縮包帯 75mm

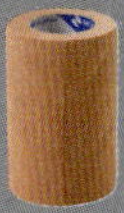

大腿直筋
外側広筋
内側広筋
腓骨
脛骨

2
太ももの外側にもまっすぐテープを貼る

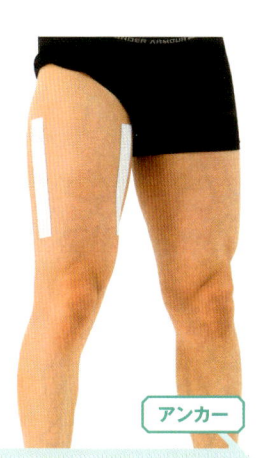

アンカー

3
1、2のテープの下を起点に、テープが**交差するよう**ななめに2本貼る

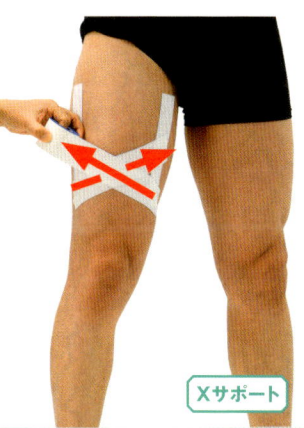

Xサポート

太ももを圧迫する

5
4のテープの上に、**真ん中をくり抜いたパッド**をあてる

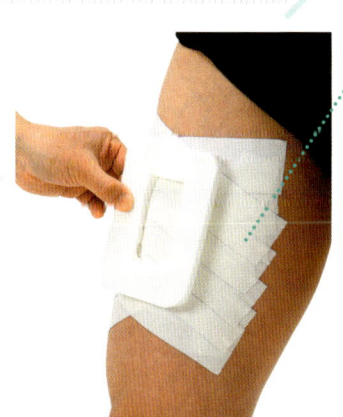

Point
パッドは衝撃を吸収し、再打撲を防ぐためのクッションの役割を果たす。とくにコンタクトスポーツではこれを入れておくと安心してプレーができる。また、真ん中をくり抜くことで、衝撃の逃げ場が増え吸収力が高まる

圧迫力を高める

次のページへ

6
パッドを覆うように、**内側、外側から交互に**平行になるようテープを貼る

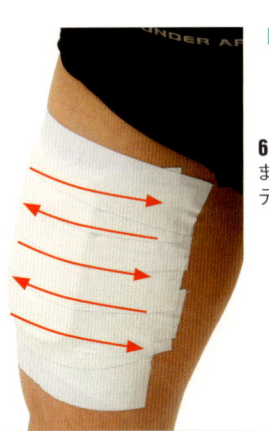

7
6の両端にまっすぐテープを貼る

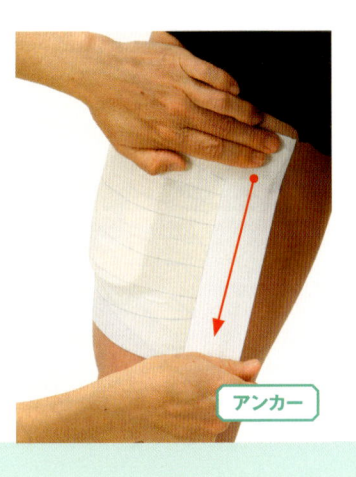

アンカー

テープがずれないようにする

Column

テーピングはフォームの矯正にも効果を発揮する

　ケガには、フォームに問題があることから引き起こされるケースもたいへん多く、その場合はフォームを矯正することが根本的な解決策になります。

　テーピングはケガの痛みやグラつきの防止だけでなく、関節や筋肉を引っ張り固定するため、動きやフォームを変えることもできます。

　また、ゴルフやテニスなど、週末に趣味で行うスポーツは、練習量が少なくなかなか上達しにくいものです。こうした場合もテーピングによるフォーム矯正は効果的です。動きのなかの悪い癖がどうしても抜けない、修正できない場合は、テーピングで理想の動きへと誘導します。こうすると、なかなかできなかった理想の動きが徐々に自分の動きになっていくのです。

　ひじの内側が痛む野球肘は、投球動作のなかでひじが外に開く動作（外反）が強く起こって痛みが生じると考えられています。そこで、まだ野球肘による痛みは出ていないものの、ひじの外反が強く起こる選手に、フォーム矯正と痛みの発生予防をかねて野球肘のテーピング（P151）を行うのです。ゴ

8

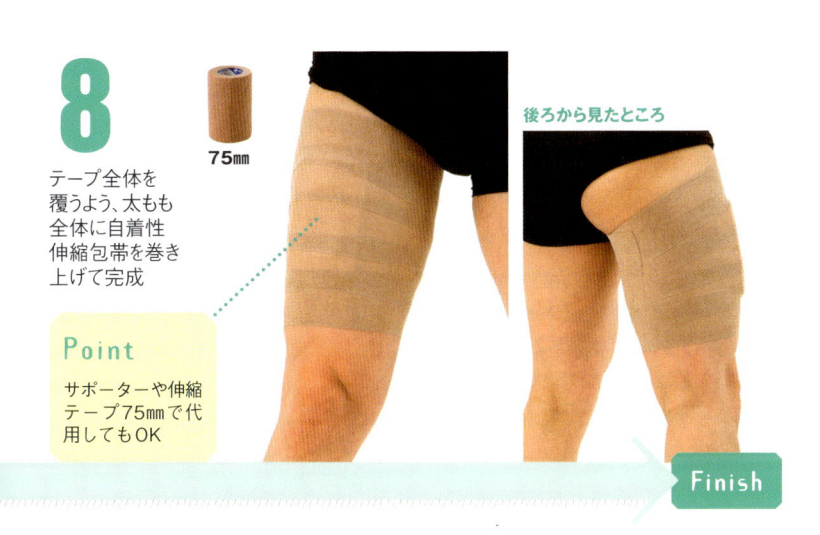

テープ全体を覆うよう、太もも全体に自着性伸縮包帯を巻き上げて完成

75㎜

後ろから見たところ

Point

サポーターや伸縮テープ75㎜で代用してもOK

Finish

ルフ肘（P152）も同様のテーピングで対応できます。

　ただし、ここで注意すべき点はテープをはがしたあとに、再度投球あるいは素振りを行い、ひじの外反が強く起こらないフォームがテープなしでもできるようカラダに教え込んでいくことです。そうすることで、本当のフォーム矯正につながり、ケガや痛みのない動き、またスポーツパフォーマンスを高めるうえで重要な、上手な動作ができるようになっていくのです。

Chapter 3 ふくらはぎ

[目的] 筋肉のサポート

疲労予防

すねの内側が痛い
（シンスプリント）

原因・症状・診断 すねの内側にある筋肉が、ランニングなどで酷使されて生じる。陸上選手が起こしやすい。筋肉と骨の付着部や、その骨を覆う膜（骨膜）の障害で、脛骨の下1/3に痛みが生じる。走ったり跳んだりすると、すねの内側が痛む。

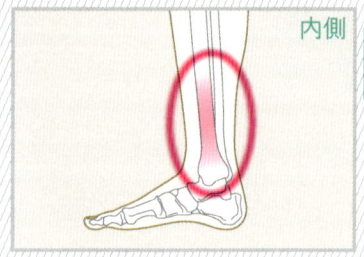

内側

これで

[スタート姿勢]
- 巻いてもらう場合… **ひざを伸ばして座り、** ひざから下は台から出す 
- 自分で巻く場合… イスに座り、**脚を浅く組む**

1
足の外側側面から足裏を通して **ふくらはぎの内側まで** 2本キネシオロジーテープを巻く

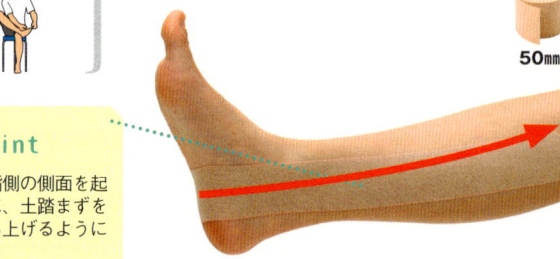

50㎜

Point 小指側の側面を起点に、土踏まずを持ち上げるようにする

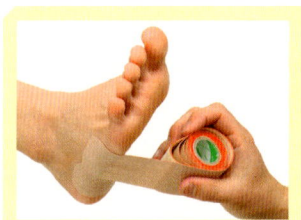

下腿の内側をサポートする

4
足を上向きに戻し、足首の少し上にある **受傷箇所で交差するよう、** ななめに2本テープを貼る

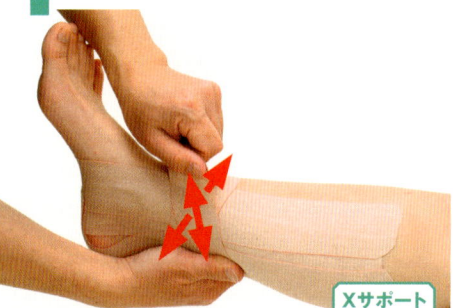

Xサポート

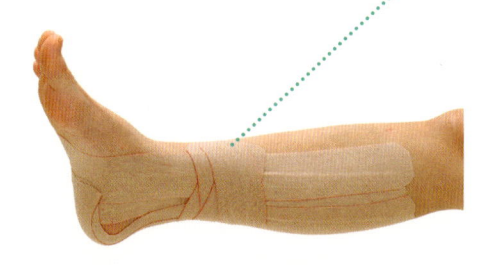

受傷箇所を圧迫する

5
4のテープから**すね側へ 1/2〜1/3ずらし、**もう2本貼る

Professional technique
- 土踏まずからふくらはぎに貼るテープは強く引っ張る
- Xサポートをホワイトで行うと固定力が強くなる

解決!

[使うテープ]
キネシオロジーテープ 50mm
自着性伸縮包帯50mm

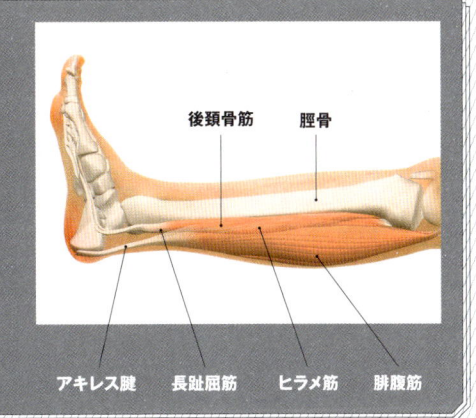

後脛骨筋　脛骨
アキレス腱　長趾屈筋　ヒラメ筋　腓腹筋

2 足を下向きに変え、足の裏からふくらはぎのやや内側まで貼る

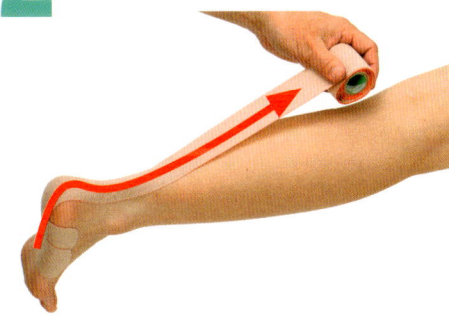

3 2と反対向きに、足の裏からふくらはぎのやや外側まで貼る

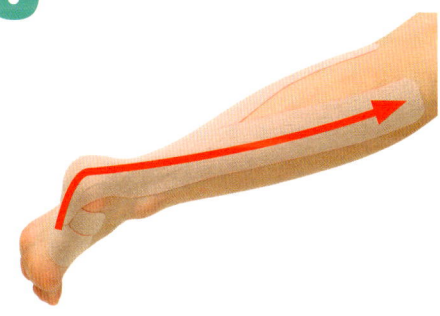

ふくらはぎをサポートする

[透過] **Point**
Xサポートは受傷箇所であるすねの内側で交差するように貼る

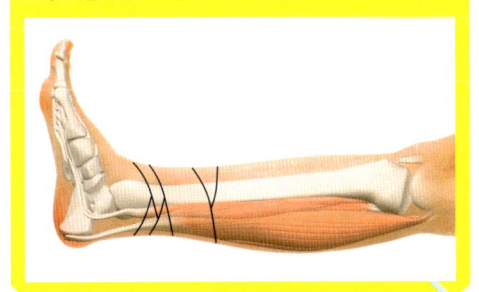

6 4、5のテープを覆うよう、自着性包帯を巻いて完成

Point
サポーターや伸縮テープ75mmで代用してもOK

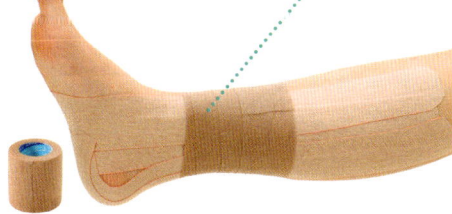

50mm

はがれないように保護する　Finish

Chapter 3 ふくらはぎ ［目的］筋肉のサポート

ふくらはぎの下が痛い

疲労予防

（アキレス腱炎）

原因・症状・診断 アキレス腱には足首を伸ばす働きがある。歩く、走る、跳ぶといった基本運動でつねに負担がかかる。そのためランニングやジャンプをくり返す競技などで酷使されると傷めることがある。歩いたり、走ったりするとふくらはぎの下のあたりが痛む。

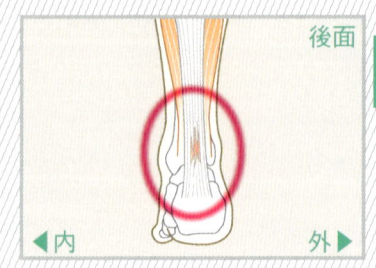

後面 ◀内 外▶

これで

［スタート姿勢］

巻いてもらう場合…
ベッドの上に**うつぶせになり、ひざから下**をベッドから出す。
足首を軽く伸ばし、ふくらはぎの筋肉を伸ばす

自分で巻く場合…
イスに座り、**脚を浅く組む**

1 足の裏からふくらはぎまで、まっすぐキネシオロジーテープを貼る

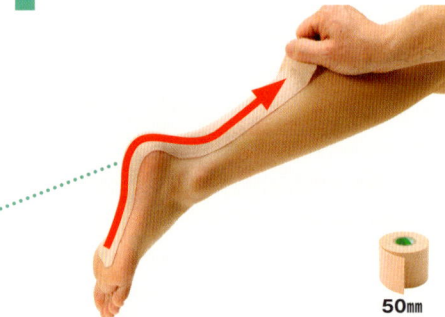

Point 足首は90度より深く、痛みを感じない姿勢にする

50mm

アキレス腱をサポートする

3 小指のつけ根を起点に、2と反対向きに、かかとの内側を通し、ふくらはぎのやや外側まで貼る

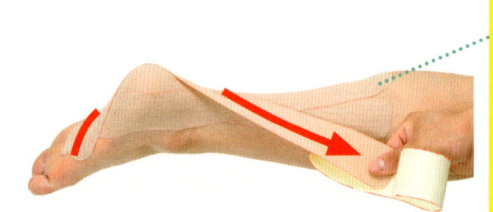

［透過］Point 1〜3のテープが受傷箇所であるアキレス腱の上で交差するようにする

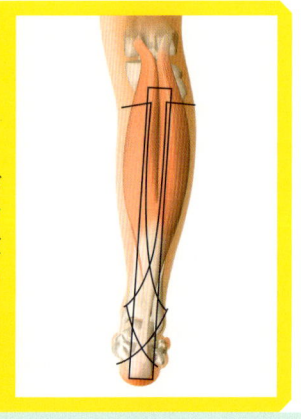

Professional technique

- 足の裏からふくらはぎへ貼るテープは、しわがよらないようかかとを浅く回す
- 痛みを感じる箇所でテープが3本交差するように貼る

解決!

[使うテープ]
キネシオロジーテープ 50mm
伸縮ソフトテープ 50mm

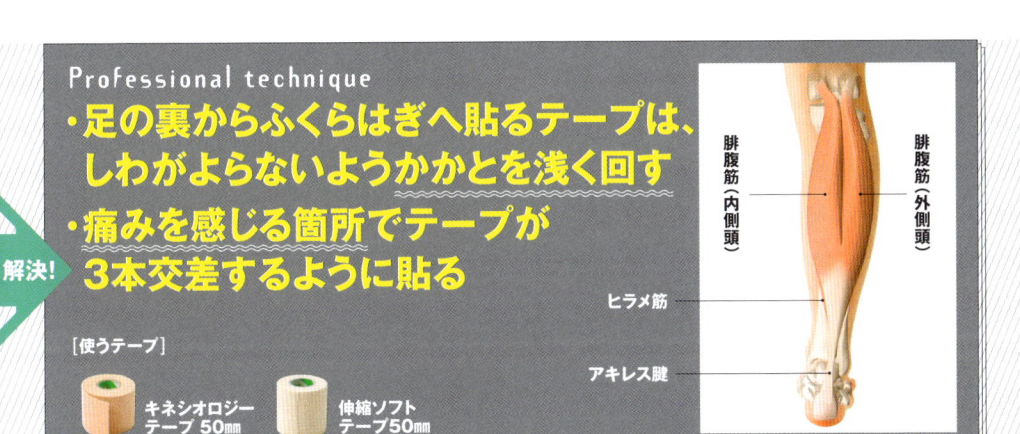

腓腹筋(内側頭)
腓腹筋(外側頭)
ヒラメ筋
アキレス腱

2 親指のつけ根を起点に、
かかとの外側を通し、ふくらはぎのやや内側まで貼る

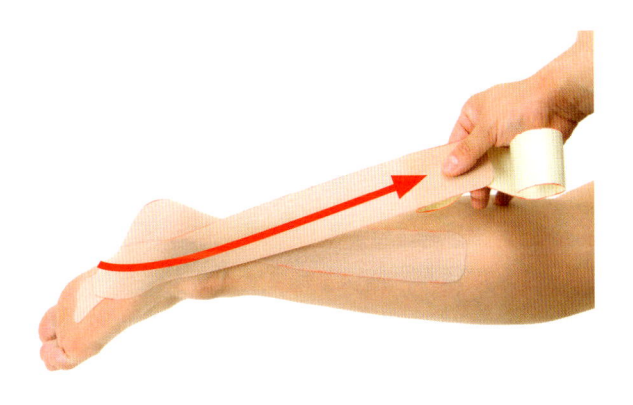

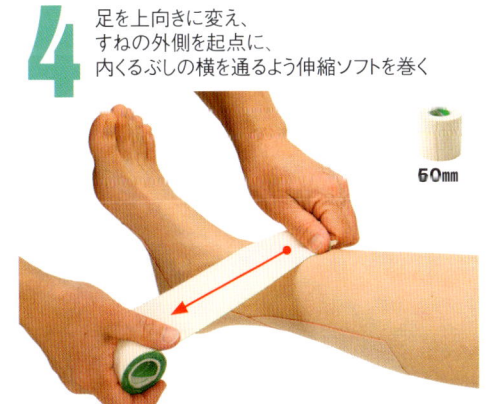

4 足を上向きに変え、すねの外側を起点に、内くるぶしの横を通るよう伸縮ソフトを巻く

50mm

はがれないように保護する

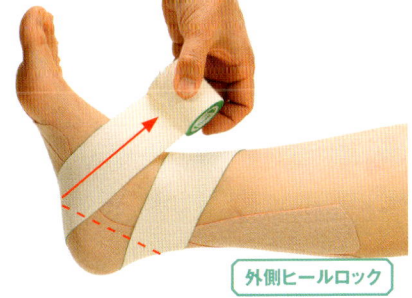

5 そのままかかとの外側、
足の裏を通して、甲まで巻き上げる

外側ヒールロック

次のページへ

107

6 外くるぶしの横を通して、**かかとの内側**を巻く

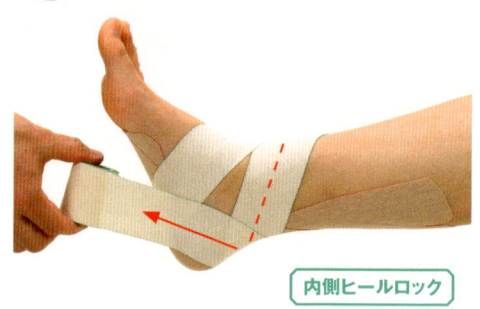

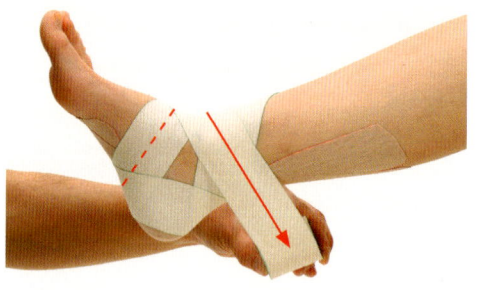

7 足裏を通して甲へ巻き上げ、足首の内側を巻く

内側ヒールロック

Column

日常生活の不快症状にも役立つテーピング

本書では、日常生活の不調を解消するテーピング技法も紹介しています。では、具体的にどのようなときに使えばよいのでしょう。

腰痛のテープ（P174）

　これは腰痛がなくても活用できます。たとえば、長時間の立ち仕事やデスクワークに取り組む方、布団の上げ下ろしに不安のある方などは、これを貼っておくと腰への負担が減り、いくらか安心できます。模様替えや荷物整理のとき、重いものを持つときなどに事前に貼ってもよいでしょう。

肩こりのテープ（P172、180）

　長時間のデスクワークは、背中が丸まってしまいがちです。猫背の姿勢は、頭が前方に出てしまうため、それを肩や首後面の筋肉で引っ張って支えてあげる必要があります。その結果、それらの筋肉が疲労して肩こりの症状が現われます。そこでデスクワーカーの方は、まず猫背を防ぐテーピング（P180）を行い、そうならないようにします。さらに対策を講じるなら、疲労によって肩こり症状が現われる筋肉（僧帽筋上部や肩甲挙筋）のサポートテープ（P172）を貼るとよいでしょう。

　これらは予防的にも効果的な方法です。

8 足首を1周巻く

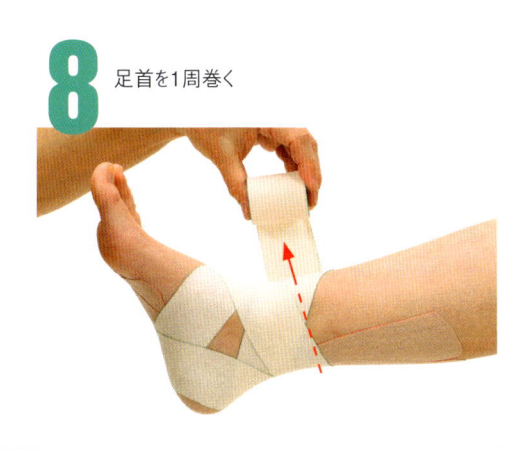

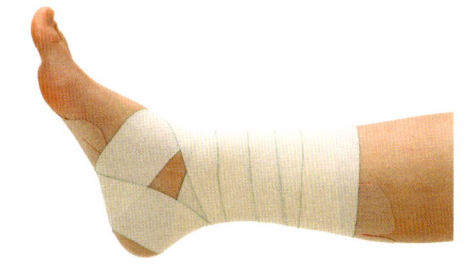

9 8のテープからすね側へ
1/2〜1/3ずらしながら、
もう4〜5周巻く

Finish

O脚（P176）、X脚（P178）の矯正テープ

　このテープは継続的に実施し、X脚やO脚を徐々に矯正していくことが重要です。長ズボンでないと、テーピングがあらわになり外見上よくないので、冬の時期などに実施し、脚を露出する機会の多い夏にテープを貼らずにすむようにしたいものです。

　また、このテーピングは下肢のエクササイズと組み合わせると矯正されやすくなります。

Chapter 3 ふくらはぎ

[目的] 筋肉のサポート

ふくらはぎをつった
（下腿三頭筋の痙攣）

疲労予防

原因・症状・診断 別名「こむら返り」。筋疲労や準備運動不足により、スポーツシーンで起こることが多い。ふくらはぎの筋肉は、足首を伸ばす働きをもち、ウォーキングやランニングなどで足首を伸ばす運動がくり返されると、疲労してつることがある。クセになりやすいので予防のためにテーピングをしておくのもよい。

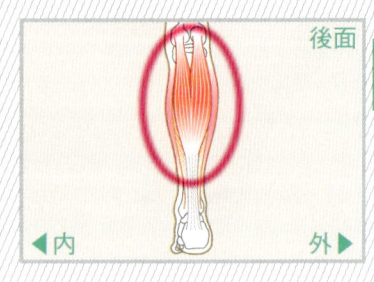

後面　◀内　外▶

これで

[スタート姿勢]

巻いてもらう場合…
ベッドの上に**うつぶせになり、ひざから下を**ベッドから出す。
足首を軽く伸ばし、ふくらはぎの筋肉を伸ばす

自分で巻く場合…
イスに座り、**脚を浅く組む**

1 キネシオロジーテープの一端に長めの**切り込みを入れる**

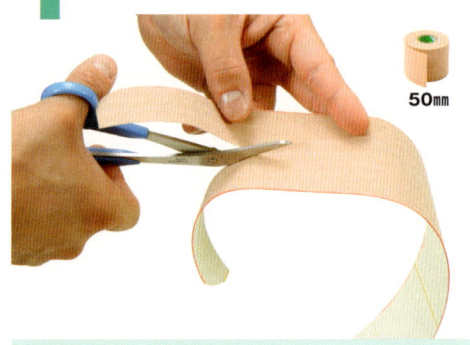

50mm

ふくらはぎをサポートする

3 ふくらはぎを囲むように、
テープを内側と外側に沿わせて貼る

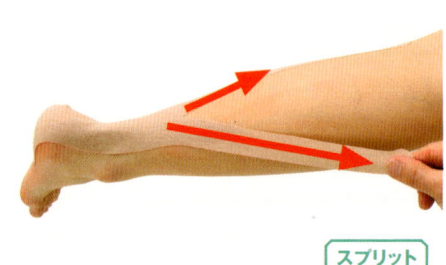

スプリット

4 ひざの横まで
テープを貼って完成

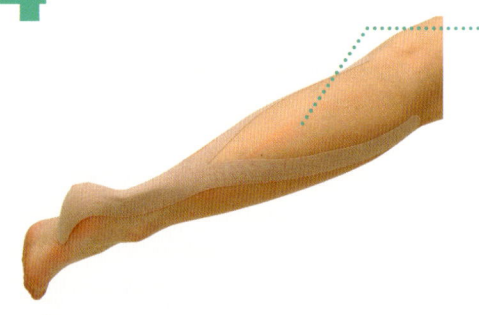

110 Taping Bible

Professional technique

- ひざの裏のふくらはぎのつけ根まで テープを伸ばす
- 切り込みの裂け目が アキレス腱の少し上にくるようにする

解決!

[使うテープ]
キネシオロジーテープ50mm(or75mm)

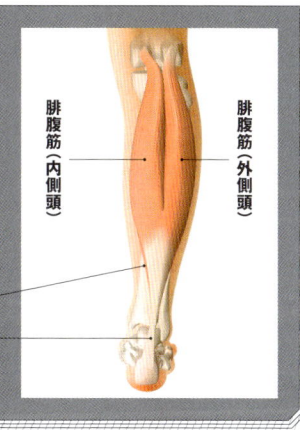

腓腹筋(内側頭)
腓腹筋(外側頭)
ヒラメ筋
アキレス腱

2 切り込みが入っていないほうの端を**かかと**に貼る

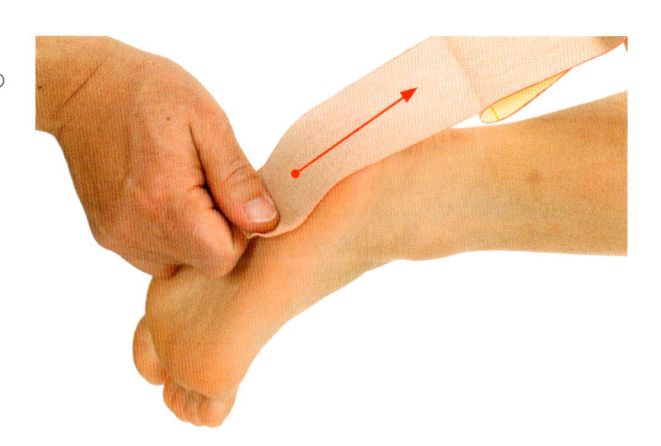

[透過] Point
アキレス腱を覆い、裂いたテープがひざの裏側にまでくるようにする。ふくらはぎ付近の動きがサポートされ、足首を伸ばししやすくなる

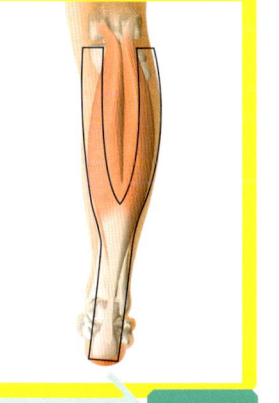

Finish

筋疲労や準備運動不足で生じやすく、強い痛みをともなう

Chapter 3 股関節

[目的] 筋肉のサポート

股関節、脚のつけ根が痛い

（鼠径部痛症候群）

疲労予防

原因・症状・診断 骨盤の一部である恥骨結合など、構造的に弱い部分もある股関節周囲は、多くの筋肉が付着している。これらの筋群が酷使されることで徐々に発症する。サッカーなどでキックをすると脚のつけ根が痛む。症状に個人差があり確定させるのが難しいが、股関節の周辺に痛みを感じる。

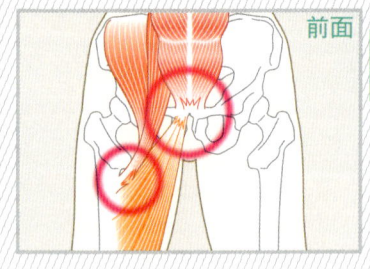

前面

これで

[スタート姿勢]
巻いてもらう場合…
両脚を肩幅に開き、
バランスよく体重をかける

1 おへその左右に、
お腹から脚のつけ根あたりまでキネシオロジーテープを貼る

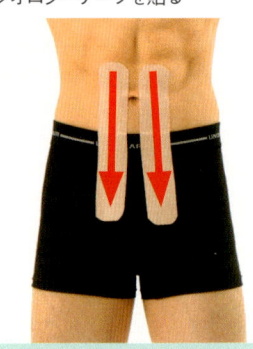

75mm

腹直筋をサポートする

3 背中側にも、
腰から脚のつけ根あたりまで両サイドにテープを貼る

✗ NG
中殿筋のサポートなので、腰から脚の裏に向けまっすぐ貼るのでは効果が得られない

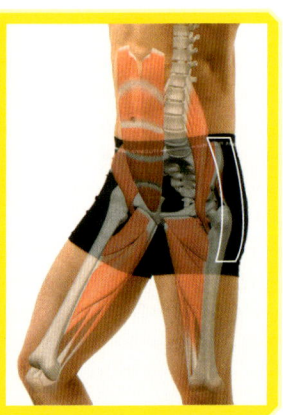

[透過] Point
骨盤の側面を通る中殿筋をサポートするように、お尻の外側から下方にテープを引っ張って貼る

中殿筋をサポートする

Professional technique

- テープの引っ張り具合でサポート力を調整する
- 股関節周辺の3つの筋肉を左右バランスよくサポートする

解決!

[使うテープ] 
キネシオロジーテープ 75(or50)mm

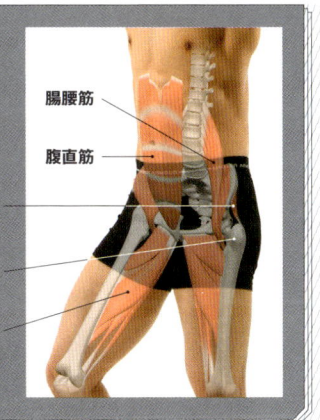

腸腰筋
腹直筋
中殿筋
股関節
股関節内転筋群

2 **両方の脚の内側に、**ひざの下から脚のつけ根までテープを貼る

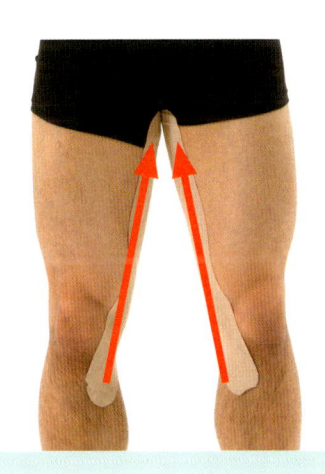

内転筋群をサポートする

Point
腸腰痛をサポートしたい場合はP182の工程2のテープを施す

4 **お腹、脚、腰**に左右2本ずつ計6本を貼って完成

背中側から見たところ

Finish

脚部のストレッチ

強い力や衝撃がかかりやすく、傷害の起こりやすい脚部。
カラダを支える筋肉であり、負担や疲労も大きいので
ストレッチでよくほぐしてケアしよう

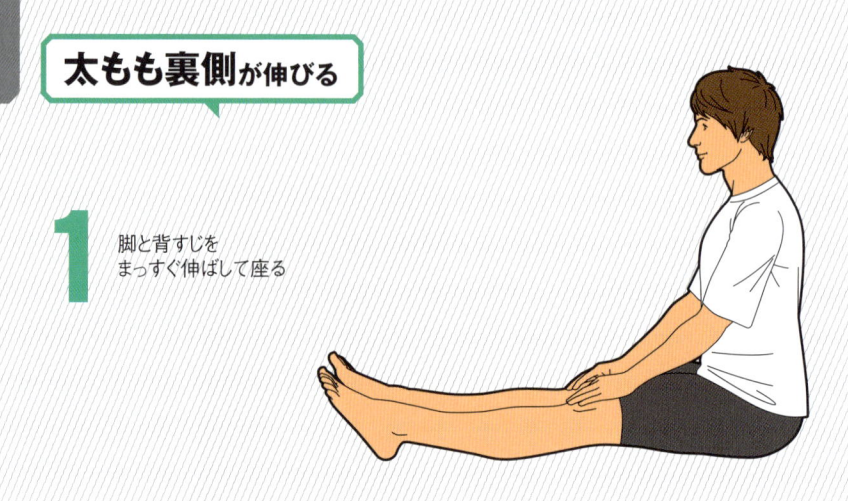

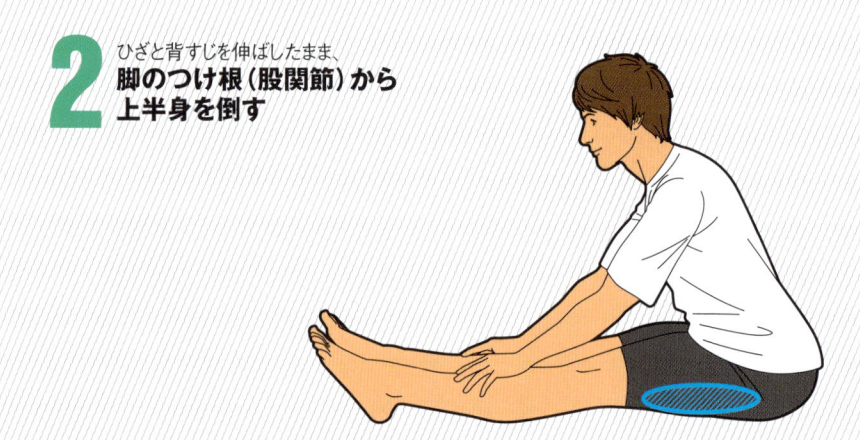

太もも裏側が伸びる

1 脚と背すじを
まっすぐ伸ばして座る

2 ひざと背すじを伸ばしたまま、
**脚のつけ根（股関節）から
上半身を倒す**

太もも前面が伸びる

1 横向きに寝転び、**片ひざを曲げてつま先を持つ。**
反対の手は前に伸ばしておく

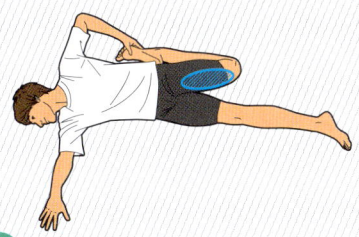

2 手でつま先を引っ張り、ひざを後ろに引く。反対側も同様に

ふくらはぎ表面が伸びる

1 両手両足を肩幅に開いて床につく。
ひじとひざは伸ばしておく

2 片足で**もう一方の脚のひざが伸びないようにおさえておく。**
反対側も同様に

ふくらはぎ深部が伸びる

1 **片ひざを立てて座り、**
ひざの上に両腕を組んでのせる

2 立てたほうのひざに体重をかけ、上半身を倒す。反対側も同様に

Column

テーピングとサポーター

ねんざなどのケガをしたら、
あなたはテーピングとサポーターのどちらを選びますか？
両方とも関節のサポートと固定が可能ですが、違いはあるのでしょうか。
それぞれの特徴を表にまとめました。

	テーピング	サポーター
さまざまな症状への対応	ほぼすべてに対応可能	対応できないものも多い
フィット感	巻き方にバリエーションがあり、どんな部位にもフィットする	オーダーメイドでないためフィットしない場合もある
接着性	のりで強く接着	締めつけるだけで接着性はない
皮膚への影響	かぶれる場合がある	ほとんどかぶれない
経済性	毎回購入する必要がある	一度購入すればしばらく使える
難易度	技術が必要	技術はほぼ不要
時間経過による変化	スポーツを長時間行っているとゆるんでくる	固定力は終始一定（※最初はテーピングに負けていても）

　赤字で示した内容が、メリットです。どちらにもよい部分がありますが、そもそもの目的である固定という観点から見ると、テーピングに分があります。ただテーピングは、時間経過によりゆるんでしまうのが難点です。

　それぞれの利点・欠点を理解し、自分の症状や皮膚の強さ、経済的な問題と照らして選択をしましょう。弱点を補い合うためにテーピングとサポーターを併用する方法もあります。

Chapter 4
腕部の テーピング

Chapter 4 腕部のテーピング

手首・手指

ほかの関節に比べて細かい骨が多数集まっており、器用な動きができる部位ですが、そのぶんケガもしやすい。指は末節骨、中節骨、基節骨からなり（ただし親指は中節骨がありません）、甲は中手骨、手根骨から構成されています。
手首を甲側に反らせた状態を「背屈」、手のひら側に曲げた状態を「掌屈」、また手首を小指側に曲げた状態を「尺屈」、親指側に曲げた状態を「橈屈」といいます。なかでも起きやすいのが、転んだときに手をついて手首を傷めることやつき指などの外傷です。

[右手甲側]

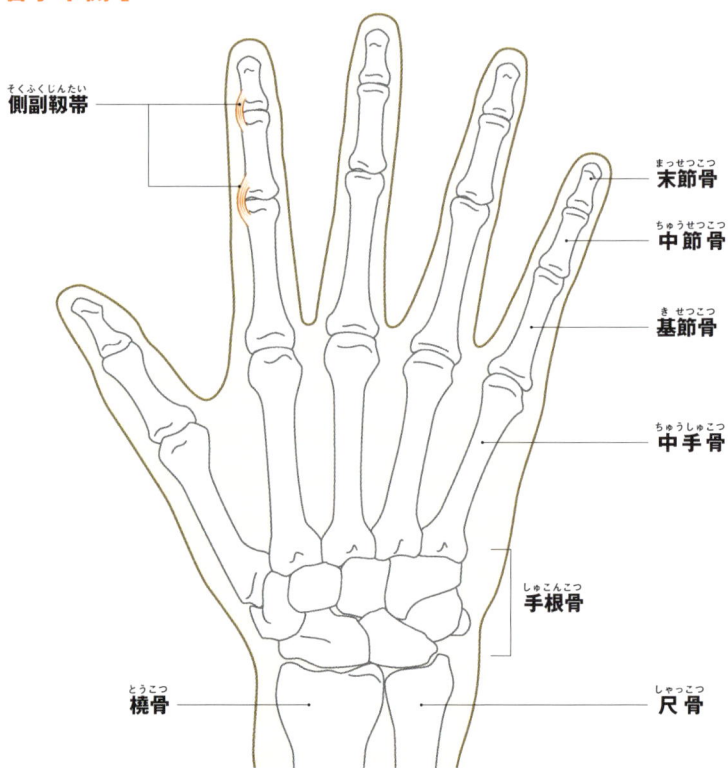

- 側副靱帯（そくふくじんたい）
- 末節骨（まっせつこつ）
- 中節骨（ちゅうせつこつ）
- 基節骨（きせつこつ）
- 中手骨（ちゅうしゅこつ）
- 手根骨（しゅこんこつ）
- 橈骨（とうこつ）
- 尺骨（しゃっこつ）

手首・手指のテーピングの目的と症状

[筋肉のサポート]

手首や指を曲げると痛い　P120.122 → 腱鞘炎へ

[関節のサポート]

手首を小指側に曲げると痛い　P124.126 → TFCC損傷へ

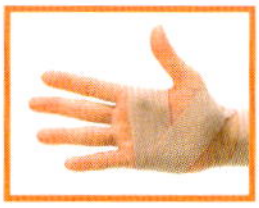

手首を反らすと痛い　P130 → 手関節背屈時痛へ

指の側面が痛い　P138 →

親指を曲げ伸ばしすると痛い　P140.142 → MP関節のねんざへ

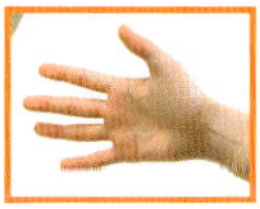

[関節の固定]

手首が痛い、不安定感を感じる　P128 → 手関節、下橈尺関節の不安定症へ

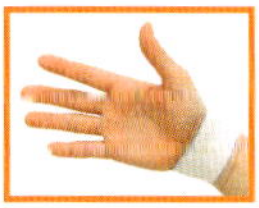

指の関節を曲げ伸ばしすると痛い　P132.134.136 → PIP関節のねんざへ

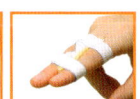

[つめの保護]

つめがはがれそう　P139 →

Chapter 4 手首

[目的] 筋肉のサポート

親指、手首のまわりが痛い

疲労予防

（腱鞘炎）

原因・症状・診断 指や手首には多くの腱が走っており、腱を押さえつけ、滑りをよくするバンド状、鞘状の組織も存在する。これらにはつねに摩擦が生じており、使いすぎることで痛みが出る。テニスや卓球など、手首を使うスポーツで発症することが多い。手首や手の指を曲げたり、反らせたりすると痛みや動きにくさを感じる。

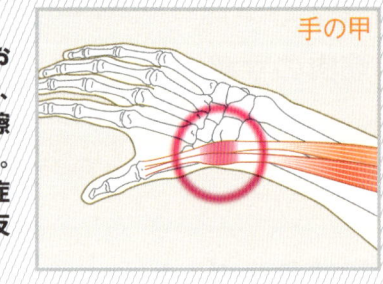

手の甲

これで

[スタート姿勢]
巻いてもらう場合
自分で巻く場合…
手を軽く開き、
前へならえの姿勢をとるように
ひじを軽く曲げる

1 親指の第一関節から手首の下あたりまで、キネシオロジーテープを貼る

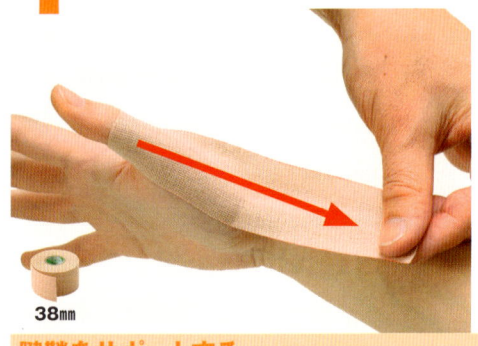

38mm

腱鞘をサポートする

4 親指のつけ根にテープを1周巻く

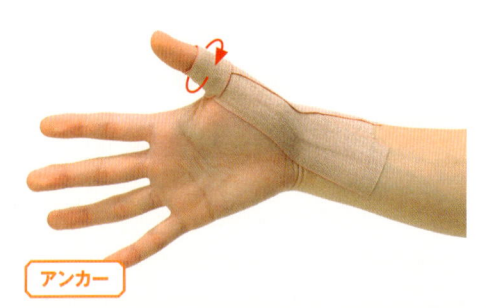

アンカー

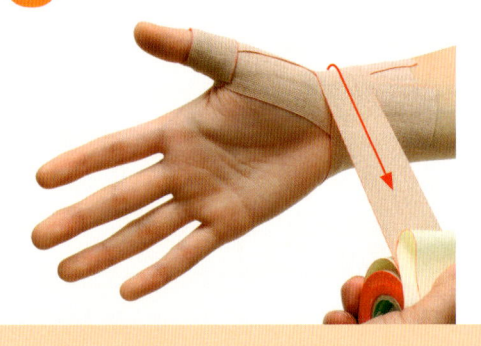

はがれないように保護する

5 手首にテープを1周巻く

Professional technique

- 腱が伸びないよう親指を手で固定させ、テープを巻く
- 3本のテープで親指のつけ根の母指球を覆う

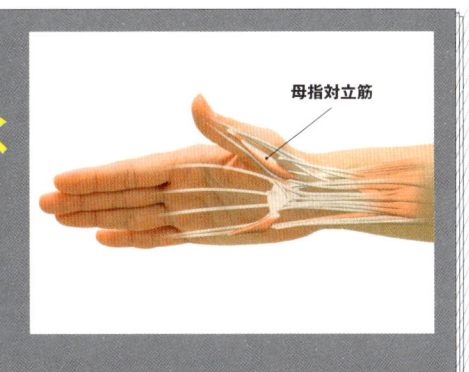

解決!

母指対立筋

[使うテープ]
キネシオロジーテープ38mm 

2 親指の第一関節から**手首の内側へ**ややななめに貼る

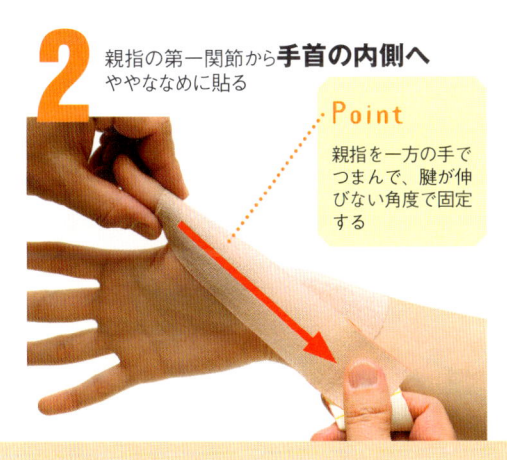

Point
親指を一方の手でつまんで、腱が伸びない角度で固定する

3 2と反対向きに、親指の第一関節から**手首の外側へ**ややななめに貼る

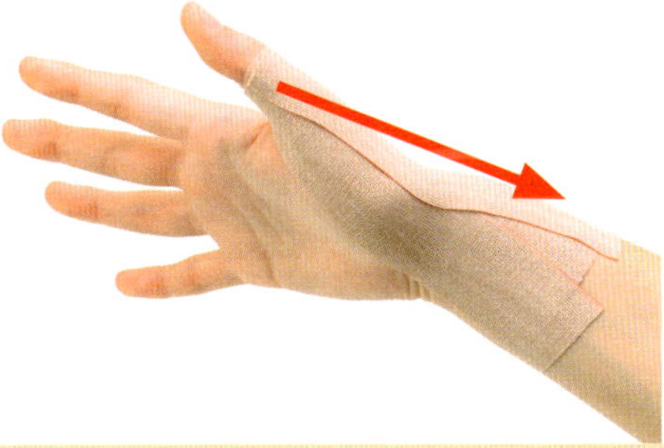

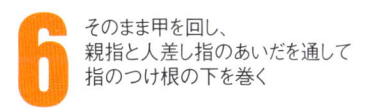

6 そのまま甲を回し、親指と人差し指のあいだを通して指のつけ根の下を巻く

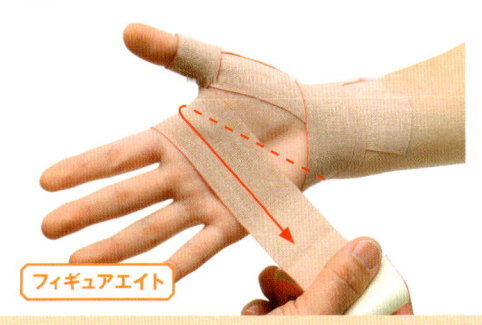

フィギュアエイト

7 そのまま甲を通し、手首で2〜3周巻いて完成

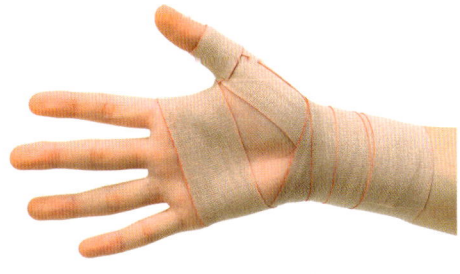

Finish

Chapter 4 手首

[目的] 筋肉のサポート

親指、手首のまわりが痛い
（腱鞘炎）

疲労予防　簡単

これで解決！

Professional technique
- 親指側の手首を通るときは、テープを強く引っ張る
- 親指のつけ根にテープがかからないようにする

[使うテープ] 
キネシオロジーテープ50mm

1　手のひらに、キネシオロジーテープを1周巻く

50mm

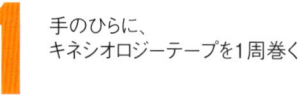

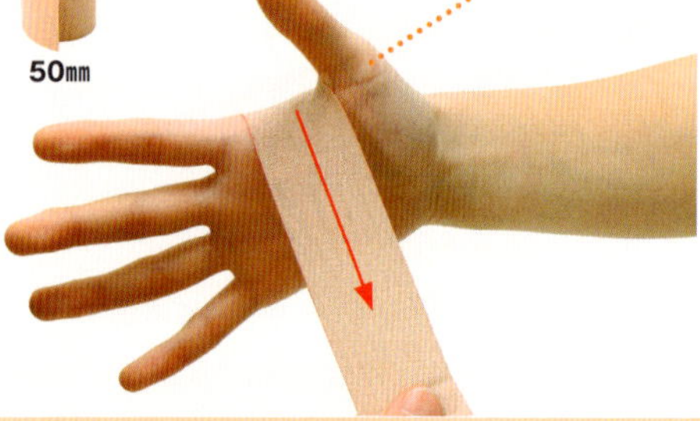

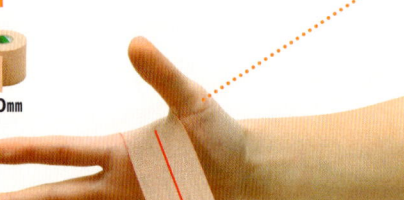

Point
手の甲の真ん中あたりを起点にし、テープがずれないようにする

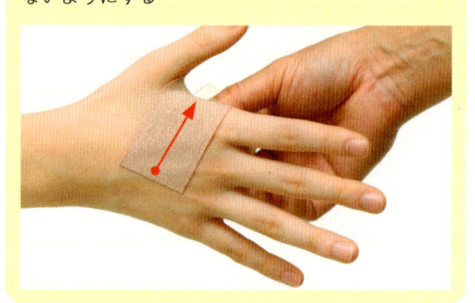

手首の可動域を制限する

3　そのまま手首の外側を回し、**小指のつけ根へ**ななめに巻く

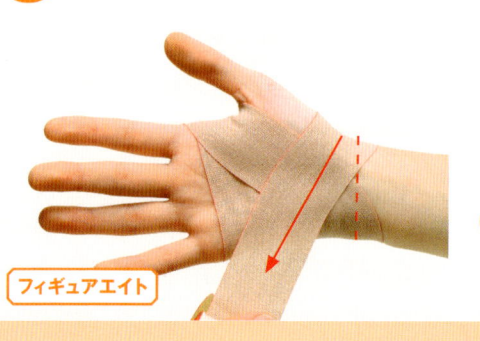

フィギュアエイト

4　そのまま甲と手のひらを通し、**手首**を巻く

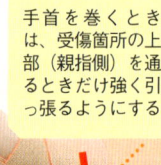

Point
手首を巻くときは、受傷箇所の上部（親指側）を通るときだけ強く引っ張るようにする

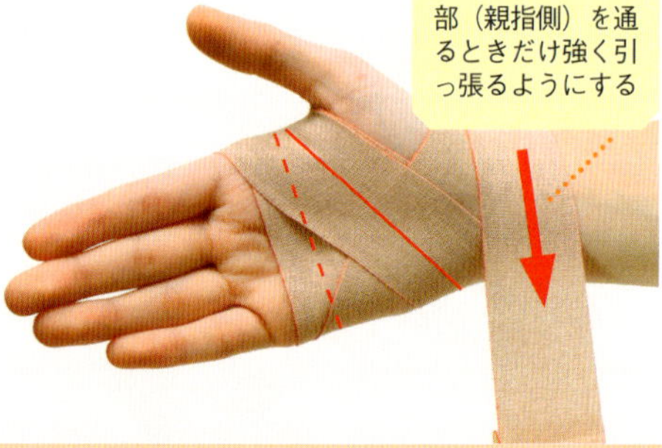

[スタート姿勢]
巻いてもらう場合
自分で巻く場合…
手を軽く開き、前へならえの姿勢をとるように
ひじを軽く曲げる

ラケットスポーツなど手首を使うスポーツで生じやすい

Check
キネシオロジーテープ1本で手のひらから手首までを巻く方法。

2 そのまま親指と人差し指のあいだを通し、**小指側の手首へ**ななめに巻く

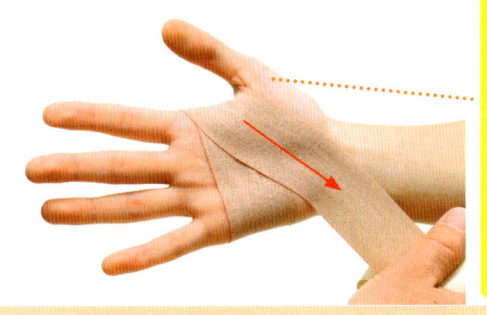

[透過] Point
テープは親指のつけ根にかからないようにする。テープ幅が広い場合は二重折りして調節する

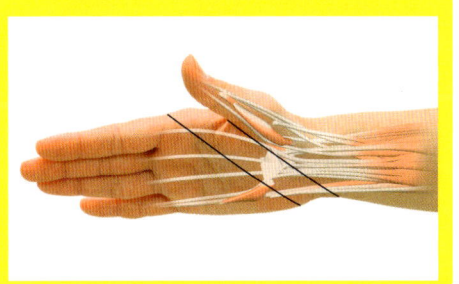

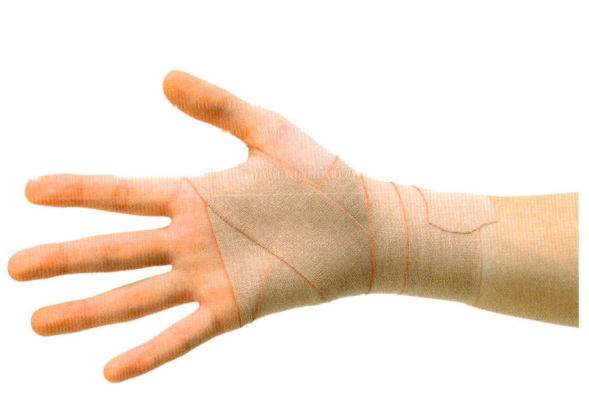

5 手首をあと2～3周巻いて完成

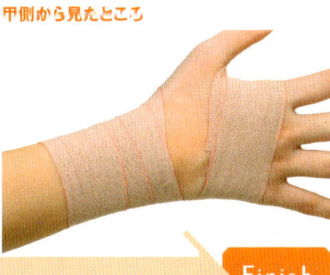

甲側から見たところ

Finish

123

Chapter 4 手首
[目的] 関節のサポート

手首の小指側が痛い
（TFCC損傷）

[固定力] 中

原因・症状・診断 手首の小指側には三角線維軟骨複合体（TFCC）があり、ショックを吸収し、動きを円滑にしている。手首を小指側に曲げるとここが強く圧迫され、ラケットスポーツでよく起こる。また転倒して手首をついたときにも生じる。小指側に手首を曲げる、手のひらを上から下に向けるようにひねると痛む。

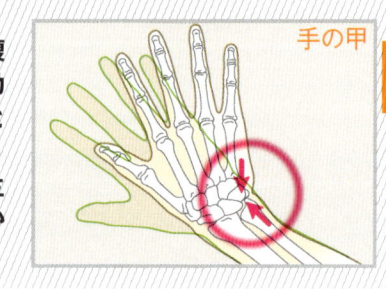

手の甲

これで

[スタート姿勢]
巻いてもらう場合
自分で巻く場合…
手を軽く開き、前へならえの姿勢をとるように**ひじを軽く曲げる。**
手首は軽く手のひら側へ曲げる

1 親指の第一関節から**手首の下**あたりまで、伸縮ハードを貼る

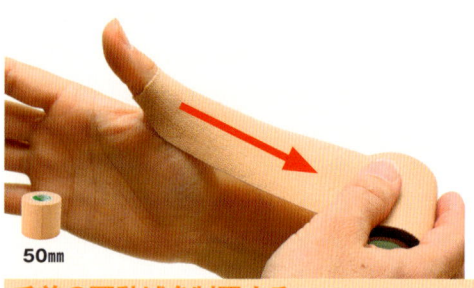

50mm

手首の可動域を制限する

4 テープを半分の細さ（25mm）に切り、**親指のつけ根**に1周巻く

アンカー
テープがずれないようにする

5 **甲**に、テープを1周巻く

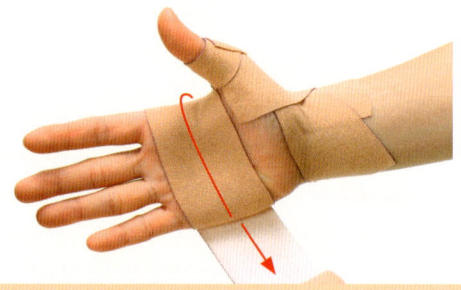

固定力を高める

124 Taping Bible

Professional technique

- 親指側の手首を通るときは、テープを強く引っ張る
- 手首が小指側に曲がらないよう、可動域を制限する

解決!

画像ラベル: 橈骨、尺骨、中手骨、手根骨

[使うテープ]
伸縮ハードテープ 50mm

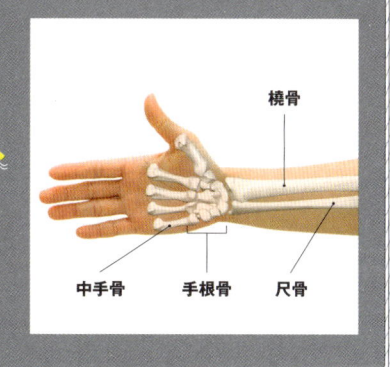

2 親指の背から手首の内側へ
ななめに貼る

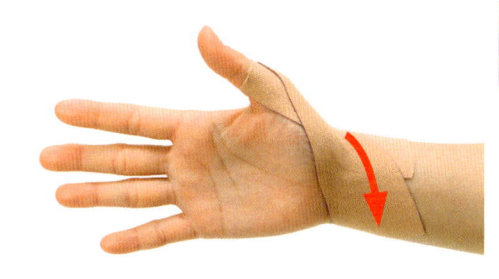

3 親指のつけ根から手首の外側へ
ななめに貼る

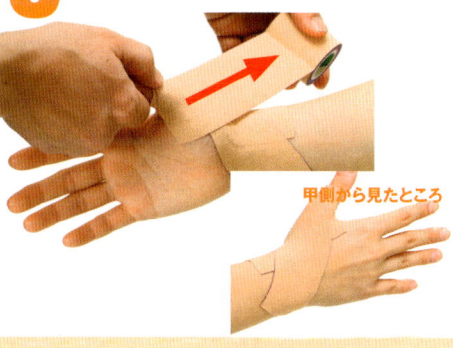

甲側から見たところ

6 そのまま**手首へななめ**に巻き、それと平行になるようにもう1周巻く

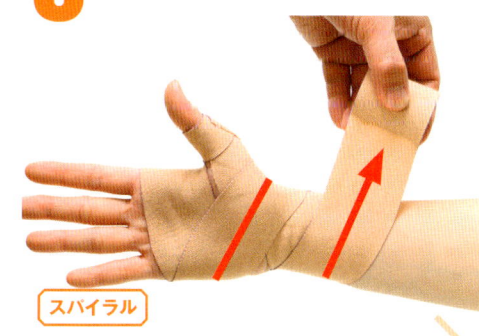

スパイラル

7 **手首**をあと1周巻いて完成

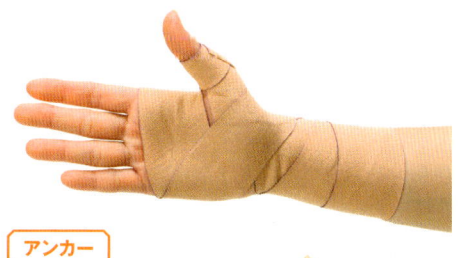

アンカー

テープがずれないようにする　Finish

Chapter 4 手首
[目的] 関節のサポート

手首の小指側が痛い
（TFCC損傷）

[固定力] 弱

これで解決！

Professional technique
・親指側の手首を通るときは、テープを強く引っ張る
・親指のつけ根にテープがかからないようにする

[使うテープ] 
キネシオロジーテープ50mm

1 小指のつけ根あたりを起点に、キネシオロジーテープを1周巻く

50mm

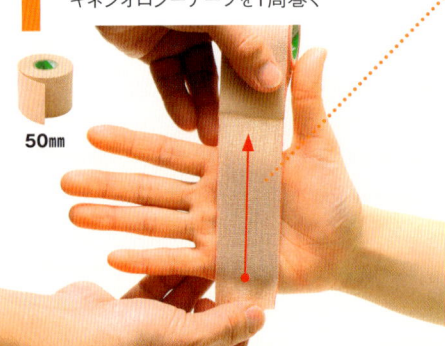

[透過] Point
キネシオロジーテープが手の幅よりも太い場合は、親指にかからないよう端を内側に折って調整する

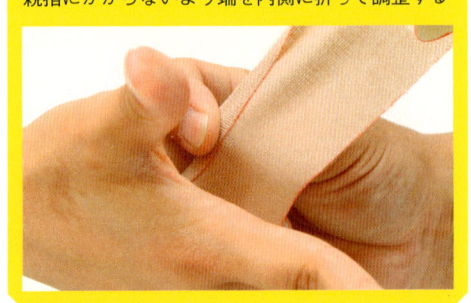

手首の可動域を制限する

3 手首を1〜2周巻く

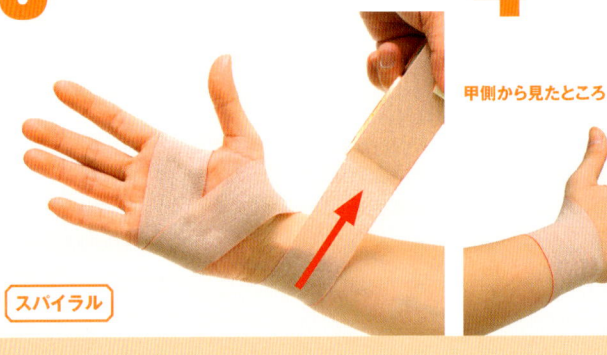

スパイラル

4 手首でとめたら完成

甲側から見たところ

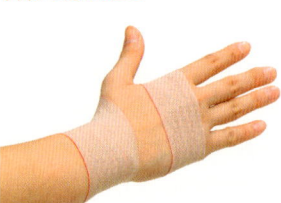

[スタート姿勢]
巻いてもらう場合
自分で巻く場合…
手を軽く開き、
前へならえの姿勢をとるように
ひじを軽く曲げる。
手首は軽く手のひら側へ曲げる

[透過]Point
小指側の手のひらから強く引っ張り、親指側の手首を通るようにする

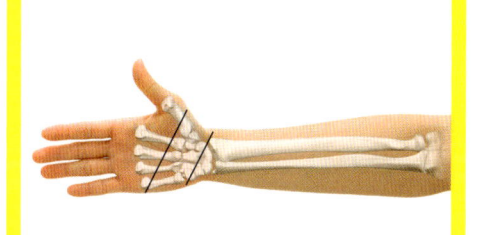

Check
キネシオロジーテープ1本で手のひらから手首までを巻く方法。スパイラルで手首を親指側へ向くよう引っ張りながら固定する。

2 そのまま**手首へ****ななめに**巻く

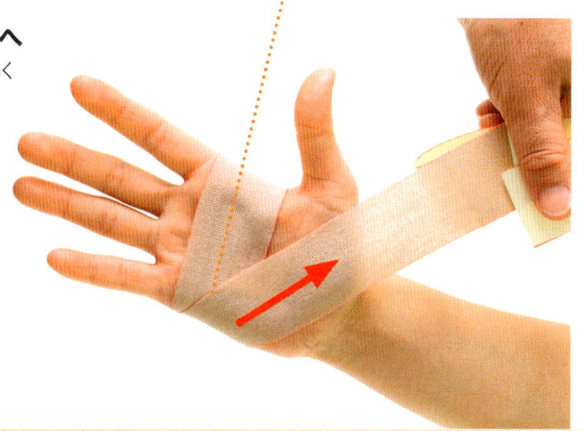

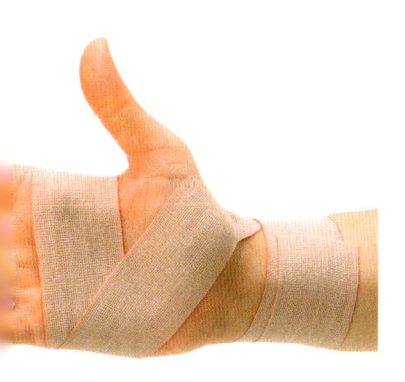

Finish

転倒して手首を強くついたときに生じやすい

Chapter 4 手首

手首が痛い、グラグラする
（手関節、下橈尺関節の不安定症）

疲労予防

[目的] 関節の固定

原因・症状・診断 手首は２本の前腕の骨とTFCC、手根骨（手のひらにある細かい骨群）からなる。テニスやゴルフなどのスポーツでは酷使されるのでリストバンドの代わりとしてテープを巻くとよい。手首を使いすぎると痛みや違和感を覚える。手首が、痛かったり不安定な感じがしたりする。

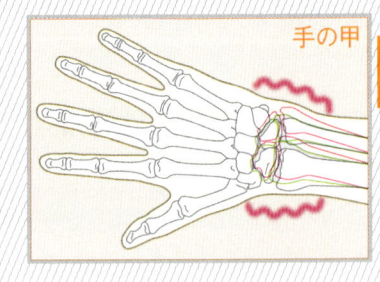

手の甲

これで

[スタート姿勢]
巻いてもらう場合
自分で巻く場合…
手を軽く開き、前へならえの姿勢をとるように
ひじを軽く曲げる

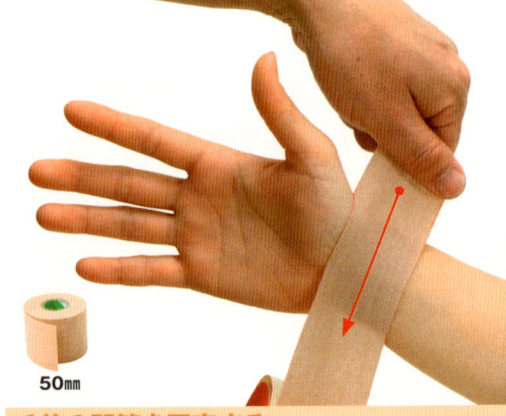

1 手首の関節を固定する
50mm

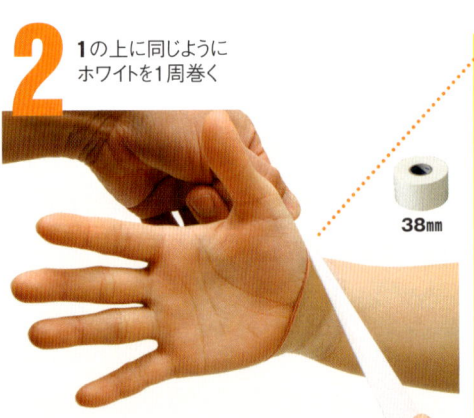

2 1の上に同じようにホワイトを1周巻く
38mm

[透過] Point
手首のすぐ下を巻き、尺骨、橈骨の出っ張った骨を通るようにする。多少関節にかかってもよい

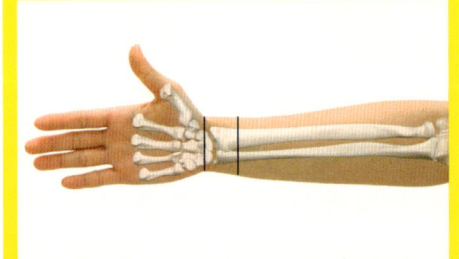

固定力を高める

128 Taping Bible

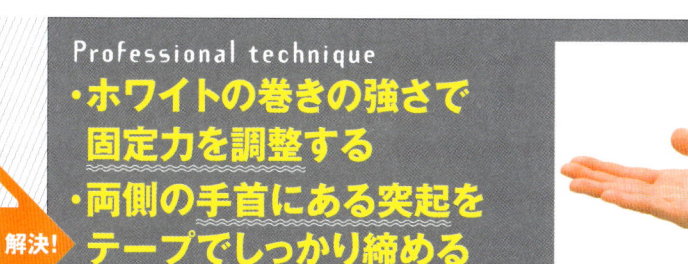

Professional technique
- ホワイトの巻きの強さで固定力を調整する
- 両側の手首にある突起をテープでしっかり締める

解決!

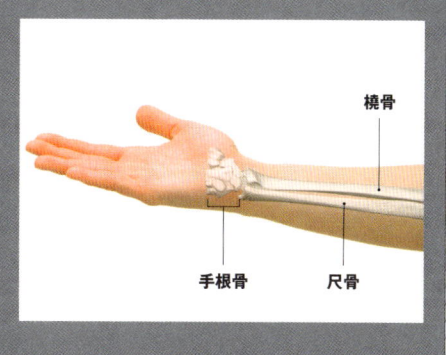

[使うテープ]
キネシオロジーテープ50mm 
ホワイトテープ38mm

橈骨
手根骨
尺骨

1 手首に
キネシオロジーテープを1周巻く

巻いたところ

Point
手のひらと指を広げて、痛みを感じない角度を保ったまま巻くとよい。指はくっつけないようにする

✗ NG
テープを締め付けすぎると血流が遮断されてしまう

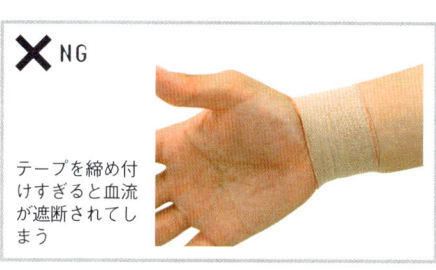

3 手首が固定されれば完成

Check
手首にテープを巻くだけの簡単な方法だが、キネシオロジーテープとホワイトの2種類のテープを重ねることで、適度な圧迫が加えられる。リストバンドの代わりにもなる

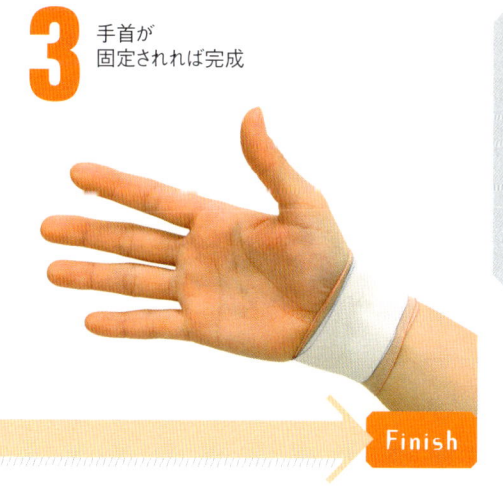

Finish

手首を反らすと痛い
（手関節背屈時痛）

Chapter 4 手首
[目的] 関節のサポート

原因・症状・診断 手首で多くみられる外傷で、転倒などで地面に強く手をついた際、手首が反り、甲側の組織が圧迫されて発生する。手首を反らせると手の甲側が痛い。

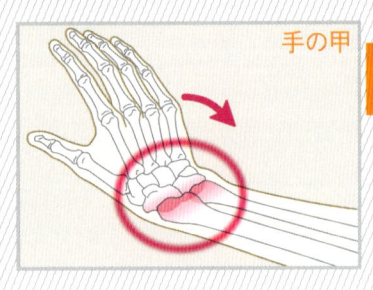

手の甲

これで

[スタート姿勢]
巻いてもらう場合
自分で巻く場合…
ひじを軽く曲げ、**手のひらを正面に向ける。**
もしくは前へならえの姿勢をとるように**ひじを軽く曲げる**

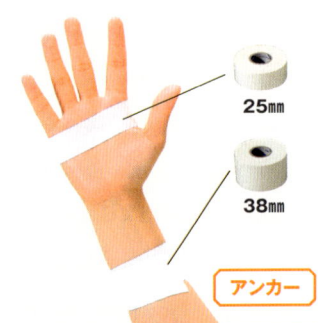

✕ NG
手のひらを上に向けて巻かない

1 手のひらに25mm、手首の下に38mmのホワイトを1周巻く

25mm
38mm
アンカー

テープがずれないようにする

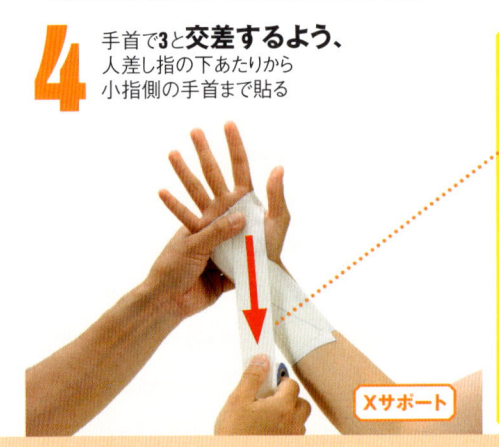

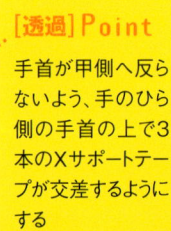

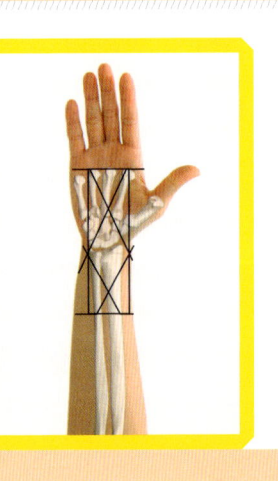

4 手首で3と交差するよう、人差し指の下あたりから小指側の手首まで貼る

Xサポート

[透過] Point
手首が甲側へ反らないよう、手のひら側の手首の上で3本のXサポートテープが交差するようにする

Professional technique

解決!
- Xサポートが手首の上で交差するようにする
- 手首は少し手のひら側に曲げた状態でテープを巻く

橈骨
中手骨　手根骨　尺骨

[使うテープ]
ホワイトテープ
25、38mm

---

2 手のひらのテープの真ん中から、手首のテープまでまっすぐ貼る

38mm

Point
一方の手で手首の角度を調節しながらテープを貼る

手首の動きを制限する

3 小指の下あたりから親指側の手首までななめに貼る

Xサポート

---

5 手のひらにテープを1周巻く

25mm

アンカー

テープがずれないようにする

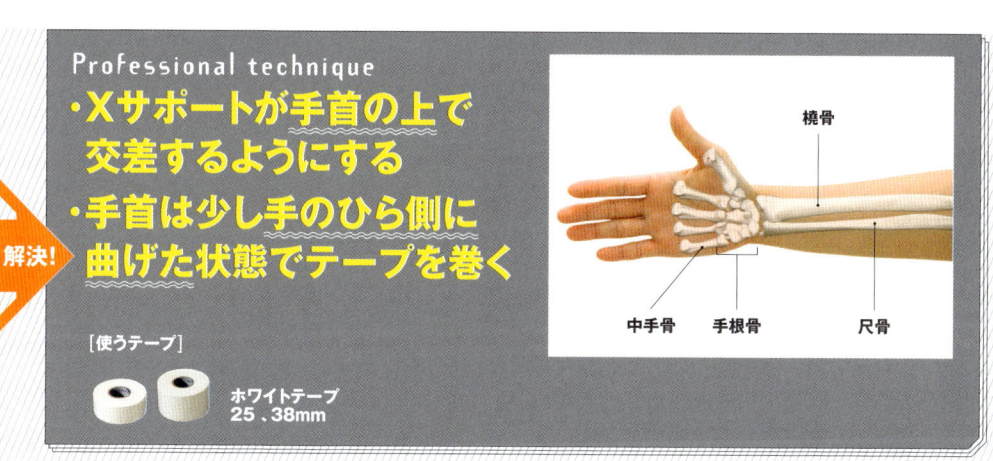

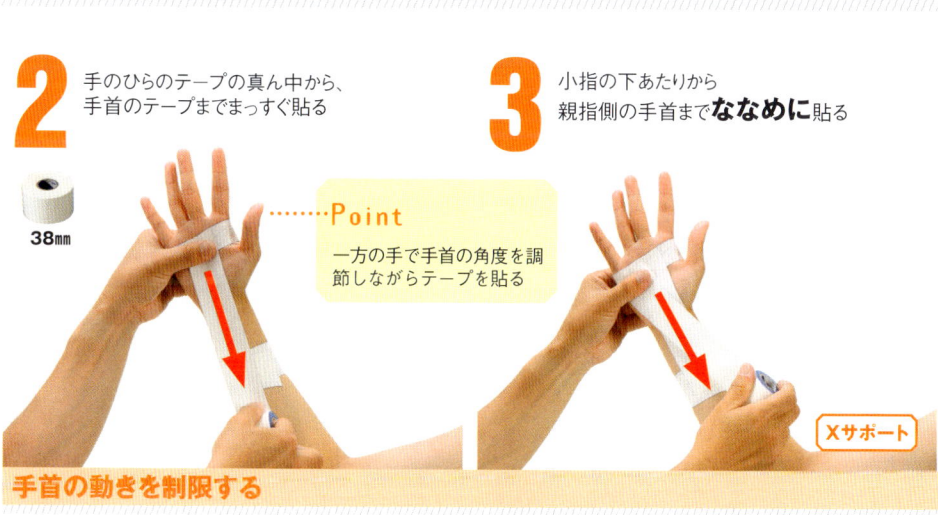

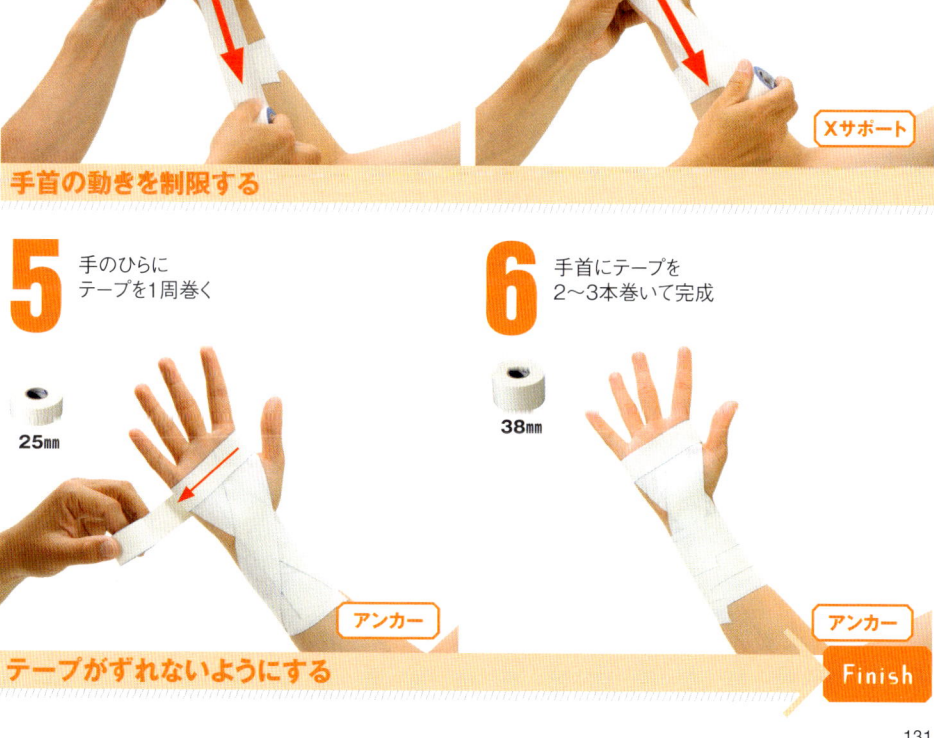

6 手首にテープを2～3本巻いて完成

38mm

アンカー

Finish

Chapter 4
手指

[目的] 関節の固定

第二関節のつき指
（PIP関節のねんざ）

[固定力] 強

原因・症状・診断 強い外力によって指の関節にある靭帯などの組織が傷む。バレーボールなどの球技スポーツに多く、伸ばした状態の指先にボールが強くあたるなどで指の関節が痛んだり、はれたりする。つき指といっても脱臼や骨折、靭帯損傷の可能性もあるので、痛みがひどい場合は医師に相談する。

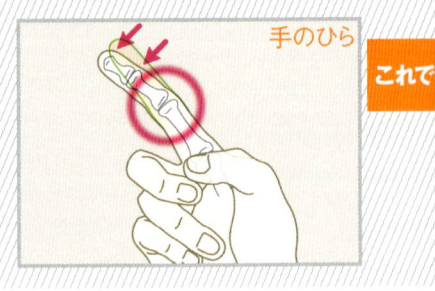

手のひら これで

[スタート姿勢]
巻いてもらう場合
自分で巻く場合…
受傷した指を前に出し、自然に伸ばす

1 アンダーラップを適当な大きさに切り、**つめを覆う**

Point 脱脂綿やガーゼで代用してもOK

つめを保護する

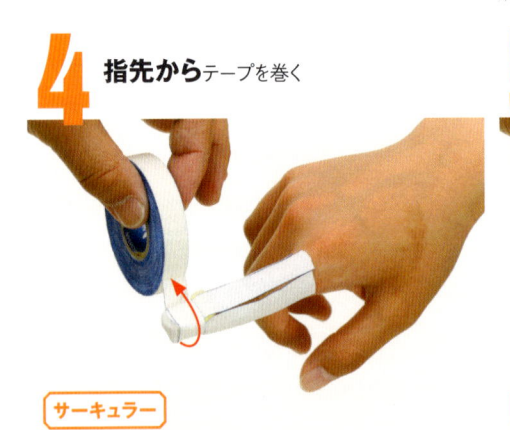

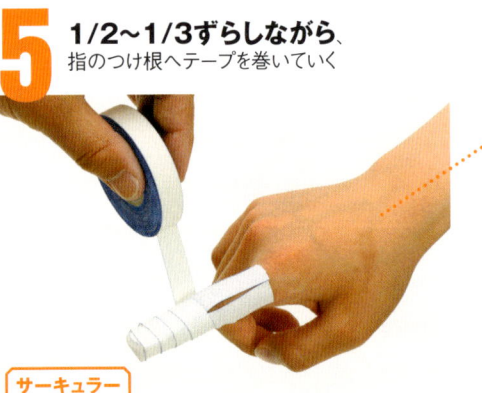

4 **指先から**テープを巻く

サーキュラー

固定力を高める

5 **1/2～1/3ずらしながら、**指のつけ根へテープを巻いていく

サーキュラー

Professional technique

- サーキュラーをきつく巻きすぎないようにする
- サーキュラーの巻き上げの間隔で固定力を調整する

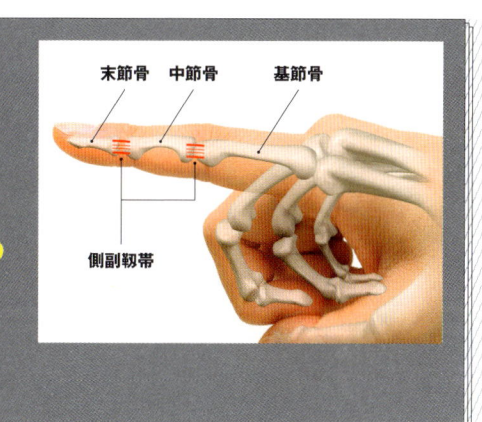

解決!

末節骨　中節骨　基節骨

側副靱帯

[使うテープ]

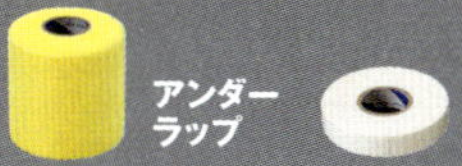

アンダーラップ

ホワイトテープ 12mm(or19mm)

---

2 指の背のつけ根から、指の腹のつけ根までホワイトを巻く

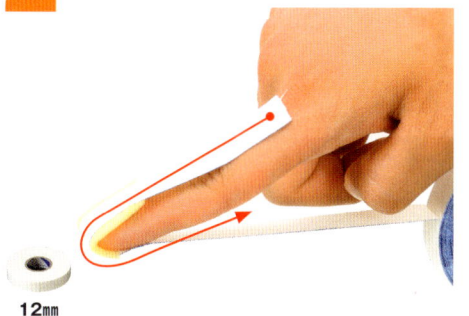

12mm

3 指の側面にもつけ根から、反対のつけ根までテープを巻く

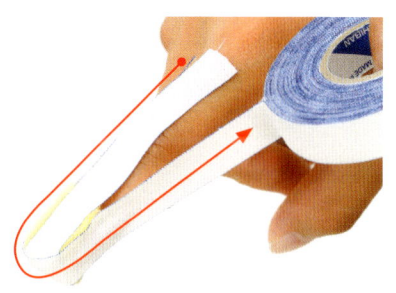

関節の動きを制限する

[透過] Point
指先から根元まで指全体を覆い、第二関節が動かないようにする

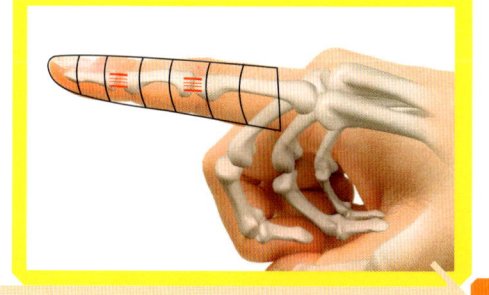

6 2、3のテープを覆うよう、指全体にテープを指先まで巻いて完成

Finish 締めつけがきつい場合は、P.134固定力強へ

Chapter 4 手指

[目的] 関節の固定

第二関節のつき指
（PIP関節のねんざ）

[固定力] 中

これで解決！

Professional technique
- Xサポートは第二関節の側面で交差させる
- 隣の指を合わせて巻くことで固定力を高める

[使うテープ] 
ホワイトテープ 12mm (or 19mm)
アンダーラップ

1
指のつけ根と、第一関節と第二関節の間にホワイトを1周ずつ巻く

12mm

アンカー
テープがずれないようにする

2
関節間のアンカーからつけ根のアンカーまで、**側面に**まっすぐテープを貼る

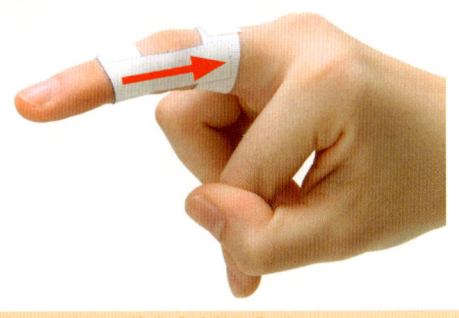

第二関節の動きを制限する

4
1の上に1周ずつテープを巻く

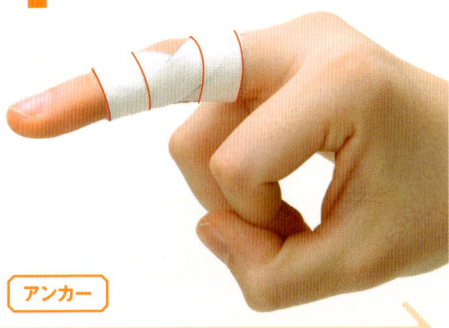

アンカー
テープがずれないようにする

5
テープを貼った指とその隣の指の間に適当な大きさに切った**アンダーラップをはさむ**

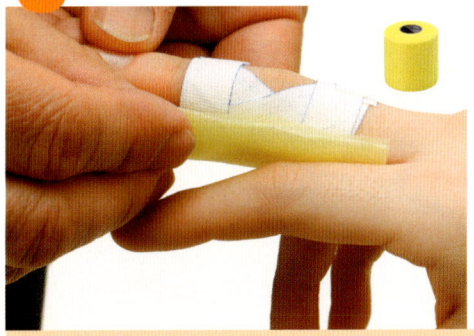

固定力を高める

[スタート姿勢]

巻いてもらう場合
自分で巻く場合…
受傷した指を前に出し、
自然に伸ばす。自分で巻く場合は、あらかじめテープを指の大きさに合わせ適当な長さに切っておくとよい

Check

つき指のなかでも指の側面が痛む場合は、側副靱帯を傷めている可能性が高いので、第二関節の側面にXサポートを貼り、あまり曲げ伸ばしができないようにする。隣の指を添え木代わりに使うことで固定力が増す。

伸ばした指先にボールが強くあたるなどして生じる

3 2の上で**交差するよう、** ななめに2本テープを貼る

Xサポート

[透過] Point

2、3のXサポートテープが受傷箇所である第二関節の側面側副靱帯の上を通るようにする

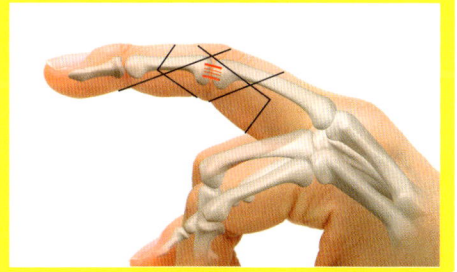

6 2本の指を第一関節でまとめてテープで巻く

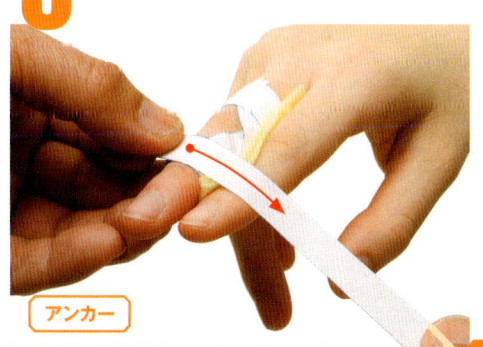

アンカー

7 指のつけ根も2本合わせて巻いて完成

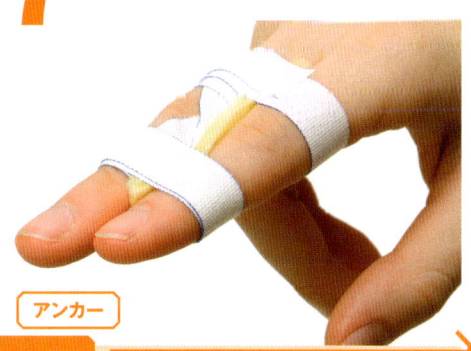

アンカー

Finish まだ痛みを感じる場合は、P.132固定力中へ

第二関節を伸ばすと痛い
（PIP関節のねんざ）

[固定力] 中

これで解決!

Professional technique
- アンカーを締めすぎないようにする
- Xサポートは第二関節の腹面で交差させる

Chapter 4　手指
[目的] 関節の固定

[使うテープ]
ホワイトテープ
12mm（or 19mm）

1
指のつけ根と、第一関節と第二関節の間にホワイトを1周ずつ巻く

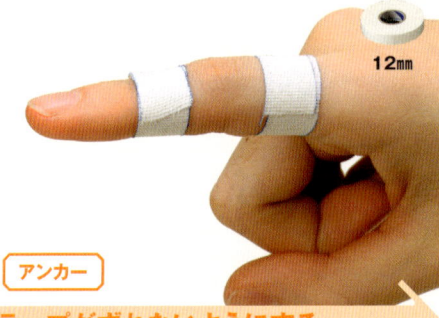

12mm

[アンカー] テープがずれないようにする

2
関節間のアンカーからつけ根のアンカーまで、**腹面にまっすぐ**テープを貼る

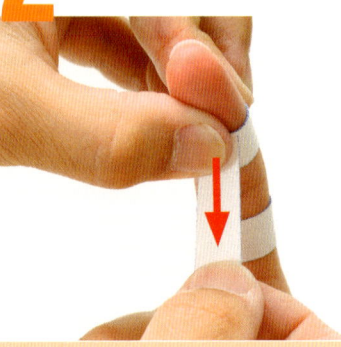

第二関節の動きを制限する

5
1の上に1周ずつテープを巻いて完成

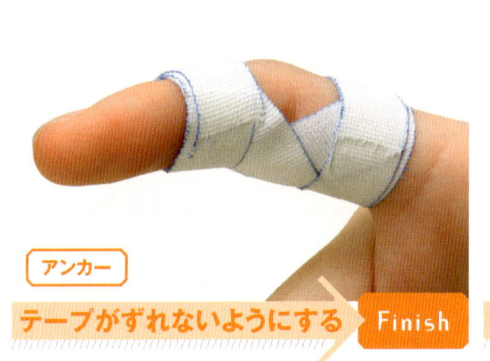

[アンカー] テープがずれないようにする　**Finish**

1
第一関節と第二関節の間と、手のひらにホワイトを1周ずつ巻く

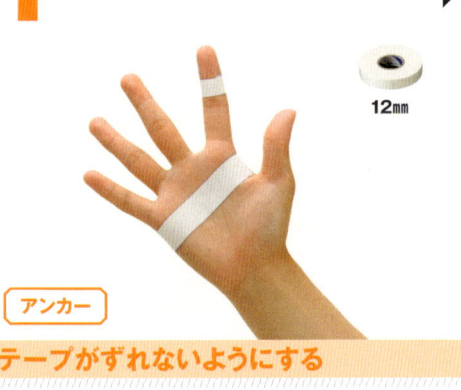

[固定力] 強

12mm

[アンカー] テープがずれないようにする

[スタート姿勢]

巻いてもらう場合
自分で巻く場合…
受傷した指を前に出し、
自然に伸ばす。
自分で巻く場合は、
あらかじめテープを
指の大きさに合わせ
適当な長さに切っておくとよい

Point
指は軽く下に曲げた
状態で巻くとよい

[透過] Point
3、4のXサポートテープが受傷箇所である第二関節の腹面で交差するようにする

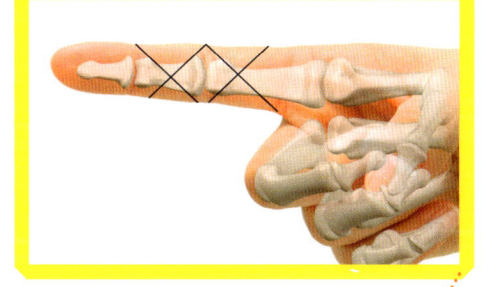

3
2のテープの中心を
通るよう**ななめに**テープを貼る

4
3と交差するよう、
ななめにテープを貼る

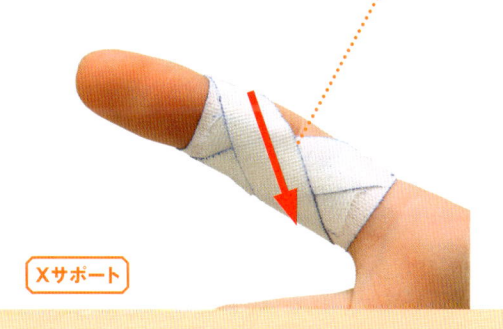

Xサポート

2
関節間のアンカーから手のひらのアンカーまで、
第二関節上で交差するよう
3本テープを貼る

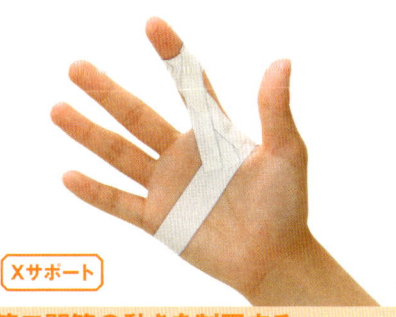

Xサポート

第二関節の動きを制限する

3
1の上と人差し指のつけ根に
1周ずつテープを巻いて完成

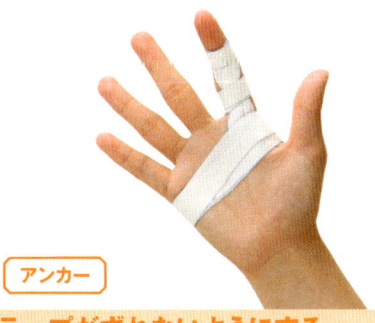

アンカー

テープがずれないようにする

Chapter 4 手指

[目的] 関節のサポート

指の側面が痛い
（PIP関節のねんざ）

簡単 これで解決！

Professional technique
- 受傷箇所である第二関節の側面を通るときだけ強く引っ張る
- 受傷箇所を圧迫するようにテープを巻く

[使うテープ] キネシオロジーテープ 25mm

1
第一関節と第二関節の間にキネシオロジーテープを1周巻く

25mm

2
そのまま**指のつけ根まで**ななめにテープを巻く

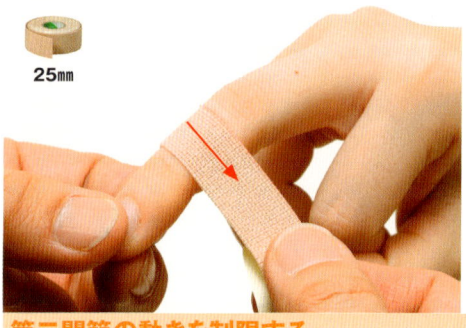

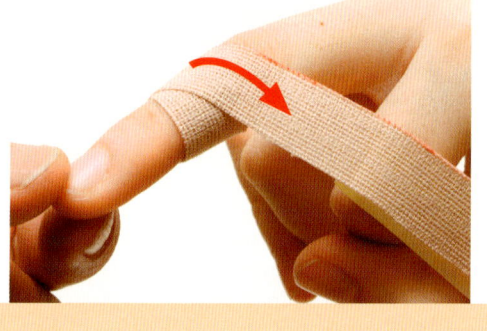

第二関節の動きを制限する

3
そのまま指のつけ根から**第二関節の側面まで**ななめにテープを巻く

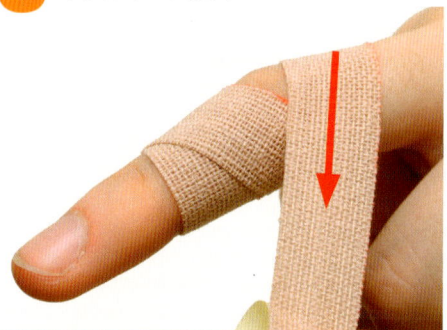

4
そのまま指のつけ根でテープを1周巻いて完成

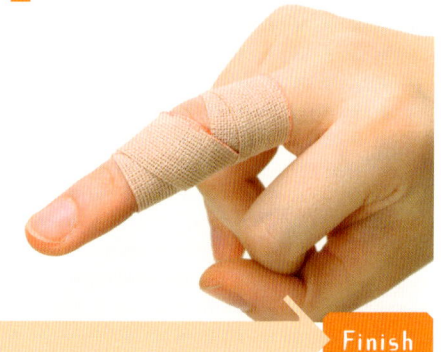

Finish

つめがはがれそう

Chapter 4 手指

[目的] つめの保護

これで解決!

Professional technique
- 指のまわりを巻くとき、きつく締めすぎないようにする
- つめを引っかけないよう、アンダーラップを使い覆っておく

[使うテープ] 
アンダーラップ 
キネシオロジーテープ 25、50mm

1
キネシオロジーテープの上に指を置き、適当な大きさに切ったアンダーラップで**つめを覆う**

50mm

Point 脱脂綿かガーゼで代用してもOK

2
指の左右に余ったテープを切る

つめを保護する

3
指のつけ根にテープを1周巻く

25mm

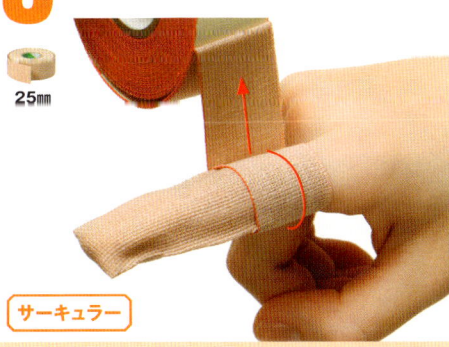

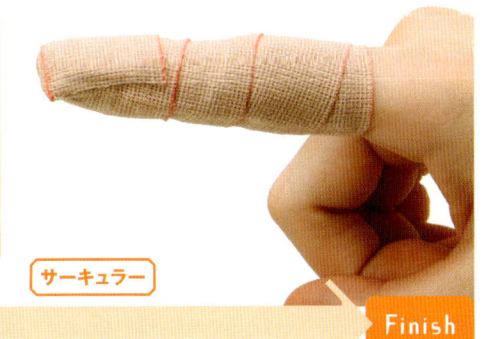

サーキュラー

はがれないように保護する

4
1/2～1/3ずらしながら、指先まで巻いて完成

サーキュラー

Finish

139

Chapter 4 手指

親指を開くと痛い
（第一指MP関節のねんざ）

[目的] 関節のサポート

原因・症状・診断 ボールをとり損ない親指を過度に開いたり、親指が強く引っ張られたりした際につけ根を傷めることがある。指の関節は、前後左右を靭帯などで補強されており、指に強い外力が作用するとこの部分の組織を傷めやすい。親指のつけ根が痛む。親指の曲げ伸ばしで痛みや不安定感を覚える。

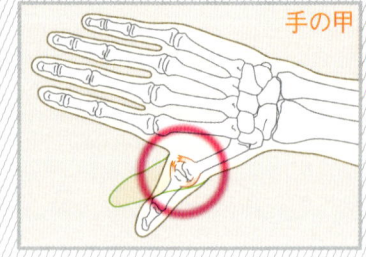

手の甲

[スタート姿勢]
巻いてもらう場合
自分で巻く場合…
手を軽く開き、前へならえの姿勢をとるように **ひじを軽く曲げる。**
親指は上に向け、痛みを感じる手前まで開く

1 親指のつけ根を起点に、手のひらに伸縮ハードを1周巻く

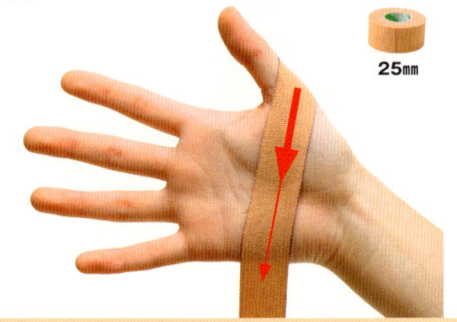

25mm

親指が外側に開かないようにする

3 1から手首側へ **1/2〜1/3ずらして** 1周巻く

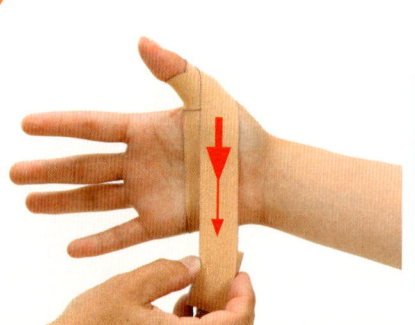

4 2と同じく、**親指のつけ根に** もう1周巻く

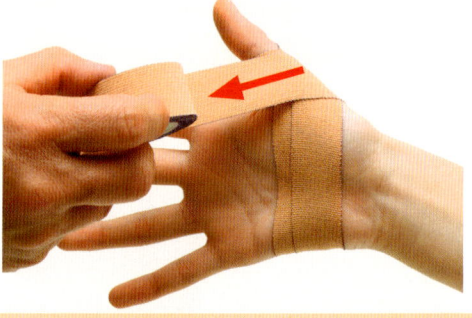

Professional technique
- 手のひらを通るテープは、手首側に少しずつずらす
- テープが手首にかからないようにする

解決!

[使うテープ]
伸縮ハードテープ25mm

末節骨 / 基節骨 / 側副靱帯 / 掌側靱帯 / 中手骨

2 そのまま**親指のつけ根に**1周巻く

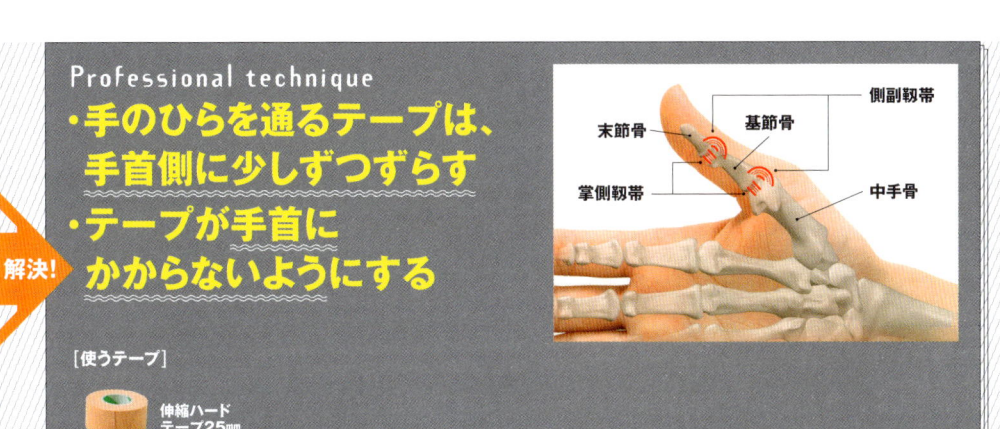

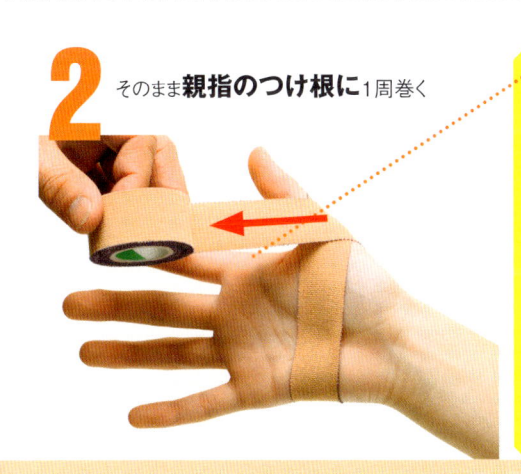

[透過]Point
親指のつけ根の関節上でクロスして、8の字を描くように巻く

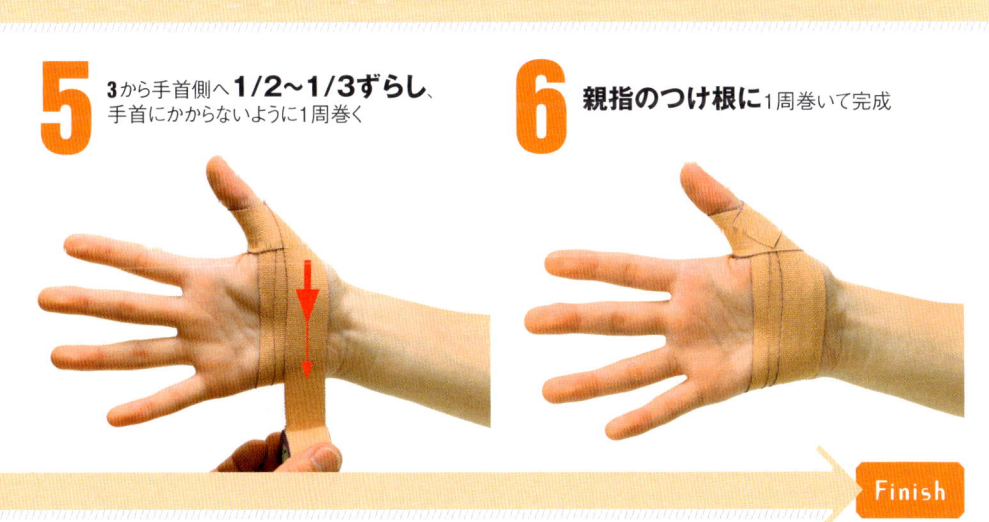

5 3から手首側へ**1/2〜1/3ずらし、**手首にかからないように1周巻く

6 **親指のつけ根に**1周巻いて完成

Finish

Chapter 4 手指

親指を開くと痛い
（第一指MP関節のねんざ）

簡単

[目的] 関節のサポート

これで解決！

Professional technique
・テープを親指から手首に引っ張る強さでサポート力を調整する
・親指があまり曲がらないよう手で調整しながらテープを巻く

[使うテープ]
キネシオロジーテープ50mm

1 キネシオロジーテープの一端に **2～3cm切り込みを入れる**

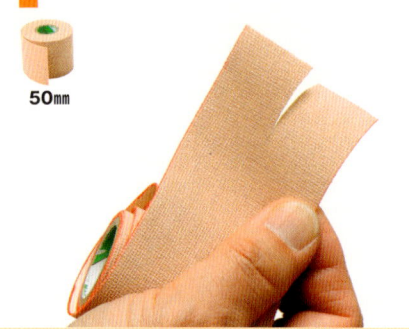

50mm

2 切り込みの裂け目を親指の腹にあて、**指のつけ根を囲むよう**左右に巻く

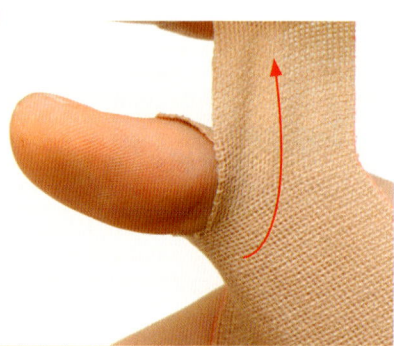

親指が外側に開かないようにする

4 そのまま手首を1～2周巻く

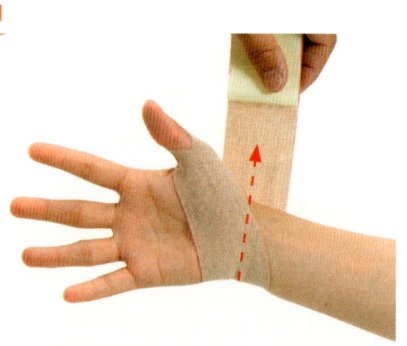

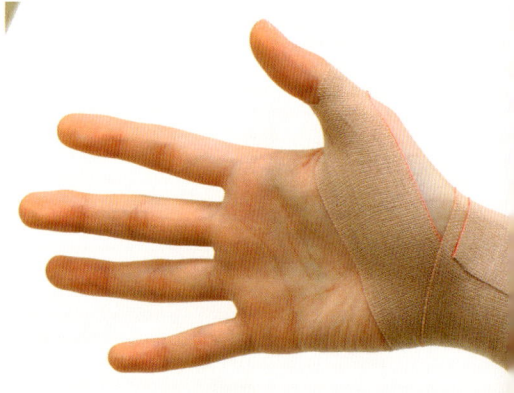

142 Taping Bible

[スタート姿勢]
巻いてもらう場合
自分で巻く場合…
手を軽く開き、前へならえの姿勢を
とるように**ひじを軽く曲げる。**
親指は上に向け、
痛みを感じる手前まで開く

親指を開いてボールを捕り損なったときなどに生じる

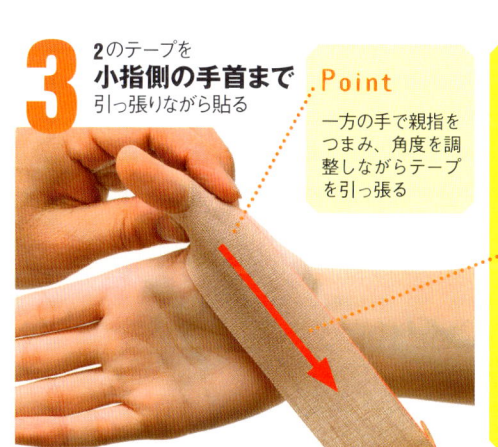

3 2のテープを**小指側の手首まで**引っ張りながら貼る

Point
一方の手で親指をつまみ、角度を調整しながらテープを引っ張る

[透過] Point
親指を囲んだテープが、母指球を通り、小指側の手首へ続くように巻く

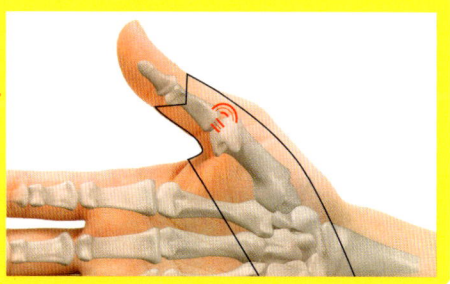

5 **手首**でとめたら完成

甲側から見たところ

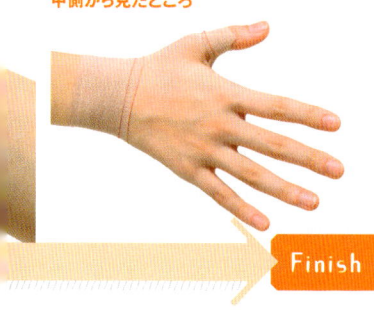

Finish

Check
キネシオロジーテープ1本で親指から手首までを巻く方法。切り込みを入れたテープを親指に巻きつけ、片端を手首に固定することで、親指が開かないように動きを制限する。

ひじ

ひじは二の腕部分の上腕骨と前腕部分の尺骨、橈骨で構成されています。ひじの関節は上腕二頭筋と上腕三頭筋によって曲げ伸ばしがされますが、尺骨と橈骨からなる橈尺関節を起点に、手のひらを内側に向けて前腕を回すことを「回内」、外側に向けて前腕を回すことを「回外」といいます。
関節の内側と外側にはそれぞれ内側側副靱帯と外側側副靱帯があり、左右への動きを制限しています。ひじの傷害は野球肘やテニス肘のように使いすぎによって起こるものと、転倒などで突発的に負傷する場合があります。

[ひじ内側]

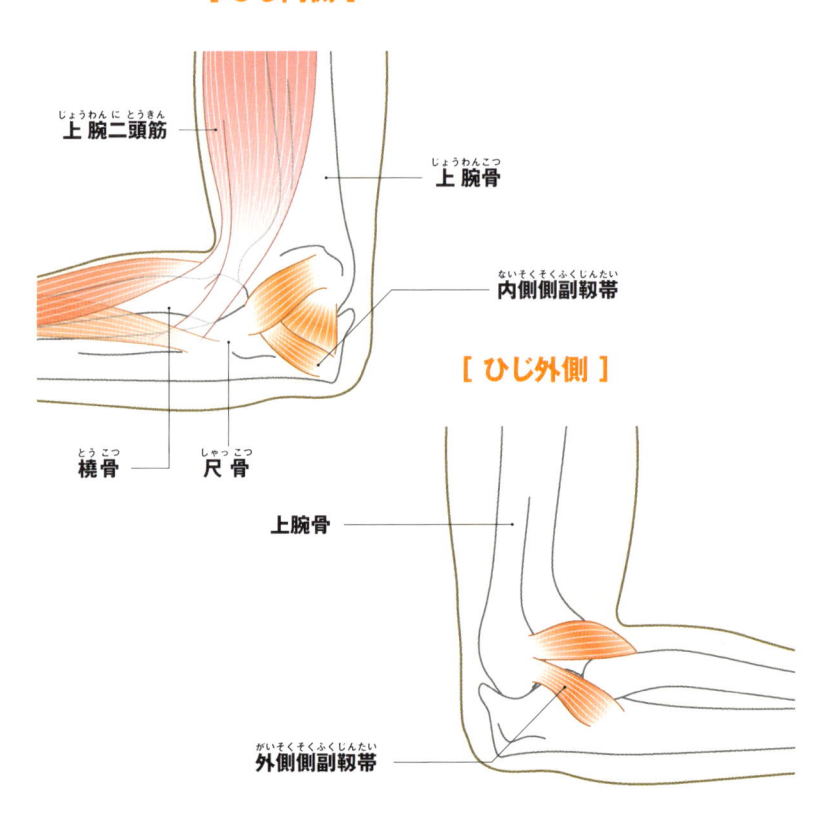

上腕二頭筋（じょうわんにとうきん）
上腕骨（じょうわんこつ）
内側側副靱帯（ないそくそくふくじんたい）
橈骨（とうこつ）
尺骨（しゃっこつ）

[ひじ外側]

上腕骨
外側側副靱帯（がいそくそくふくじんたい）

ひじのテーピングの目的と症状

[筋肉のサポート]

テニスでラケットをふると
ひじの外側が痛い　　→ P150　　テニス肘へ

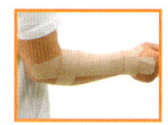

野球でボールを投げると
ひじの内側が痛い　　→ P151　　野球肘へ

ゴルフでクラブをふると
ひじの内側が痛い　　→ P152　　ゴルフ肘へ

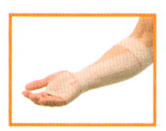

[関節の固定]

ひじの内側が痛い　　→ P146.149　　肘関節内側側副靱帯損傷へ

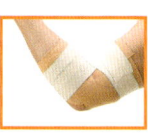

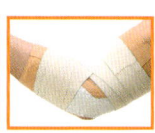

Chapter 4 ひじ

[目的] 関節の固定

[固定力] 中

ひじの内側が痛い
（肘関節内側側副靱帯損傷）

原因・症状・診断 野球やテニスなどのひじをよく使うスポーツでなりやすい。投球やバットを振りぬく際の強い衝撃で、手先が外側に開くようにひじが曲げられると、関節をつなぎとめる内側側副靱帯が伸びたり断裂したりする。ひじの曲げ伸ばしやひじの内側を押すと痛む。

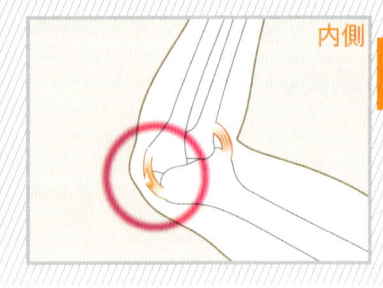

内側

これで

[スタート姿勢]
巻いてもらう場合…
腕をカラダの横に伸ばし、ひじをやや曲げる。
こぶしを握り、
腕に力を入れ
緊張させた状態にする

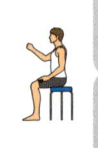

✕ NG
手首をひねると腕の力が抜けて、テープが過度に圧迫されるため危険である

1
上腕のもっとも太い部分と前腕に伸縮ハードを1周ずつ巻く

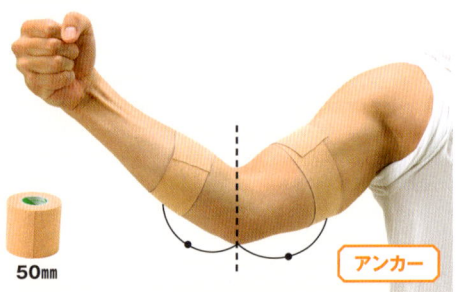

50mm

アンカー

テープがずれないようにする

3
2と受傷箇所で交差するように、
前腕の内側から上腕までななめにテープを貼る

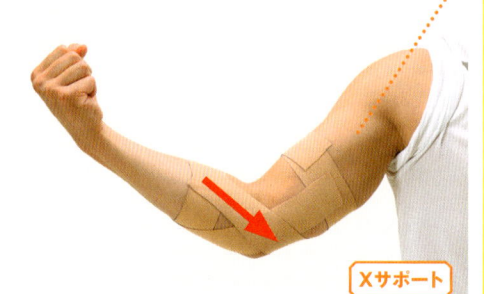

Xサポート

[透過] Point
2、3のXサポートテープが受傷箇所であるひじの内側（内側側副靱帯）で交差するようにする

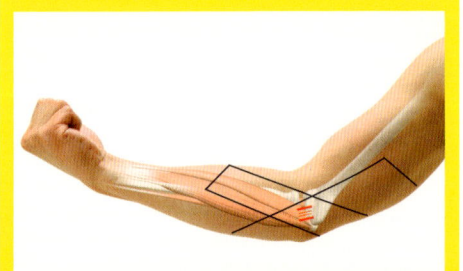

Professional technique

- Xサポートは受傷箇所の ひじの内側で交差させる
- テープを前腕から上腕へ引っ張る力で固定力を調整する

解決!

[使うテープ]
伸縮ハードテープ 50mm
伸縮ソフトテープ 50mm

長掌筋　橈側手根屈筋　上腕骨
尺側手根屈筋　内側側副靱帯

2 受傷箇所を通るように、前腕の外側から上腕までななめにテープを貼る

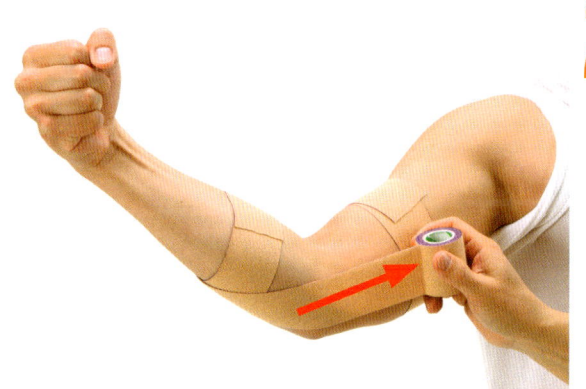

ひじの関節を固定する

4 2、3の交点を通るように、腕の側面にまっすぐテープを貼る

Point 症状の度合いや競技に応じて、2・4をあと2、3回行ってもよい

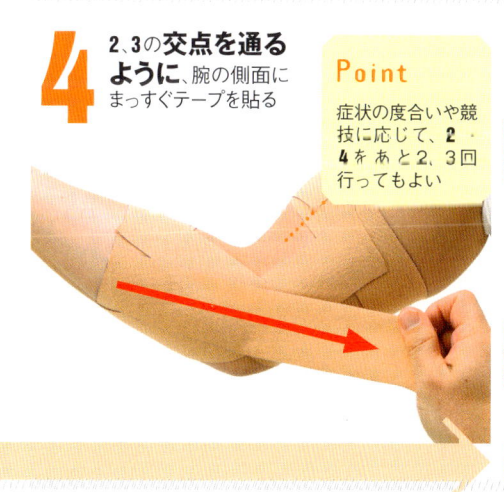

5 1の上に1周ずつテープを巻く

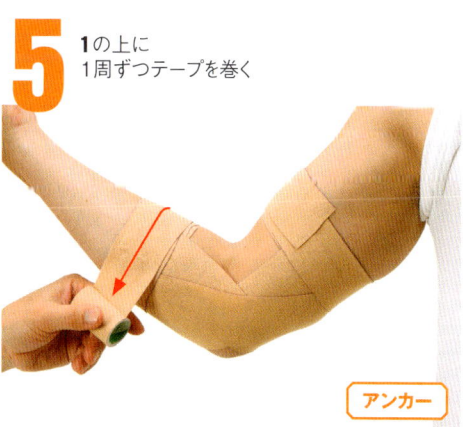

アンカー

テープがずれないようにする　次のページへ

147

6
5のテープよりもやや**ひじ側によせ**、前腕と上腕に1周ずつ伸縮ソフトを巻く

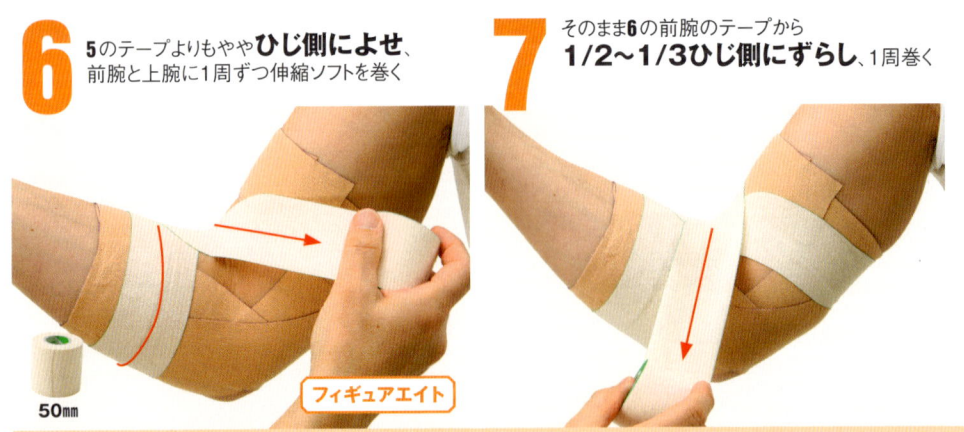

フィギュアエイト
50mm

7
そのまま6の前腕のテープから**1/2〜1/3ひじ側にずらし**、1周巻く

はがれないように保護する

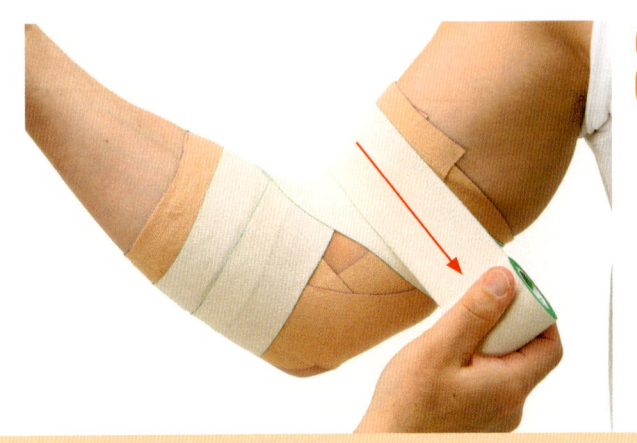

8
そのまま6の上腕のテープから**1/2〜1/3肩側にずらし**、1周巻く

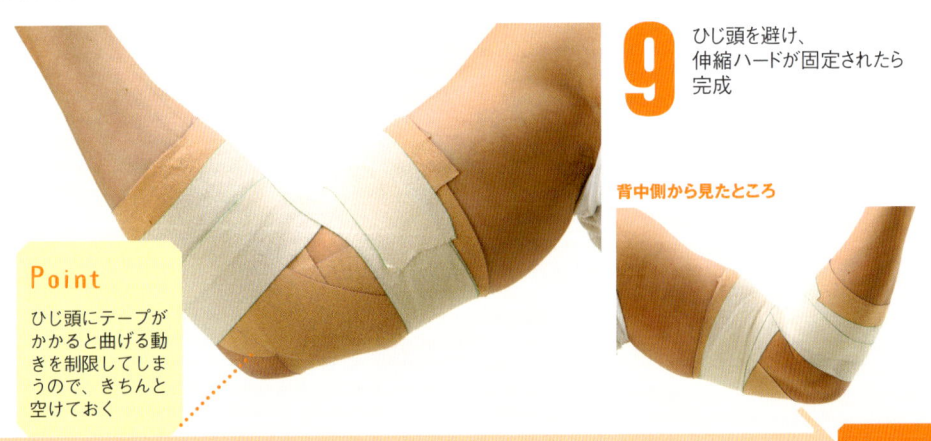

9
ひじ頭を避け、伸縮ハードが固定されたら完成

背中側から見たところ

Point
ひじ頭にテープがかかると曲げる動きを制限してしまうので、きちんと空けておく

Finish

ひじの内側が痛い
（肘関節内側側副靱帯損傷）

[固定力] **強**

これで解決！

Professional technique
- 非伸縮のホワイトを使って固定力を高める
- Xサポートは受傷箇所のひじの内側で交差させる

[使うテープ] 
- 伸縮ハードテープ 50mm
- ホワイトテープ 38mm
- 伸縮ソフトテープ 50mm

Chapter 4 ひじ

[目的] 関節の固定

1
P147の**4**を巻いたところから始める
50mm
→ ひじ関節を固定する

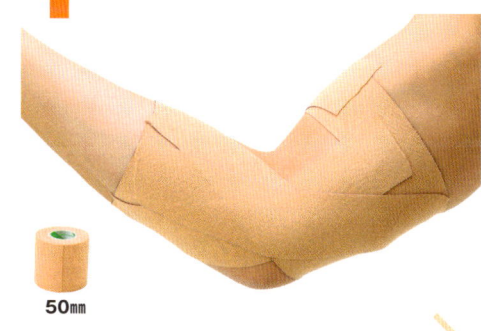

2
受傷箇所で交差するように前腕から上腕まで3本ホワイトを貼る
38mm　[Xサポート]
→ 固定力を高める

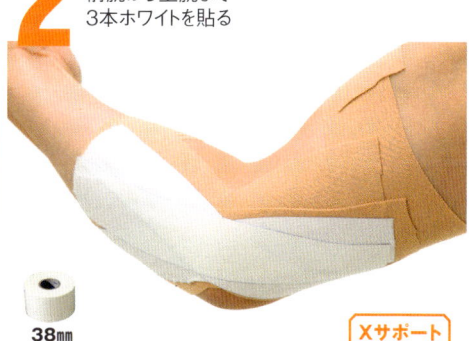

3
前腕と上腕のテープの端に1周ずつ伸縮ハードを巻く
50mm　[アンカー]
→ テープがずれないようにする

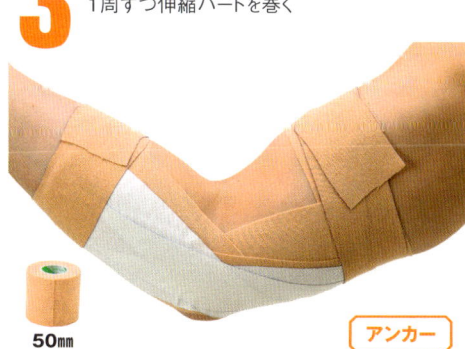

4
ひじ頭を避け、前腕と上腕に伸縮ソフトを巻いて完成
50mm　[フィギュアエイト]
→ はがれないように保護する　Finish

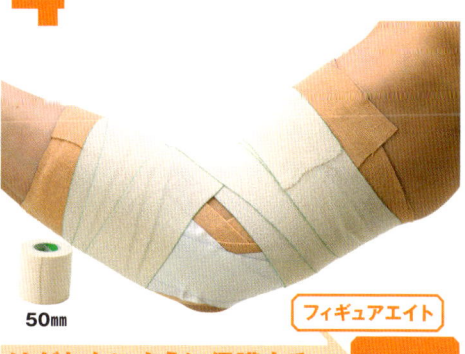

Chapter 4

ひじ

[目的] 筋肉のサポート

ひじの外側が痛い
（テニス肘、上腕骨外側上顆炎）

疲労予防

これで解決!

Professional technique
- 手の甲からひじへ筋肉の走行に沿ってテープを貼る
- 手首とひじの手前を1周巻き、適度に圧迫する

[使うテープ] 
キネシオロジーテープ 50mm

1
親指のつけ根からひじまで ななめにキネシオロジーテープを貼る

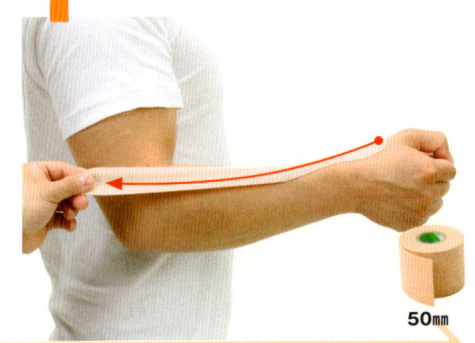

50mm

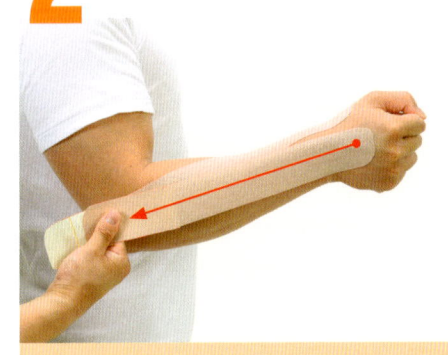

前腕の伸筋群をサポートする

2
中指のつけ根からひじまで まっすぐテープを貼る

3
手首と、**前腕のひじの手前**に 1周ずつテープを巻いて完成

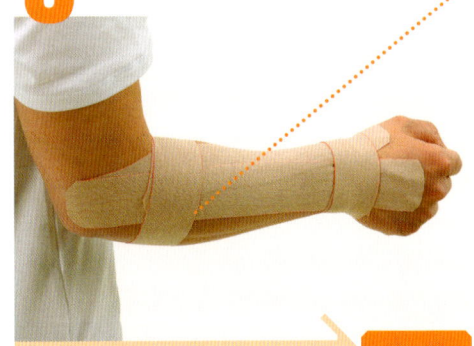

動きを制限する　Finish

[透過] Point
受傷箇所である、短橈側手根伸筋とひじのつけ根の上をテープが通るようにする

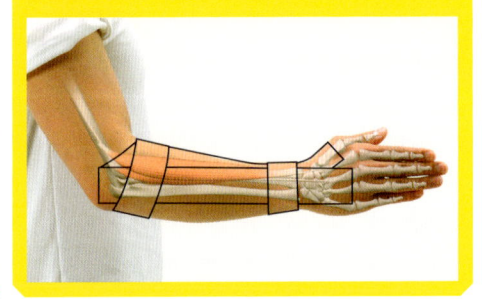

ひじの内側が痛い

（野球肘、肘関節内側側副靱帯損傷）

疲労予防

これで解決！

Professional technique
- 野球の投球フォームをつくってから巻く
- 前腕が後ろに倒れないよう、テープをひじへ強く引っ張りながら巻く

[使うテープ]
キネシオロジーテープ 50mm

Chapter 4
ひじ
[目的] 筋肉のサポート

1 手首の下あたりからひじの外側まで、まっすぐキネシオロジーテープを貼る

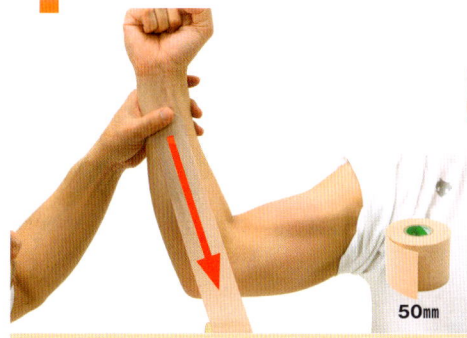

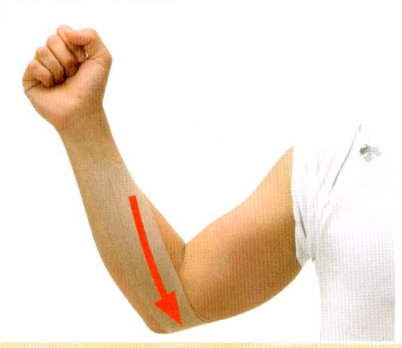

前腕の屈筋群をサポートする

2 1のテープから **1/2〜1/3親指側にずらし、** もう1枚テープを貼る

3 1のテープから **1/2〜1/3小指側にずらし、** もう1枚テープを貼って完成

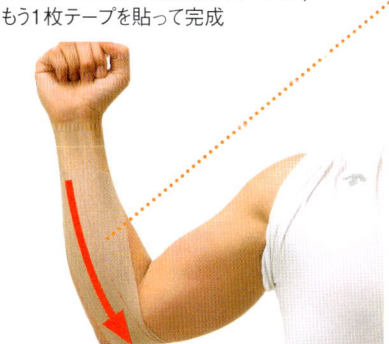

[透過] **Point**
受傷箇所であるひじの内側（内側側副靱帯）を通るようにする

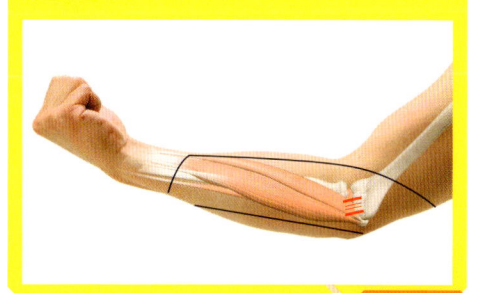

Finish

ひじの内側が痛い

疲労予防

（ゴルフ肘、上腕骨内側上顆炎）

Chapter 4 ひじ

[目的] 筋肉のサポート

原因・症状・診断 ゴルフなどのひじをよく使うスポーツでなりやすい。クラブを振りぬく際、手首を曲げる力の発揮がくり返されることで、ひじ内側に付着するひじ関節屈筋群の根元が損傷する。ひじの曲げ伸ばしやひじの内側を押すと痛む。

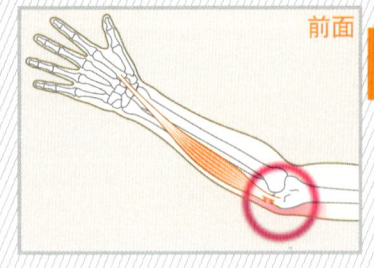

前面

これで

[スタート姿勢]
巻いてもらう場合…
腕をカラダの横に伸ばし、ひじをやや曲げる。
手のひらを上にし、
指は自然に伸ばしておく

1
ひじの内側側面から
小指のつけ根の側面まで
キネシオロジーテープを貼る

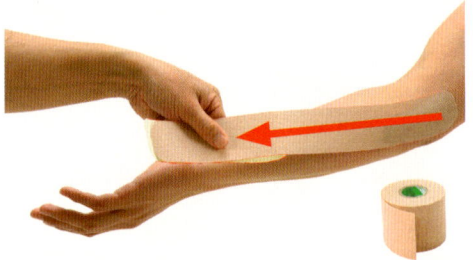

50mm

➡ 前腕の屈筋群をサポートする

3
手首と、**前腕のひじの手前**に
1周ずつテープを巻く

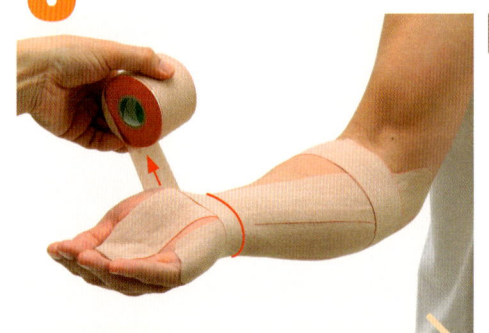

➡ 動きを制限する

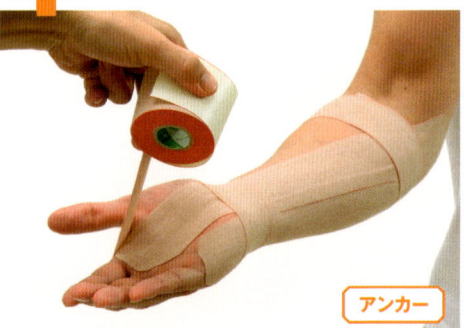

4
人差し指のつけ根を起点に、
小指つけ根に向けてテープを巻く

アンカー

➡ テープがずれないようにする

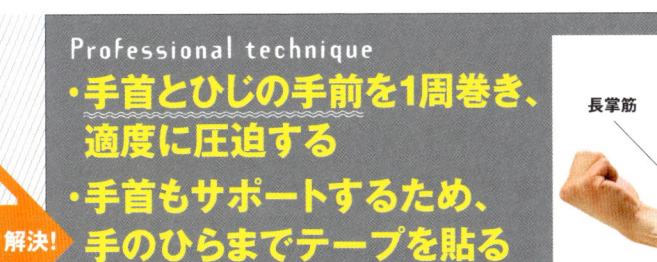

Professional technique
- 手首とひじの手前を1周巻き、適度に圧迫する
- 手首もサポートするため、手のひらまでテープを貼る

解決!

[使うテープ]
キネシオロジーテープ 50mm

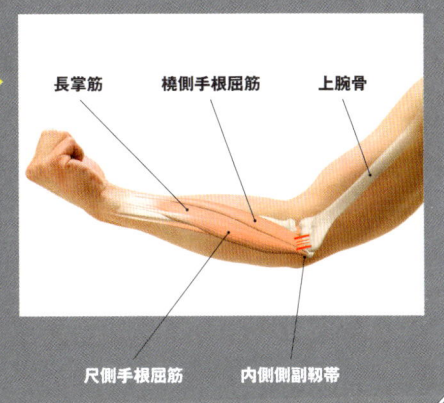

長掌筋　橈側手根屈筋　上腕骨
尺側手根屈筋　内側側副靭帯

2 1と同じく、ひじの内側側面から手のひらの**中指のつけ根まで**テープを貼る

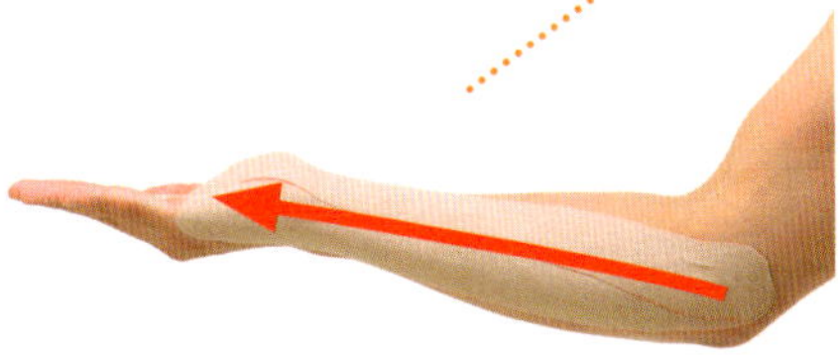

[透過] Point
テープがひじから手の内側へつながっている尺側手根屈筋の上を通るようにする

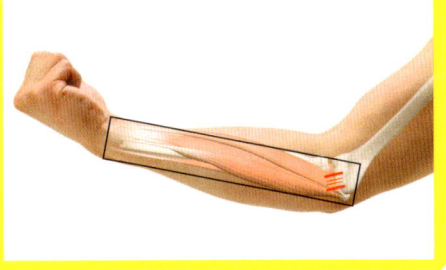

5 手の甲に回し人差し指のつけ根まで1周巻いて完成

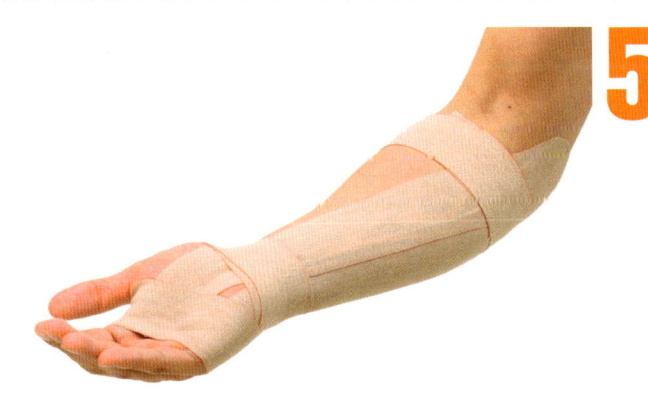

Finish

腕部のストレッチ

ラケットを持ったりボールを投げたりと、
スポーツで酷使されることの多い腕部。
どこでも手軽に行いやすいので、日ごろからよく伸ばしておこう

二の腕前面が伸びる

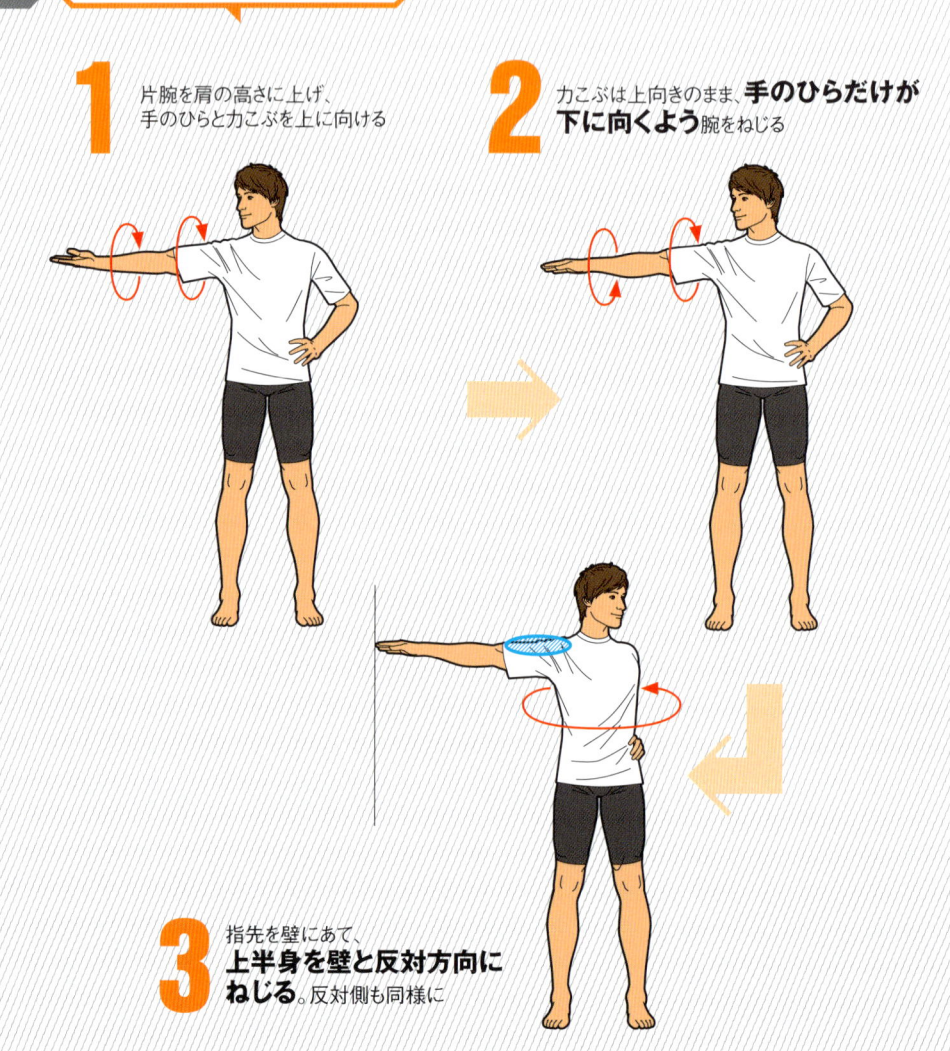

1 片腕を肩の高さに上げ、手のひらと力こぶを上に向ける

2 力こぶは上向きのまま、**手のひらだけが下に向くよう**腕をねじる

3 指先を壁にあて、**上半身を壁と反対方向にねじる**。反対側も同様に

二の腕後面が伸びる

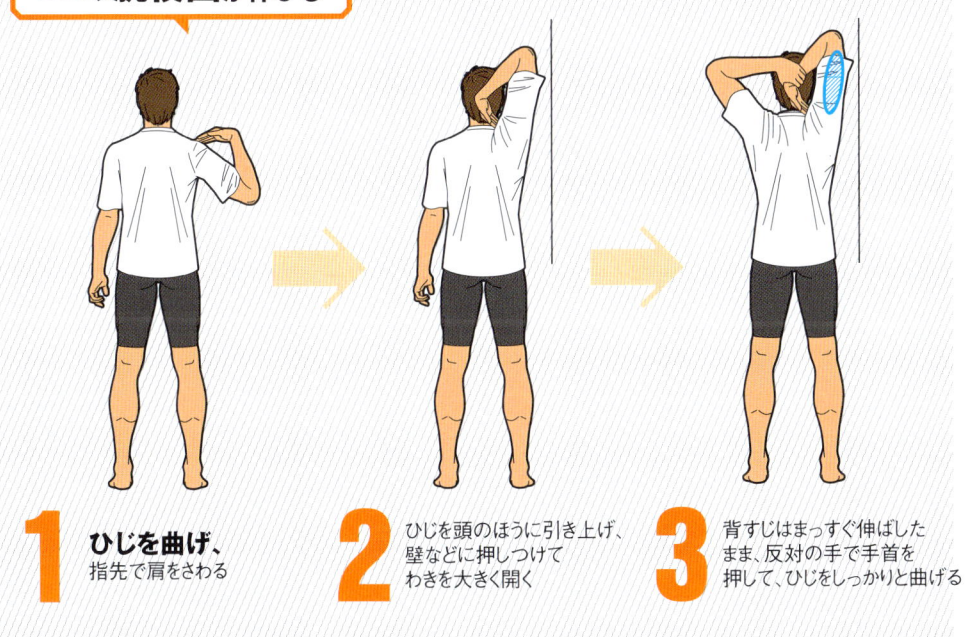

1 ひじを曲げ、指先で肩をさわる

2 ひじを頭のほうに引き上げ、壁などに押しつけてわきを大きく開く

3 背すじはまっすぐ伸ばしたまま、反対の手で手首を押して、ひじをしっかりと曲げる

手のひら〜ひじが伸びる

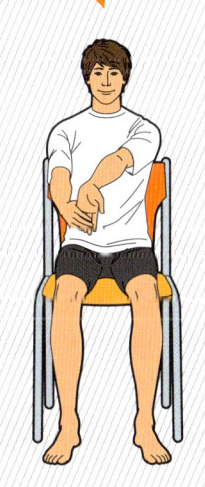

1 ひじを伸ばし、**指を手前に反らせる。** 反対側も同様に

手の甲〜ひじが伸びる

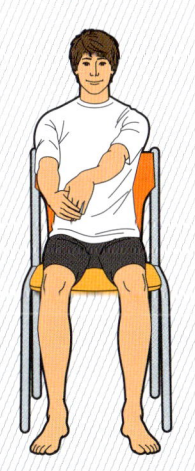

1 ひじを伸ばし、反対の手で**手首を手のひら側に曲げる。** 反対側も同様に

Column

トップスポーツの実践から学ぶ
手首を安定させるテーピング

　水中の格闘技と呼ばれる「水球」。ヨーロッパではプロリーグも盛んです。水球は、サッカーボールに近い大きさと重さのボールがなんと時速80kmで飛びかいます。ボールを受けるときにひじ関節が逆に曲がり、傷めることがあります。また投球をくり返す肩や手首には大きな負荷がかかり不具合を発生します。激しいスポーツでケガが絶えないため、テーピングテクニックも発達しています。水中のアスリートもこのようにテーピングが必要なのです。

　ここでは筆者が選手によく施す、簡単に効果が出るテーピング技法と、そのメカニズムを解説します。

　手首の関節まわりにはたくさんの骨があります。この骨は靱帯などでつなぎとめられていますが、ケガでゆるんでしまうことがあります。手首や指を動かす筋肉は手首を通るものが多く、手首とその周辺の骨がゆるんでいると力がうまく伝わらず、シュートの際、スナップがききません。

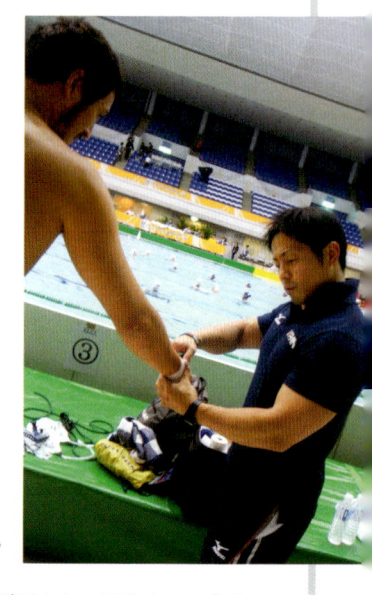

　そんなときの手軽な対応策は①耐水テープを環状に巻き、②さらにその上からロイコテープを環状に巻きます。そしてのりのある粘着面同士をつけます。こうすることで、手関節とその周囲を安定させ、力をロスなく伝達させるのです。

　手首は頻繁に動かすけれど、水を気にする必要のない競技の場合は①をキネシオロジーテープで施し、②はしないか、するならホワイトで通常の環状巻きにします。アンダーラップをしてもかまいません。

Chapter 5

肩のテーピング

Chapter 5

肩のテーピング

肩

肩関節は可動域がもっとも広く、上腕骨、鎖骨、肩甲骨の3つの骨が動きに関わって巧みな動きができます。肩甲骨のくぼみに上腕骨の骨頭がはまり肩関節（肩甲上腕関節）となっています。またその周辺には、鎖骨と肩甲骨をつなぐ肩鎖関節や、鎖骨と胸骨をつなぐ烏口胸鎖関節があり、肩の動きをスムーズにしています。
深部にある棘上筋（きょくじょうきん）・棘下筋（きょくかきん）・小円筋（しょうえんきん）・肩甲下筋（けんこうかきん）の筋肉（ローテーターカフ）が、本来不安定な肩甲上腕関節の安定性を補強しています。

[右肩前面]

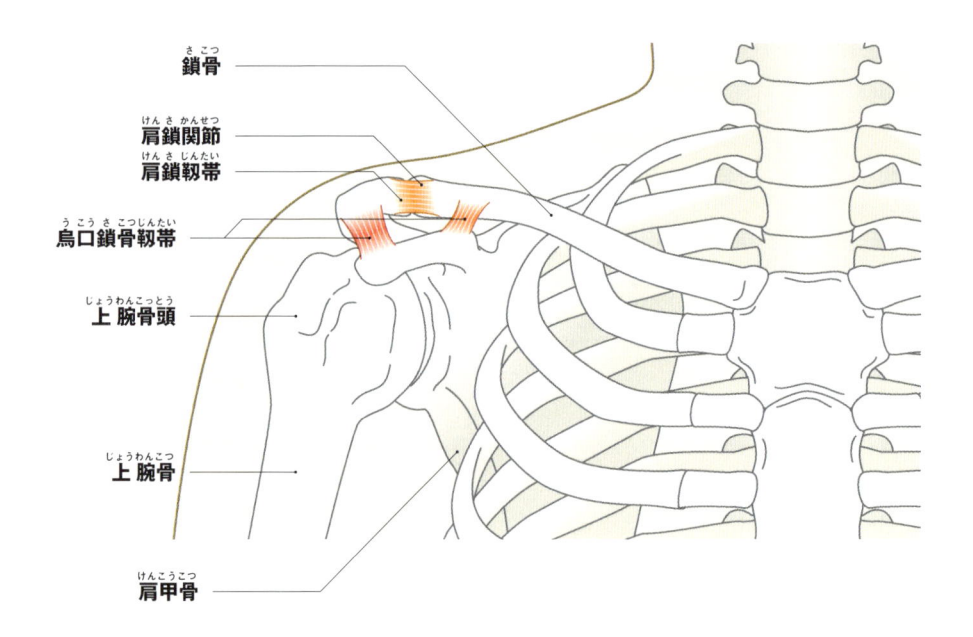

- 鎖骨（さこつ）
- 肩鎖関節（けんさかんせつ）
- 肩鎖靭帯（けんさじんたい）
- 烏口鎖骨靭帯（うこうさこつしんたい）
- 上腕骨頭（じょうわんこっとう）
- 上腕骨（じょうわんこつ）
- 肩甲骨（けんこうこつ）

158 Taping Bible

肩のテーピングの目的と症状

[筋肉のサポート]

腕を引く動作や
わきを閉じる動作を
サポートする
→ P167

腕を上げる動作を
サポートする
→ P168

[関節のサポート]

肩関節を**脱臼**した
→ P164 
**肩関節前方脱臼後の
ルーズショルダーへ**

[関節の固定]

腕を上げたり、
肩の上面を
押したりすると痛い
→ P160.162 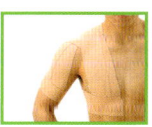 
**肩鎖関節
損傷へ**

肩の上面が痛い
（肩鎖関節損傷）

[固定力] 中

原因・症状・診断 柔道やラグビーなどの接触スポーツで、肩を強打し発症することが多い。肩上面の端にある鎖骨と肩甲骨をつなぎとめる靭帯などが傷んで不安定になる。鎖骨が飛び出し、腕を上げると痛む。肩の上を押したりすると痛む。重度になると、肩の上端が上方に突出する。

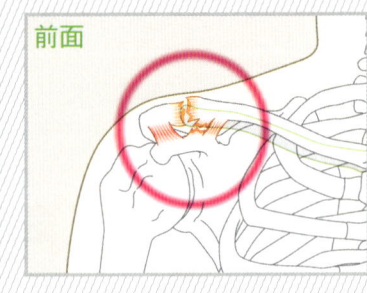

Chapter 5 　肩
[目的] 関節の固定

[スタート姿勢]
巻いてもらう場合…
腰に手をあてた状態で、ひじを曲げ
わきをやや開く

1
上腕のもっとも太い部分に1周、痛みのあるほうの肩に背中から胸まで、伸縮ハードを巻く

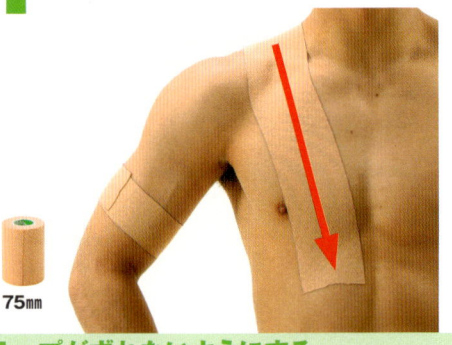

75mm

テープがずれないようにする

4
受傷箇所を通るように、
上腕の裏側から肩の前面まで
テープを貼る

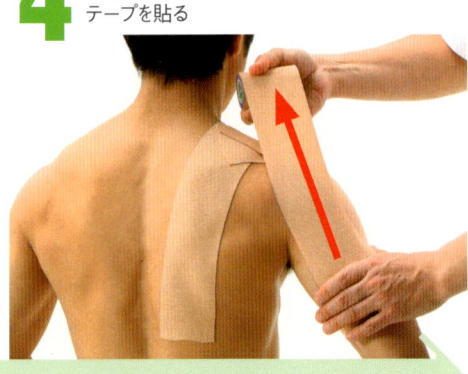

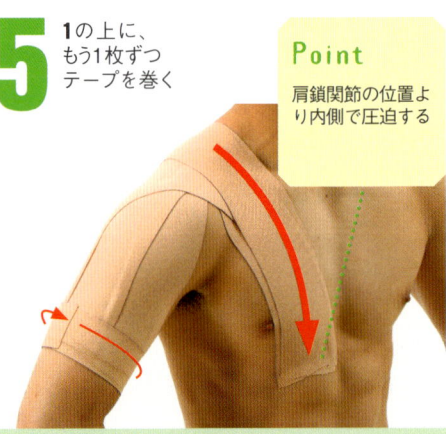

5
1の上に、もう1枚ずつテープを巻く

Point
肩鎖関節の位置より内側で圧迫する

鎖骨の飛び出しを押さえる

Professional technique

解決!
- 肩に巻くテープで圧迫し、鎖骨の飛び出しを押さえる
- 最後のアンカーは胸の真下から背中まで真横に貼る

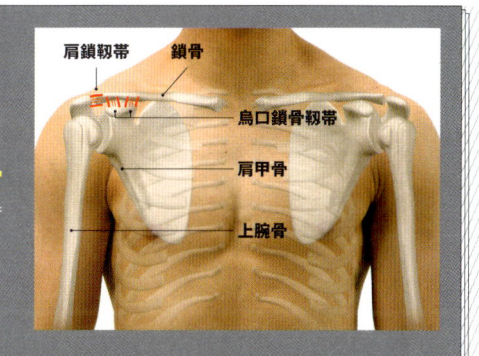

[使うテープ]
伸縮ハードテープ75mm 

(図:肩鎖靭帯、鎖骨、烏口鎖骨靭帯、肩甲骨、上腕骨)

2
受傷箇所を通るように、**上腕の正面から首のつけ根まで**テープを貼る

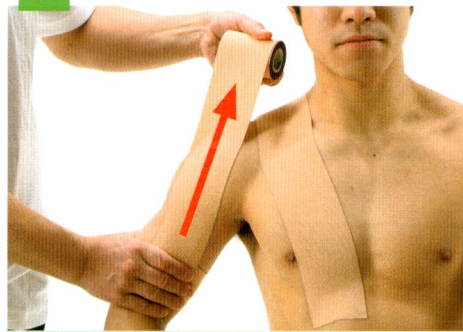

3
受傷箇所を通るように、**上腕の側面から首のつけ根まで**テープを貼る

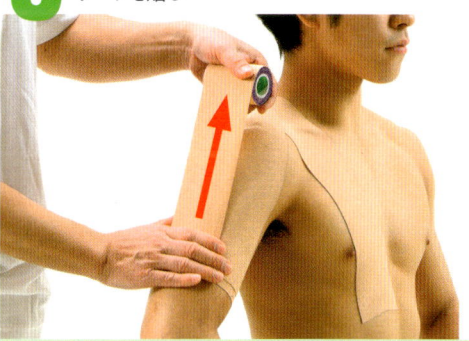

上腕を引き上げる

6
胸に脱脂綿をあて、5のテープから外側に1/2〜1/3ずらしてテープを貼る

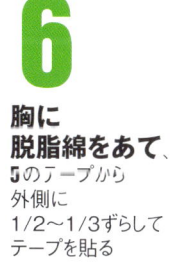

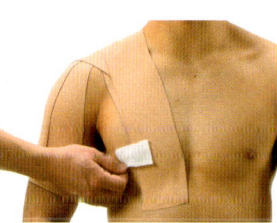

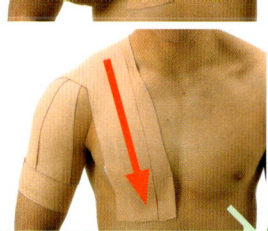

7
胸の下からわきの下を通って、背中まで真横に2本テープを巻いて完成

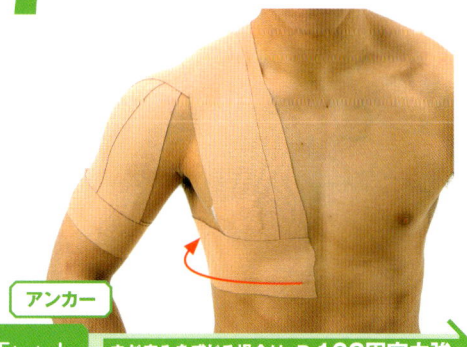

アンカー

Finish まだ痛みを感じる場合は、P.162固定力強へ

Chapter 5 肩

[目的] 関節の固定

肩の上面が痛い
（肩鎖関節損傷）

[固定力] 強

これで解決!

Professional technique
- 腕にテープを巻くときは、一方の手でひじを固定しておく
- ひじのまわりにテープを回して腕を引き上げ、固定力を高める

[使うテープ]
伸縮ハードテープ
50㎜、75㎜

1 痛みのあるほうの肩に背中から胸まで、伸縮ハードを貼る
75㎜
テープがずれないようにする

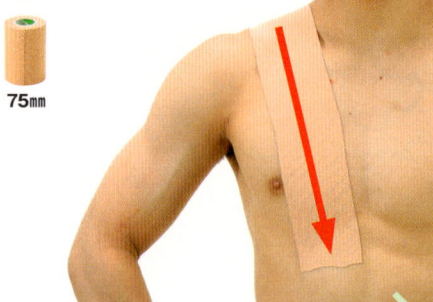

2 肩から腕の正面を通し、**ひじまで**テープを貼る
上腕を引き上げる

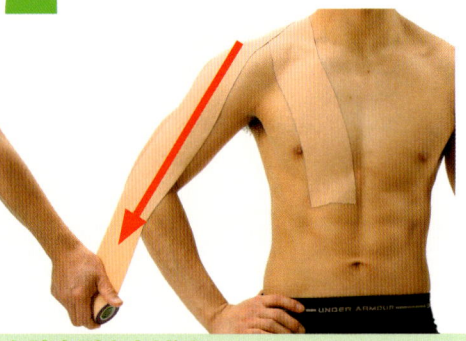

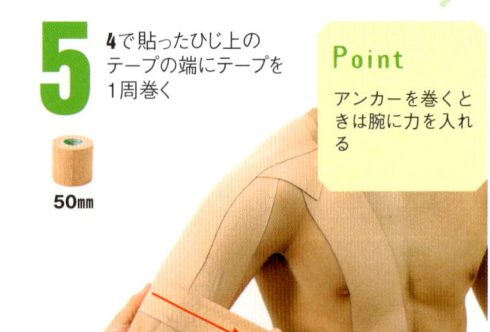

5 4で貼ったひじ上のテープの端にテープを1周巻く
50㎜
アンカー

Point アンカーを巻くときは腕に力を入れる

6 5のテープからひじ側に出ているテープを切る

テープがずれないようにする

162　Taping Bible

[スタート姿勢]
巻いてもらう場合…
腰に手をあてた状態で、ひじを曲げ
わきをやや開く

[透過] Point
肩のテープは鎖骨の肩鎖関節より内側に貼る。痛みが生じるので首には食い込ませないこと

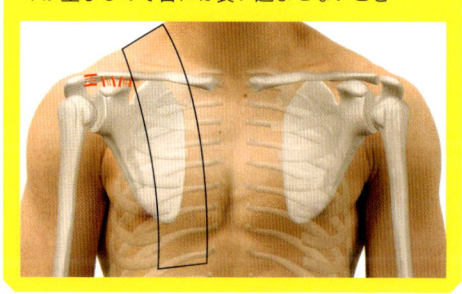

3
そのままひじを回し、
腕の裏側を通して**肩まで**テープを貼る

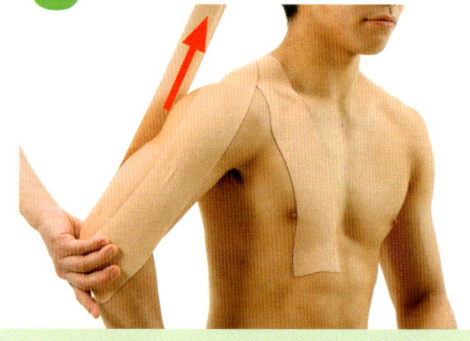

4
2、3のテープのあいだを埋めるように、
ひじの上から肩までテープを貼る

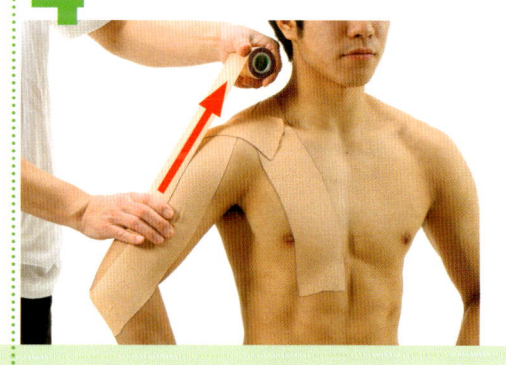

7
胸に脱脂綿をあて、1のテープから
外側に1/2～1/3ずらしてテープを貼る

75mm

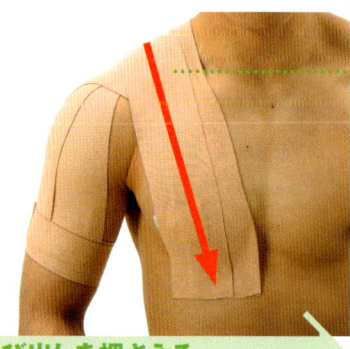

8
胸の下からわきの下を通って、
背中まで真横に2本テープを巻いて完成

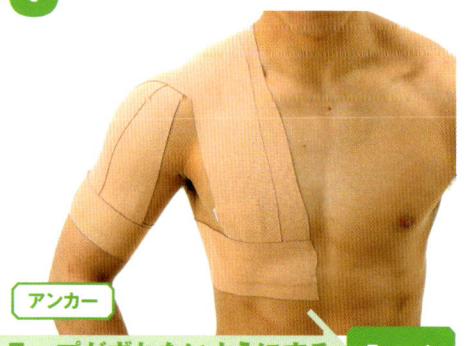

鎖骨の飛び出しを押さえる

アンカー
テープがずれないようにする　Finish

Chapter 5 肩

[目的] 関節のサポート

肩関節を脱臼して痛い、不安定
（肩関節前方脱臼後のルーズショルダー）

原因・症状・診断 転んだ際にカラダをかばおうと手をつくなどしたときになりやすい。肩の関節が外れ、靱帯や腱を傷つける。関節こそはずれないものの野球の投球、バレーボールのスパイクをくり返してなることもある。肩の前面が痛んだり不安定感を覚えたりする。腕を床と平行にし、ひじを直角に曲げた状態で後方にひねると、関節がはずれるような不安感がある。

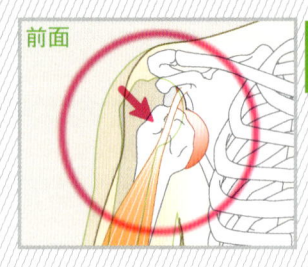

前面

これで

[スタート姿勢]
巻いてもらう場合…
腕をカラダの横に伸ばし、
**ひじを前方に
やや曲げる**

1 上腕の真ん中に
伸縮ハードを1周巻く

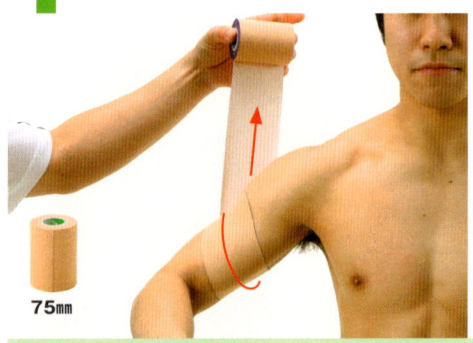

75mm

肩の可動域を制限する

[透過] Point
肩前方へのゆるみがあるため、肩前面を通るようにして腕のつけ根（上腕骨頭）を押さえつける

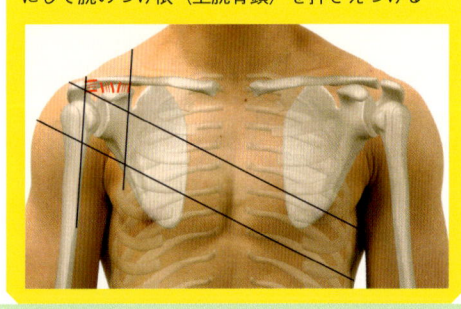

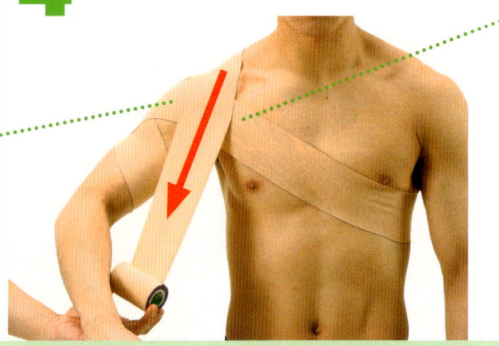

4 肩から**わきの下へ**
テープを巻く

Professional technique

- 肩に痛みや不安感を感じる直前の位置で巻き始める
- 受傷部位にテープの交点がくるようにする

解決!

[使うテープ]
伸縮ハード
テープ75mm

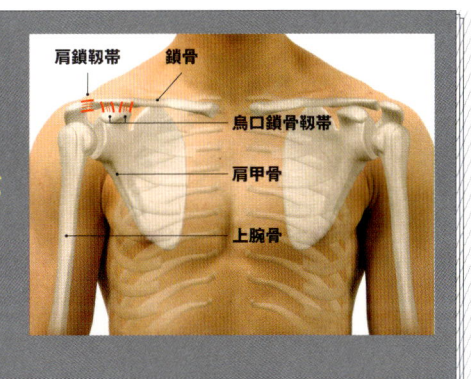

肩鎖靱帯　鎖骨
烏口鎖骨靱帯
肩甲骨
上腕骨

2
そのまま**肩の上から反対側の胸の下まで**、ななめにテープを貼る

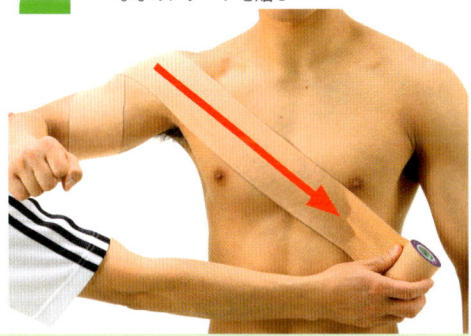

3
わきの下を通し、**背中から反対の肩まで**ななめにテープを巻く

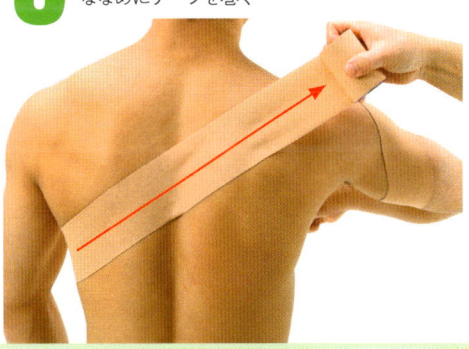

Point
わきの毛がテープにくっつかないよう、脱脂綿をあてて保護する

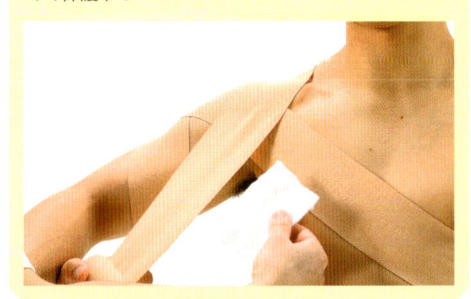

Point
わきの下を通るときにテープがよれないよう、端を少し内側へ折り曲げておく

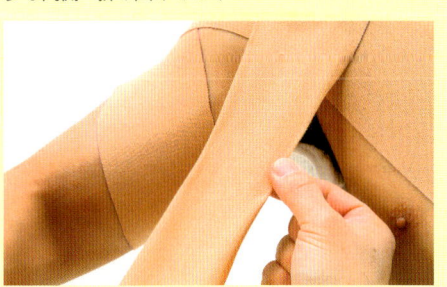

次のページへ

165

5 わきから反対側の腰までななめにテープを貼る

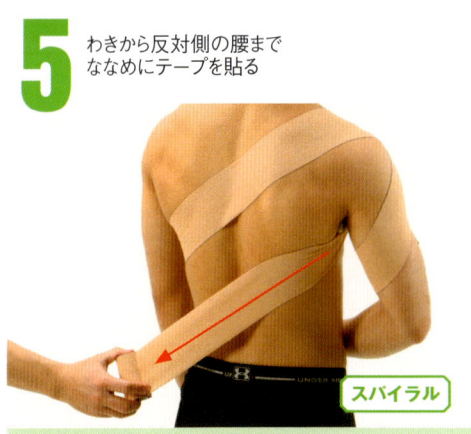

✗ NG 胸を反らせすぎると背中が寄り、テープの下にすき間ができる

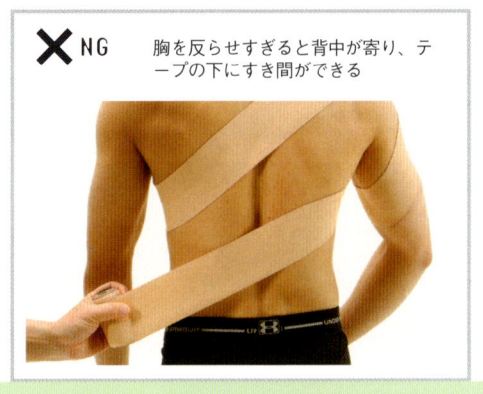

スパイラル

はがれないように保護する

6 腰のまわりを1周巻く

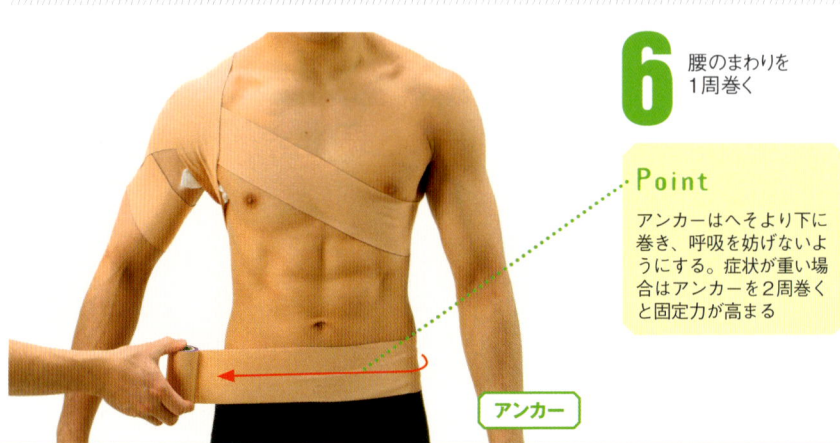

Point
アンカーはへそより下に巻き、呼吸を妨げないようにする。症状が重い場合はアンカーを2周巻くと固定力が高まる

アンカー

7 腕を上げてもテープがずれなければ完成

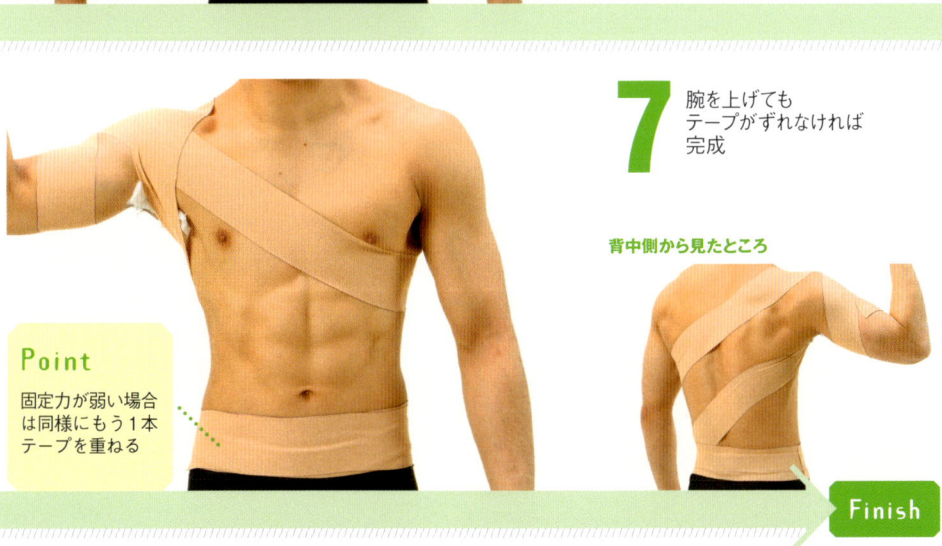

背中側から見たところ

Point
固定力が弱い場合は同様にもう1本テープを重ねる

Finish

Chapter 5 肩

[目的] 筋肉のサポート

腕を引く動作をサポートする
（広背筋サポート）

疲労予防

これで解決！

Professional technique
- 広背筋の走行に沿って下から上にテープを貼る
- 腕を上げる位置は、実際に腕を上げる範囲を想定して調整する

[使うテープ] 
キネシオロジーテープ75㎜（or50㎜）

[スタート姿勢]
巻いてもらう場合
腕を肩と同じ高さに上げ、わきを開く

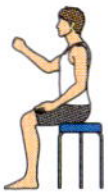

1 背中の真ん中から上腕まで、
キネシオロジーテープをななめに貼る

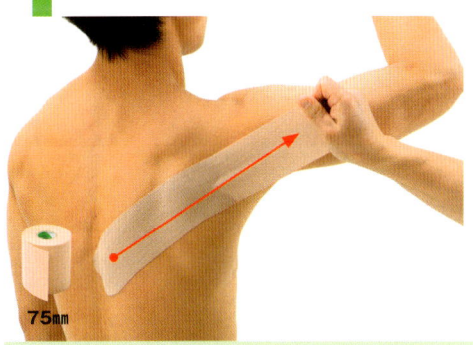

75㎜

広背筋の上部をサポートする

2 腰の真ん中から
1の上腕に貼ったテープの下までななめに貼って完成

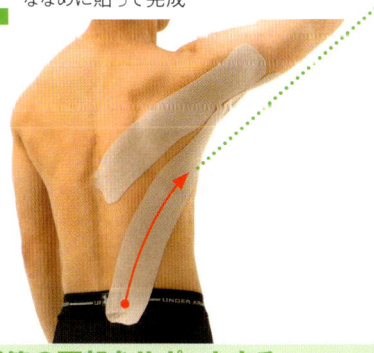

[透過] Point
広背筋の上部と下部をそれぞれ通るように、わきの下から背中までテープを引っ張る

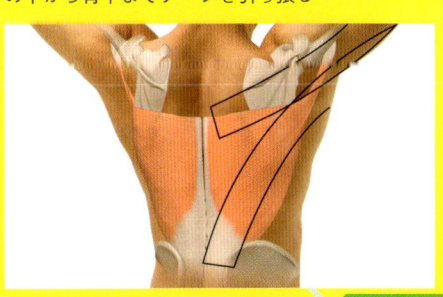

広背筋の下部をサポートする

Finish

Chapter 5 肩

[目的] 筋肉のサポート

腕を上げる動作をサポートする

（三角筋サポート）

疲労予防

原因・症状・診断 三角筋は、腕を前後および側方に上げる筋肉である。腕を酷使するスポーツでは、この筋肉が疲労することがある。腕を上げるとき肩が重い。

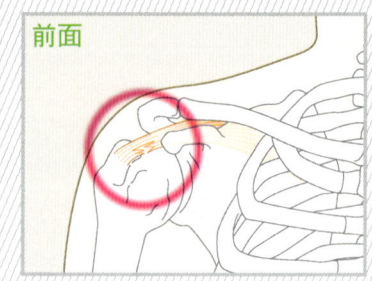

前面

これで

[スタート姿勢]
巻いてもらう場合…
腕に手をあてた状態で、ひじを曲げ
わきをやや開く

1 キネシオロジーテープの一端に
切り込みを入れる

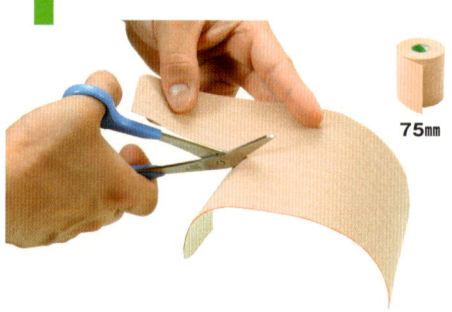

75mm

3 三角筋を囲むように、
テープを左右に沿わせて貼る

三角筋をサポートする

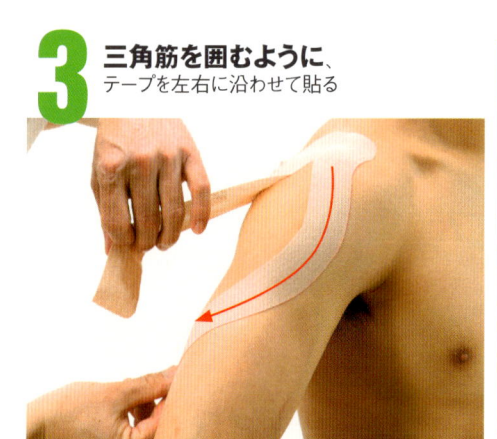

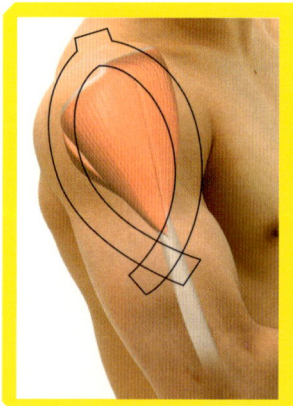

[透過] Point
2つに裂いたテープを三角筋の周りを囲むように貼ることで筋肉をサポートする

168 Taping Bible

Professional technique

・三角筋を囲むようにテープを貼る

解決!

[使うテープ]
キネシオロジーテープ75mm

三角筋

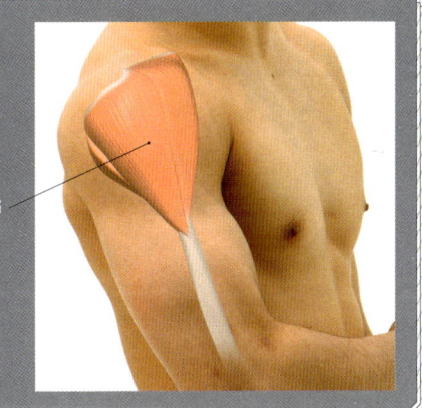

2 切り込みの入っていないほうを肩に貼り、反対の端を**左右に引っ張る**

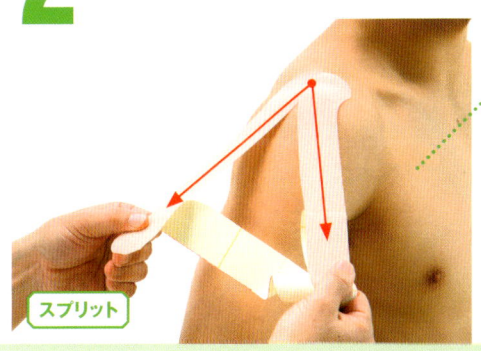

スプリット

Point
スプリットではなく、50mmのキネシオロジーを2本使ってもよい

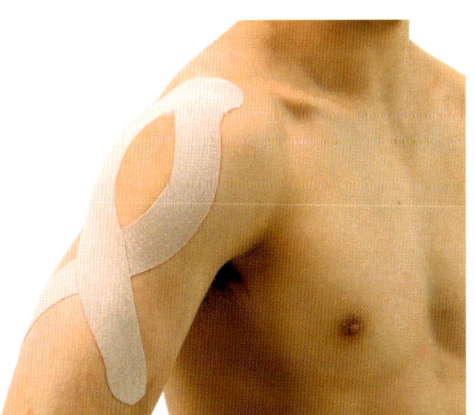

4 三角筋の下で2本を**交差させて**完成

真横から見たところ

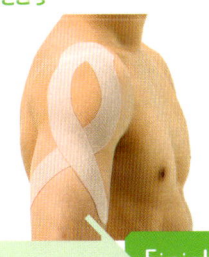

Finish

169

Chapter 5 肩 ストレッチ

肩のストレッチ

肩や肩甲骨まわりの可動域を広げることで、
運動能力の向上やケガの予防につながります。
大きなケガをしないよう、筋肉をよく伸ばしておこう

肩側面が伸びる

1 腕を**肩の高さに上げて**前に伸ばす。もう片方の手でひじを持つ

2 **肩を動かさないよう**、片手でもう片方のひじを引っ張る。反対側も同様に

背中～わきが伸びる

1 **手を頭の上で組み**、ひじを伸ばして上に大きく伸びる

2 上半身を**弓なりになるよう**、横に倒す。反対側も同様に

Chapter 6
日常の不快症状を改善するテーピング

Chapter 6 不快症状

[目的] 筋肉のサポート

肩こり　疲労予防

これで解決!

Professional technique
- テープを肩甲挙筋と僧帽筋上部の2方向に沿って貼る

[使うテープ] キネシオロジーテープ 50mm

1 キネシオロジーテープの一端に**切り込みを入れる**

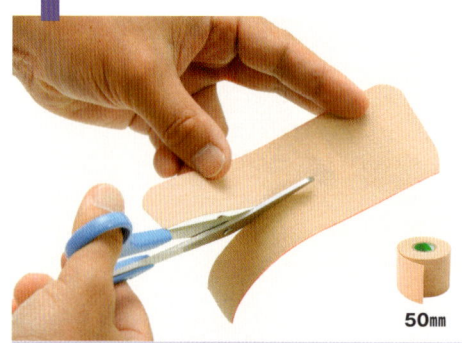

50mm

肩の筋肉をサポートする

2 首のうしろを起点に、一方を**肩に沿って**貼る

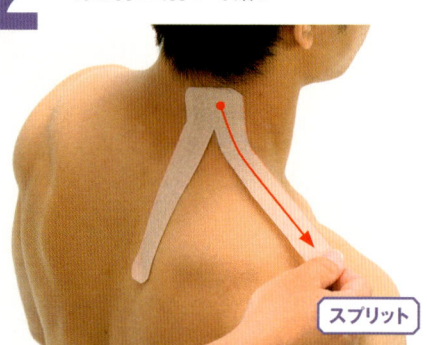

スプリット

3 もう一方を**背中側へ向け**、ななめに貼り完成

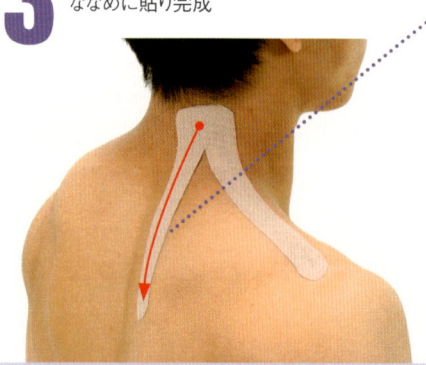

[透過] Point
2つに裂いたテープのそれぞれを、肩甲挙筋と僧帽筋上部に沿わせて貼る

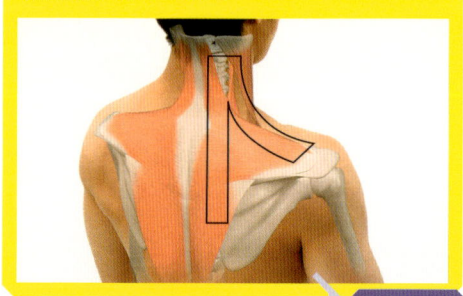

Finish

寝違え

疲労予防

Professional technique
- 頸椎まわりの筋群に沿ってテープを貼る

これで解決!

[使うテープ]
キネシオロジーテープ 50mm

Chapter 6
不快症状
[目的] 筋肉のサポート

1
耳のすぐうしろを起点に、**首の前へ向かって** キネシオロジーテープを貼る

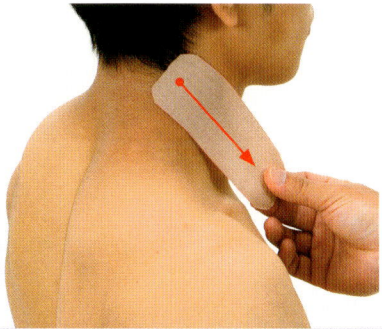

2
1の起点から1/2～1/3ずらし、**背中に向かって** 貼る

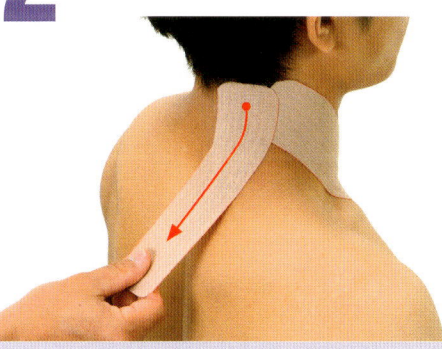

肩の筋肉をサポートする

3
1と2のテープのあいだにもう1本貼り完成

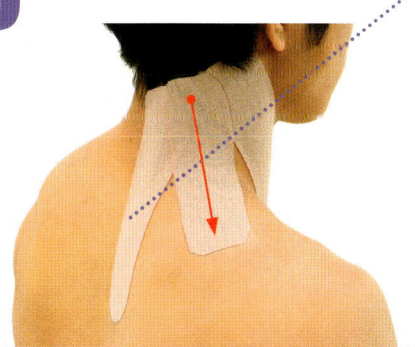

[透過] Point
テープが胸鎖乳突筋、僧帽筋上部、脊柱起立筋に沿うように貼る

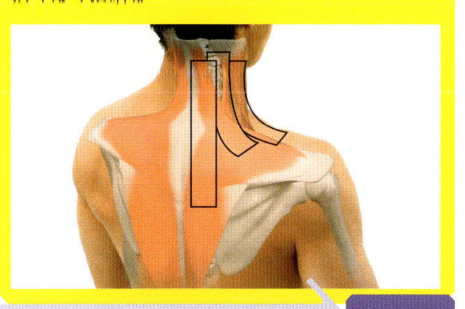

Finish

Chapter 6 不快症状

[目的] 筋肉のサポート

腰痛

疲労予防

原因・症状・診断 腰部周辺の筋肉などの組織が傷んでいる、あるいは疲労などでこりかたまっている。腰部にハリ、だるさ、痛み、動きにくさを感じる。

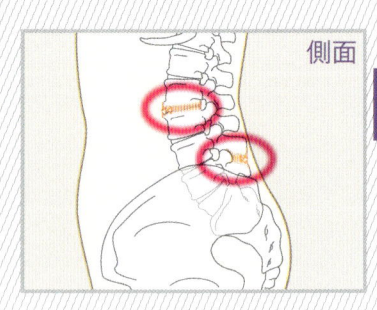

側面

[スタート姿勢]
巻いてもらう場合…
立った状態でテーブルやイスなどに手をつき、**やや前傾姿勢**をとる

1 背骨の横に、**腰の上から肩甲骨まで**まっすぐキネシオロジーテープを貼る

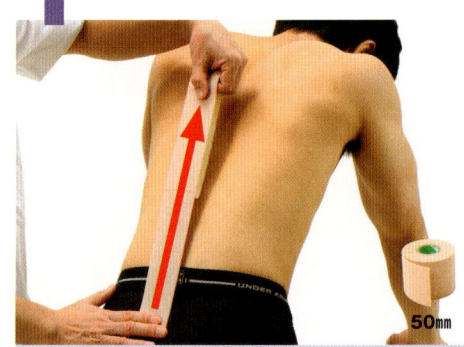

50mm

脊柱起立筋をサポートする

3 気をつけの姿勢をとり、**腰の真ん中で交差するよう**、2本のテープをななめに貼る

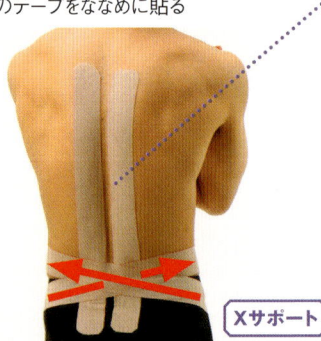

Xサポート

Point
両端はお腹側まで回すことで、動いてもテープがずれず、固定力が高まる

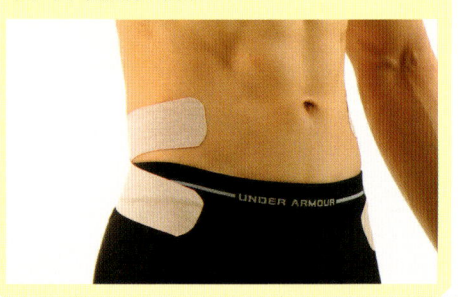

腰の筋肉をサポートする

Professional technique

- 縦方向と横方向のテープで、背中と腰の両方をサポートする
- Xサポートはコルセットのイメージでお腹の側部まで巻き圧迫する

解決!

[使うテープ]
キネシオロジーテープ 50mm

脊柱起立筋
脊柱

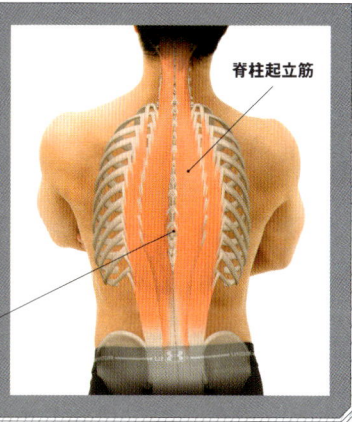

2
背骨をはさんで1の隣にもう1本、同じようにテープを貼る

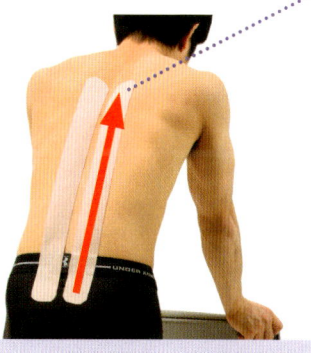

[透過] Point
背中中央にある背骨の両サイドにテープを引っ張って貼る。腰骨（骨盤）から肩甲骨の中央くらいまでとし、症状が強ければ長めに貼る

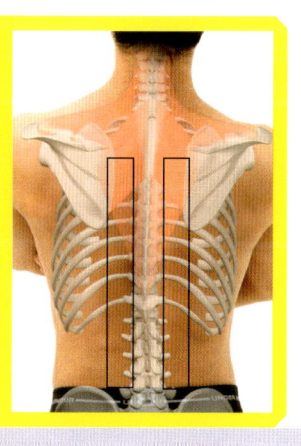

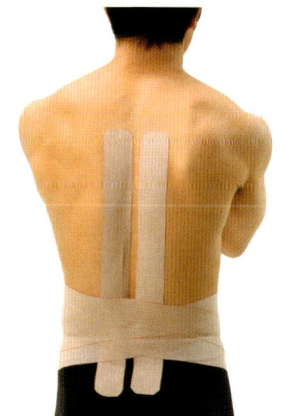

4
3のテープから上へ**1/2～1/3ずらし**、もう2本テープを交差させるように貼って完成

前から見たところ

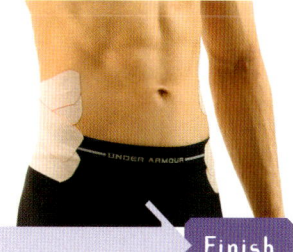

サポート力を高める

Xサポート

Finish

Chapter 6 不快症状

[目的] 関節のサポート

ひざのゆがみ、O脚
（内反膝）

> 疲労予防

原因・症状・診断 脛骨（すねの骨）が内側に曲がった状態。障害がなく内反している場合もあるが、変形性膝関節症によって内反していることもある。太もも外側に疲労感を覚える。ひざの痛みやだるさがある。両足の内くるぶしをしっかりとつけて立ったとき、ひざのあいだに指が2本程入る。

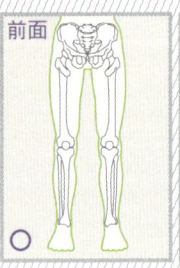

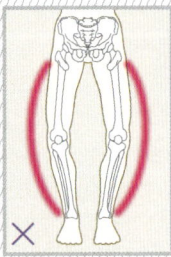

前面　○　×

これで

[スタート姿勢]
巻いてもらう場合…
両脚を肩幅に開き、バランスよく体重をかける

自分で巻く場合…
イスに座り、足を前に出して**ひざを軽く曲げる**

1
ひざの裏の上部を起点に、**ひざ頭の下をななめに**通るようキネシオロジーテープを巻く

50mm

ひざ関節をサポートする

4
ひざの少し上でテープを1周巻いて完成

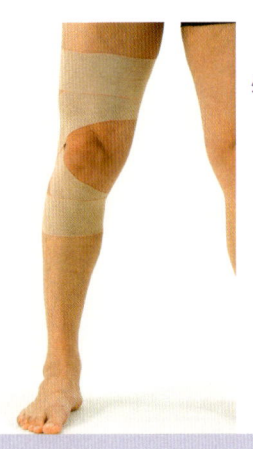

外側から見たところ

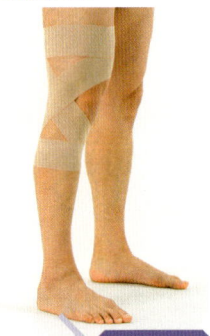

Finish

Professional technique

- ひざを支点に下腿を外に開くイメージで巻く
- ひざの外側で交差する部分を強く巻く

解決!

[使うテープ] 
キネシオロジーテープ
50mm(or75mm)

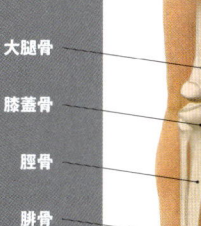

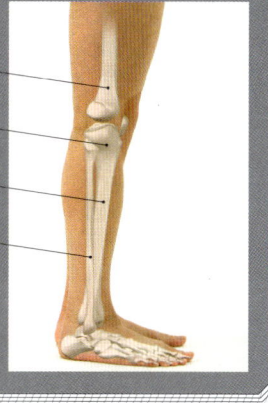

大腿骨
膝蓋骨
脛骨
腓骨

2
ひざの少し下でテープを1周させる

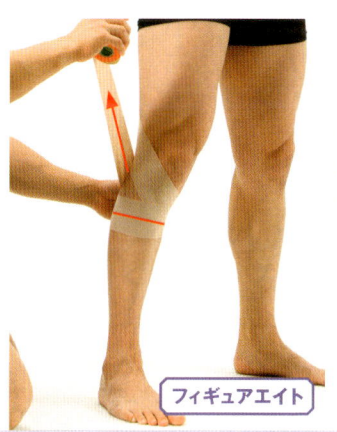

3
ひざの裏を通り、
ひざ頭の上をななめに巻く

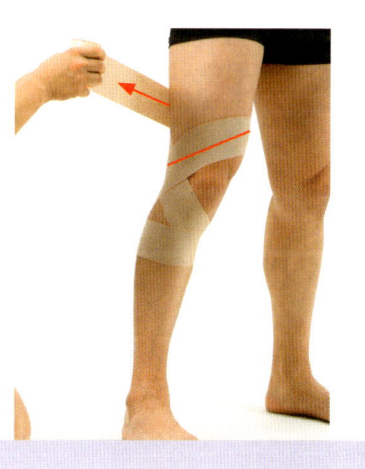

フィギュアエイト

---

1 簡単
太もものつけ根の内側を起点に、**外側に向かって**ななめ下にキネシオロジーテープを巻く

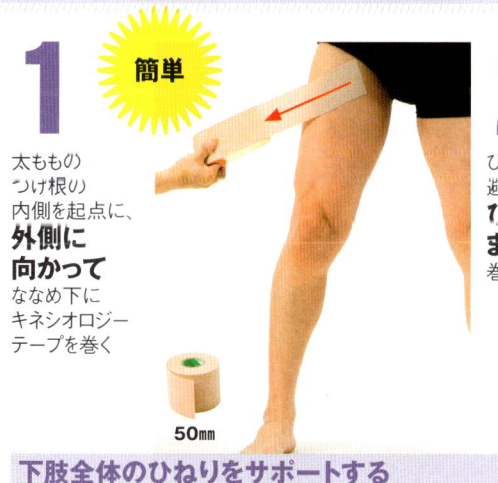

50mm

2
ひざ頭を避けるように**ひざの下まで**テープを巻いて完成

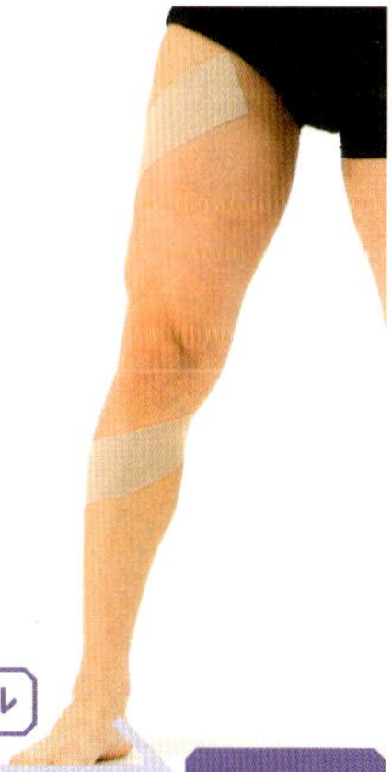

スパイラル

下肢全体のひねりをサポートする → Finish

Chapter 6

不快症状

[目的] 関節のサポート

ひざのゆがみ、X脚
（外反膝）

疲労予防

原因・症状・診断 脛骨（すねの骨）と大腿骨（太ももの骨）の連結部であるひざ関節で、脛骨が外側に曲がった状態。障害がなく外反している場合もあるが、変形性膝関節症によって外反していることもある。ひざの痛みやだるさがある。両足の内くるぶしをつけて立とうとしたとき、内くるぶしのあいだに指が2本程入る。

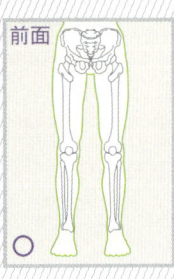

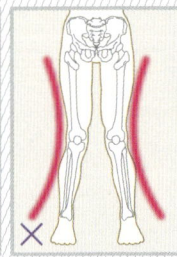

前面　○　×　これで

[スタート姿勢]

巻いてもらう場合…
両脚を肩幅に開き、
バランスよく体重をかける

自分で巻く場合…
イスに座り、足を前に出して
ひざを軽く曲げる

1
50mm

ひざの裏の上部を起点に、
ひざ頭の上をななめに
通るようキネシオロジーテープを巻く

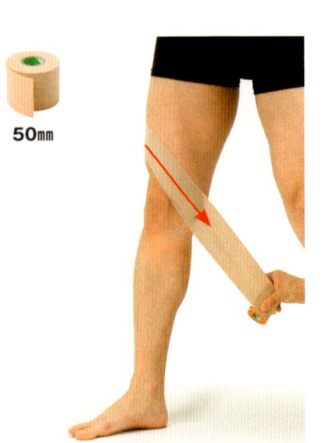

ひざの関節をサポートする

4
太ももにテープを1周巻いて完成

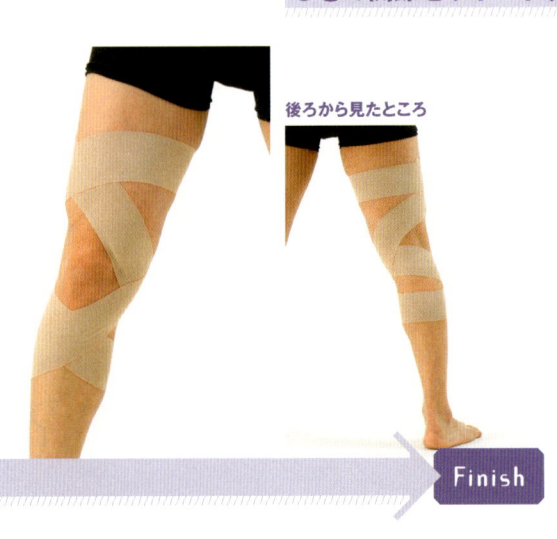

後ろから見たところ

Finish

178　Taping Bible

Professional technique

- ひざを内側に入れるイメージで巻く
- ひざの内側で交差する部分を強く巻く

解決!

[使うテープ]
キネシオロジーテープ 50mm(or75mm)

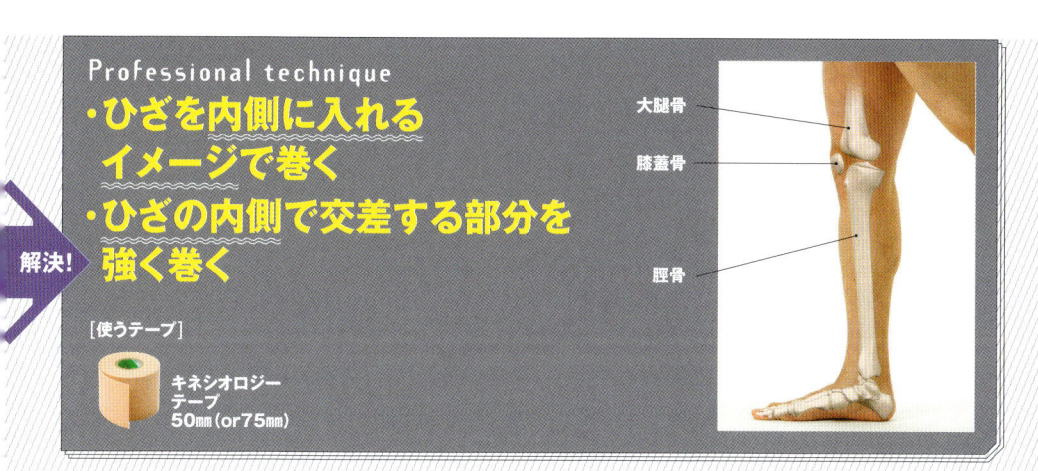

大腿骨
膝蓋骨
脛骨

---

2 ひざ頭の下をややななめ下に向かって1周巻く

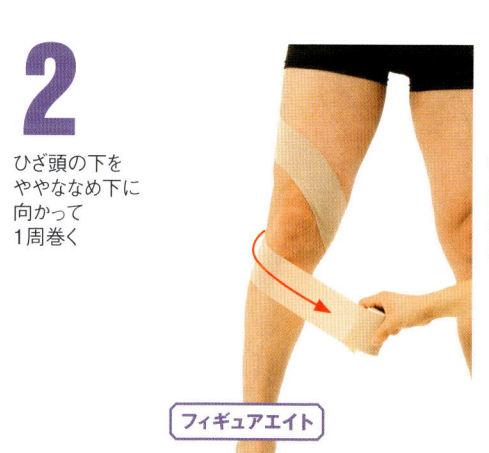

3 ひざの内側を通り、ななめ上に向かって巻く

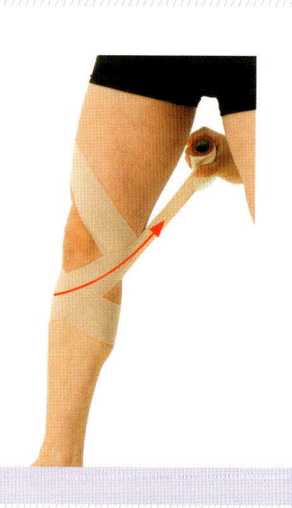

フィギュアエイト

---

1 簡単 お尻を起点に、**内側に向かって**ななめ下にキネシオロジーテープを巻く

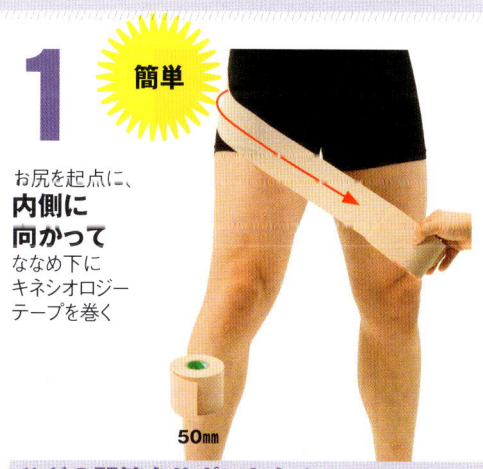

50mm

2 ひざ頭を**避けるようにひざの下まで**テープを巻いて完成

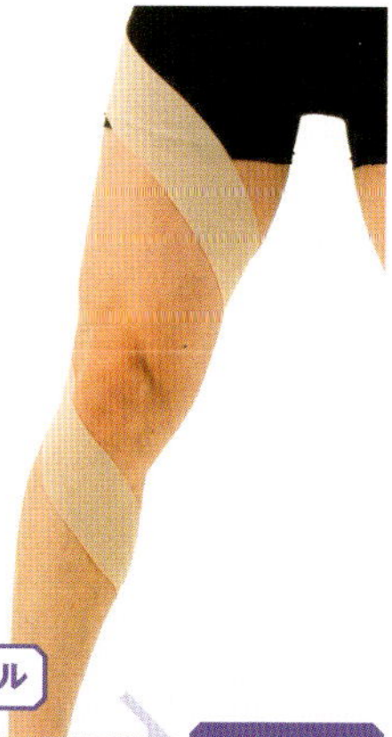

スパイラル

ひざの関節をサポートする → Finish

179

Chapter 6 不快症状

[目的] 関節のサポート

背骨のゆがみ、猫背

疲労予防

原因・症状・診断 胸椎（背骨の中央部分）の前方への曲がりが強くなった状態。デスクワークなどで長時間にわたって背中を丸めているとなりやすい。肩甲骨の内側にハリ、だるさ、痛みを覚える。腕が上げにくくなる。

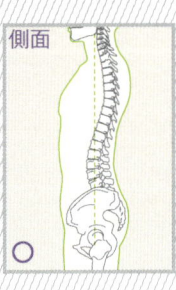

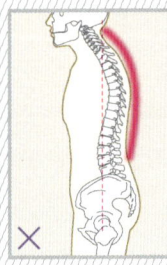

側面　これで

○　×

[スタート姿勢]
巻いてもらう場合…
両脚を肩幅に開き、
バランスよく体重をかける。
背すじを伸ばして、
姿勢をまっすぐに保つ

1 首のつけ根あたりから背骨に向かって、ななめにキネシオロジーテープを貼る

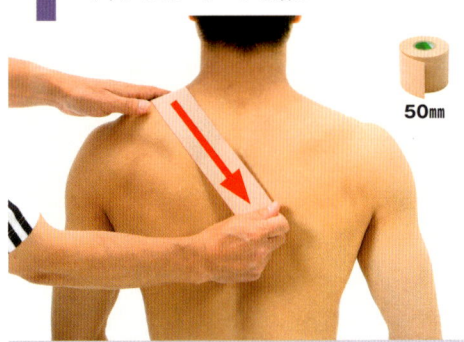

50㎜

背中全体の筋肉をサポートする

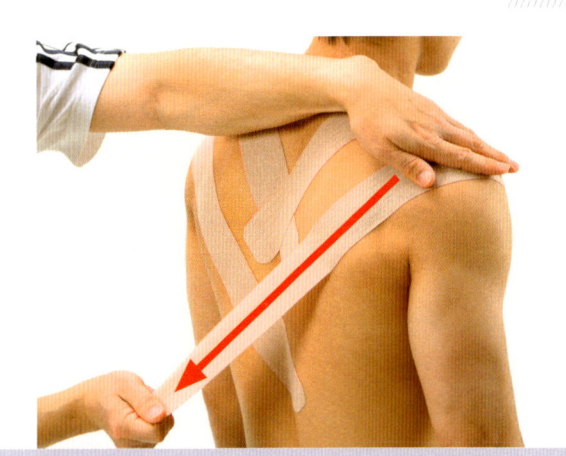

3 肩の外側から内側に向かって、**1、2と平行に2本のテープが交差するよう**貼る

横から見たところ

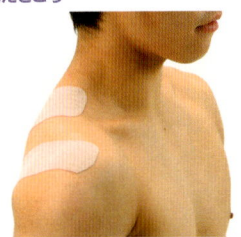

180 Taping Bible

Professional technique

- 背すじを伸ばした状態でテープを貼る
- 背骨を正常な状態に戻すよう、テープを後ろに引っ張りながら貼る

解決!

[使うテープ]
キネシオロジーテープ 50mm

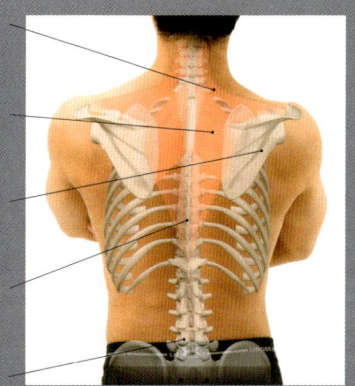

僧帽筋
菱形筋
肩甲骨
胸椎
腰椎

2
反対側からも**1と交差するように**、ななめにテープを貼る

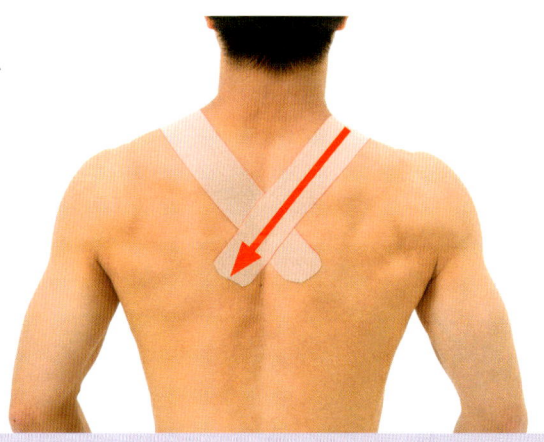

4
テープの**交点を通るように**、首から下へまっすぐテープを貼り完成

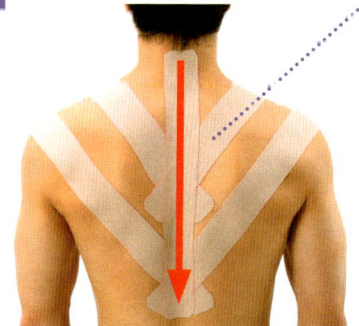

[透過] Point
V字のテープで僧帽筋の中部と下部、縦のテープで脊柱起立筋をサポートして背骨を立てる

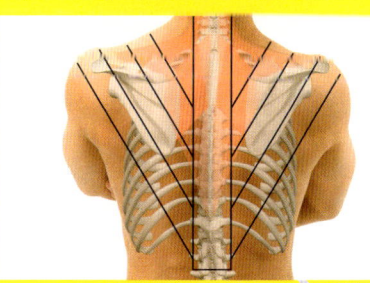

脊柱起立筋をサポートする

Finish

Chapter 6 不快症状

[目的] 筋肉のサポート

腰の自然な反りがなくなっている
（骨盤後傾）

疲労予防

これで解決!

Professional technique
- 背中のテープはお腹のテープより上に貼る
- テープを貼る向きに注意する

[使うテープ]
キネシオロジーテープ 75mm

[スタート姿勢]
巻いてもらう場合…
両脚を肩幅に開き、バランスよく体重をかける

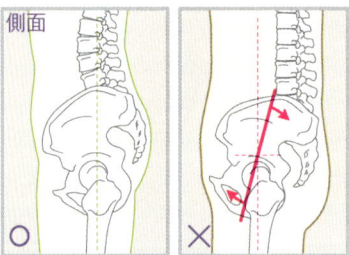

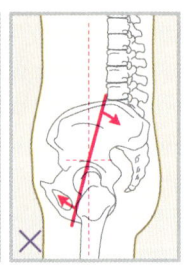

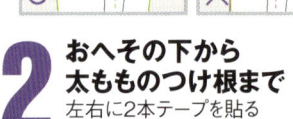

側面 ○ ×

1 お尻から腰の上に向かって
左右に2本キネシオロジーテープを貼る

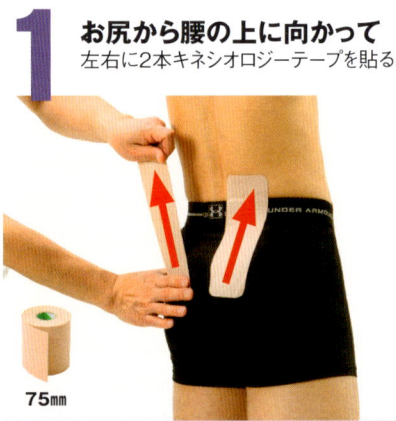

75mm

背中側の筋肉をサポートする

2 おへその下から太もものつけ根まで
左右に2本テープを貼る

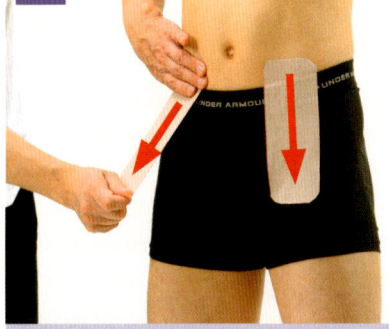

お腹側の筋肉をサポートする

3 背中のテープが**お腹のテープよりも少し上**にあれば完成

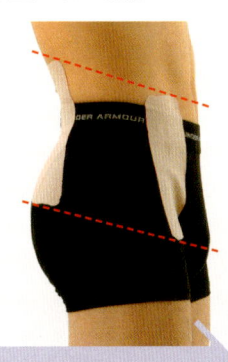

Finish

疲労予防

腰が反りすぎている
（骨盤前傾）

これで解決！

Professional technique
- お腹のテープは背中のテープより上に貼る
- テープを貼る向きに注意する

[使うテープ] 
キネシオロジーテープ
75mm

Chapter 6 不快症状

［目的］筋肉のサポート

[スタート姿勢]
巻いてもらう場合…
両脚を肩幅に開き、
バランスよく体重をかける

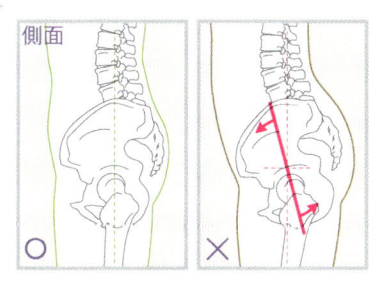

側面　○　×

1 腰の下から太もものつけ根に向かって
左右に2本キネシオロジーテープを貼る

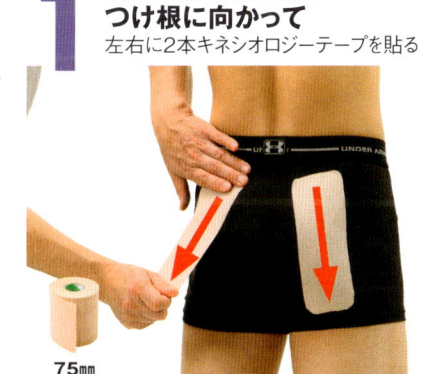

75mm

背中側の筋肉をサポートする

2 太もものつけ根の少し上からおへその横まで
左右に2本テープを貼る

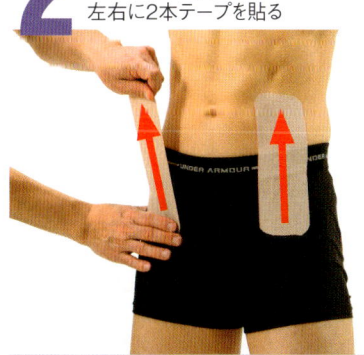

3 お腹のテープが背中のテープよりも少し上にあれば完成

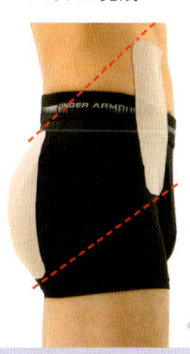

お腹側の筋肉をサポートする　　**Finish**

183

Chapter 6

不快症状

[目的] 関節のサポート

骨盤のゆがみ（骨盤輪の不安定症）

疲労予防

原因・症状・診断 骨盤は左右の寛骨（骨盤の両サイドから前面にかけてある骨）と、仙骨（殿部の中央上部にある背骨の根本）からなる。これらの連結部の固さなどに左右差があったり不安定になったりしている状態。産後に問題になることが多い。お尻の上部や腰が痛む。

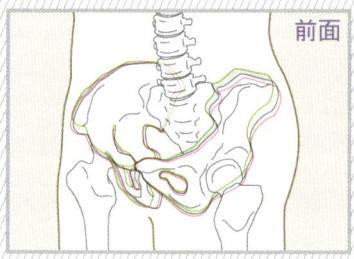

前面

これで

[スタート姿勢]
巻いてもらう場合…
両脚を肩幅に開き、
バランスよく
体重をかける

1 キネシオロジーテープを腰まわりよりも少し長めに切り、
真ん中から保護シートを裂く

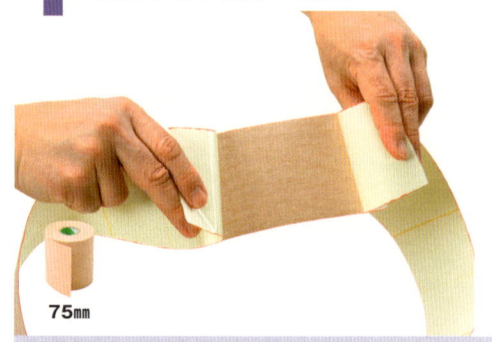

75mm

腰まわりの筋肉をサポートする

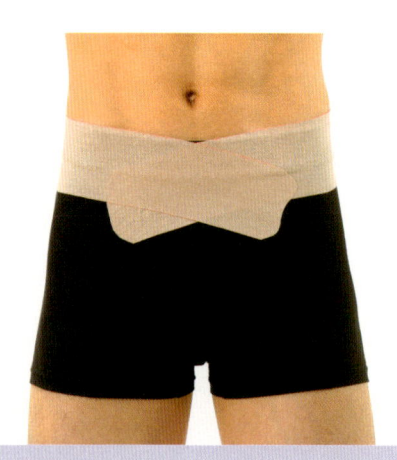

3 2が**おへその下で交差するように**巻く

背中側から見たところ

Professional technique

- コルセットをイメージし、腰を覆うように巻く
- 腰の中央を起点に、均一の力で巻く

解決!

[使うテープ]
キネシオロジーテープ75mm（or50mm）

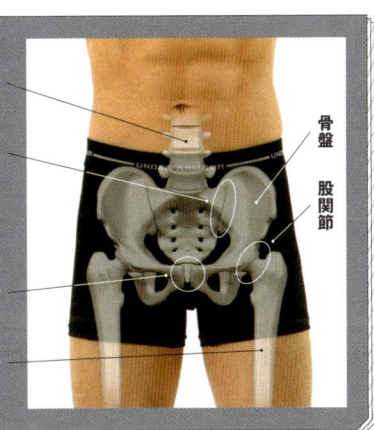

腰椎
仙腸関節
恥骨結合
大腿骨
骨盤
股関節

2 テープの真ん中を腰の中心に置き、**左右に強く引っ張りながら**テープを貼る

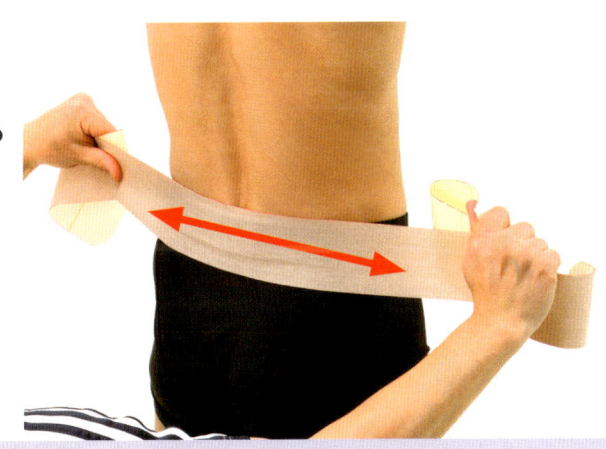

[透過] **Point**

骨盤の上部を1周巻き、ゆがみが出ないように骨盤を締めつけサポートする

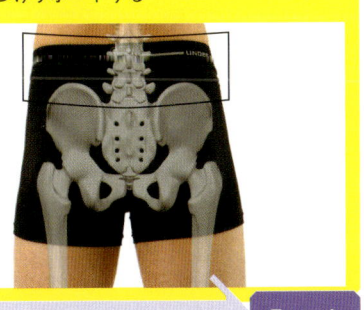

Finish

Chapter 6 不快症状 ストレッチ

不快症状に効くストレッチ

日常生活で感じるさまざまな不快症状も、
筋肉をよく伸ばしておくことでも解消できます。
痛みを感じない程度に無理せず行いましょう

肩〜首が伸びる

1 腕のひじを軽く曲げ、**背中側へ回す**

2 もう片方の手で頭を**ななめ前**へ押し下げる。反対側も同様に

腰〜背中が伸びる

1 あおむけになり、ひざを立てる。**手のひらを下に向け、**カラダの横に置く

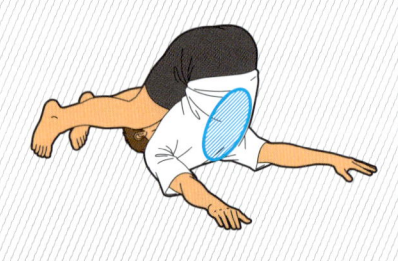

2 背中をみぞおちから丸め、**足を頭の上の床につける。**手は床につけてカラダを支える

Appendix

困ったときに…

困ったときに…

ケガ直後の対応に…
応急処置

ケガをしたら、直後の応急処置が重要です。
ここではRICE（ライス）処置と呼ばれる基本的な方法を紹介します。
テーピングの知識と技術を身につけたら、このRICE処置も覚えておきましょう。
応急処置からリハビリまで対応できるようにしたいものです。

Step 1　Rest＝安静（レスト）

ケガをした部位は無理に動かしたり、体重をかけたりしないようにしましょう。痛まない姿勢で患部を休ませ、保護することで回復を促します。

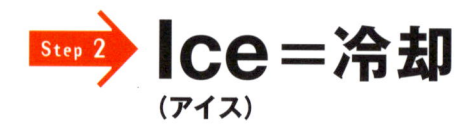

Step 2　Ice＝冷却（アイス）

氷などを使って患部を冷やすことで、炎症の拡大を防ぎます。氷のう（アイスバッグ）やビニール袋などに氷をすき間なく入れ、それを患部に当てて冷やします。時間は20分が目安ですが、感覚がなくなったらいったん休止します。症状や部位にもよりますが、足首のねんざなどのケガの場合、直後は1時間に一度のペースで積極的に冷やします。また、スプレータイプの冷却剤（コールドスプレー）もありますが、これは受傷直後の痛みの軽減に瞬間的に用いるもので、アイスの機能はありません。

ビニール袋に氷を入れ、患部に当てる

冷やすためのアイテム

氷のう（アイスバッグ）　　コールドスプレー

Step 3 Compression＝圧迫
（コンプレッション）

患部は徐々に腫れ上がります。腫れは、組織を圧迫し、損傷を拡大させます。氷のうの上から包帯を巻いて患部を全体的に圧迫する方法や、やわらかいポリエチレンなどの素材を適切な形に切って強く圧迫する方法があります。足首のねんざの場合は、外くるぶしにU字パッドを当てて圧迫します。

氷のうの上から包帯を巻く

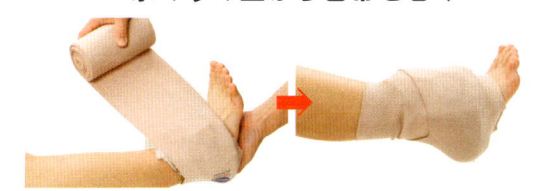

パッドを当てて圧迫する

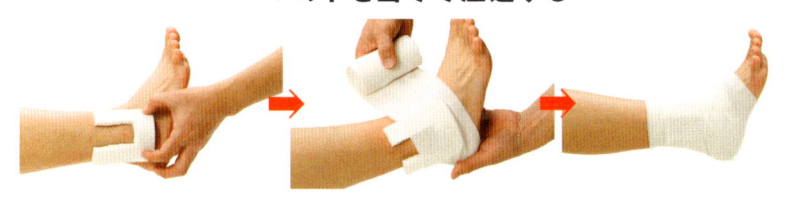

Step 4 Elevation＝挙上
（エレベーション）

イスやクッションなど、適度な高さのものを使い、患部を心臓よりも高い位置に持ち上げます。これによって静脈血が心臓に戻りやすくなり、腫れや炎症が抑えられます。

More Stabilization＝固定
（スタビライゼーション）

RICE処置は、StabilizationのSを加えてRICESと呼ばれることもあります。これは固定のことで、患部を固定し、安静を図ります。これにテーピングを用いることができますが、テープを大量に巻き、冷却効果を阻害するような方法は避けるべきです。腫れに食い込んで皮膚にダメージを与えるような巻き方もおすすめできません。

困ったときに…

疲労回復を助ける
マッサージ・ストレッチ

テーピングには疲労予防はもちろんですが、疲労回復の効果もあります。ただ、テーピングによる疲労回復は休ませて安静を図るものであり、積極的に疲労をとるものではありません。そこで、ストレッチやマッサージによって積極的に疲労回復を図りましょう。テーピング前の応急処置としてRICE処置（P188）を、またテーピング後に根本的な回復を図るストレッチやマッサージを行うことで、患部へのケアはより確かなものになります。

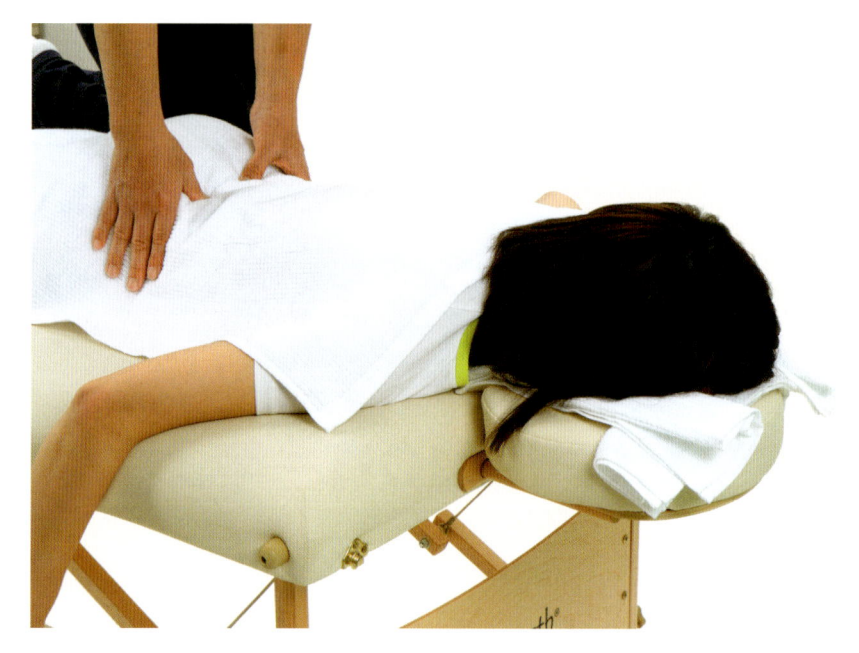

マッサージ

　マッサージはおもに筋肉を押し、もみほぐします。足裏、ふくらはぎの深部、手のひら、背骨まわりの筋肉などは、ストレッチでは伸ばしにくいため、マッサージがとくに有効です。足裏、ふくらはぎ、手のひらは、自分でマッサージできます。触ってやわらかい部分が筋肉なので、そこをメインに押し、もみほぐすと効果が得られます。

　また、ストレッチをすると痛い場合は、マッサージで軽くほぐしてから行うとよいでしょう。

ストレッチ

　ストレッチはおもに筋肉を伸ばします。筋肉がほぐれ、血液の循環が改善し、リラクセーション効果が得られます。ストレッチは通常、スポーツのウォームアップやクールダウンで用いられます。しかし、スポーツを問わず、日常生活での不調がある方やテーピングを使う方にとっても有用なものです。傷んだ筋肉は硬くなっていることが多く、硬さがまた新たなトラブルを引き起こすことがあります。テーピングで固定しすぎることで硬くなることもあります。こうした場合には、ストレッチで硬さを解消しましょう。

　本書では各部位の最後に、さまざまな筋肉をほぐすためのおすすめストレッチを紹介しています。どれもカラダひとつで手軽にできるので、運動の前後やちょっとした空き時間などに行ってみてください。

充分にカラダを伸ばすための
ストレッチの Point

- ➡ 楽な姿勢を保ち、リラックスして行う
- ➡ 反動をつけずに、ゆっくり息を吐きながら伸ばす
- ➡ 筋肉に張りを感じるが、痛みを感じるところまでは伸ばさない
- ➡ 10〜20秒保持し、これを1〜3回行う

著者

野田哲由 のだ てつよし

了德寺大学教授。日本体育大学体育学部体育学科卒業。公益財団法人日本体育協会公認アスレティックトレーナー。テーピングの第一人者である山本郁榮氏（日本体育大学スポーツ医学研究室教授）のもとでテーピング・アスレティックリハビリテーション等を勉強し、柔道整復師、あん摩・マッサージ・指圧師、鍼灸師免許を取得。日本レスリング協会トレーナーとして1988年ソウル五輪などに同行。Jリーグ発足後は、サンフレッチェ広島、アビスパ福岡のチーフトレーナーを歴任。レスリング、サッカー日本代表チームにも数多く帯同する。著書に『最新スポーツテーピング』（毎日コミュニケーションズ）などがある。

岡田隆 おかだ たかし

1980年愛知県生まれ。日本体育大学体育学部体育学科教授。2016年リオ五輪では、体力強化部門長として柔道全日本男子チームの全階級メダル獲得に貢献。2014年東京オープンボディビル選手権大会70kg以下級優勝。2016年日本社会人ボディビル選手権大会　一般の部優勝（無差別級）。骨格筋評論家バズーカ岡田として様々なメディアに出演。著書に『2週間で腹を割る！4分鬼筋トレ』（アチーブメント出版）、『バズーカ式「超効率」肉体改造メソッド』（池田書店）などがある。

©Michi ISHIJIMA

プロの技術が身につく！
テーピングバイブル

著　者　野田哲由
　　　　岡田　隆
発行者　清水美成
発行所　株式会社 高橋書店
　　　　〒170-6014 東京都豊島区東池袋3-1-1 サンシャイン60 14階
　　　　電話　03-5957-7103

ISBN978-4-471-14392-3　©TAKAHASHI SHOTEN　Printed in Japan

定価はカバーに表示してあります。
本書および本書の付属物の内容を許可なく転載することを禁じます。また、本書および付属物の無断複写（コピー、スキャン、デジタル化）、複製物の譲渡および配信は著作権法上での例外を除き禁止されています。

本書の内容についてのご質問は「書名、質問事項（ページ、内容）、お客様のご連絡先」を明記のうえ、郵送、FAX、ホームページお問い合わせフォームから小社へお送りください。
回答にはお時間をいただく場合がございます。また、電話によるお問い合わせ、本書の内容を超えたご質問にはお答えできませんので、ご了承ください。本書に関する正誤等の情報は、小社ホームページもご参照ください。

【内容についての問い合わせ先】
　書　面　〒170-6014 東京都豊島区東池袋3-1-1 サンシャイン60 14階　高橋書店編集部
　ＦＡＸ　03-5957-7079
　メール　小社ホームページお問い合わせフォームから（https://www.takahashishoten.co.jp/）

【不良品についての問い合わせ先】
　ページの順序間違い・抜けなど物理的欠陥がございましたら、電話03-5957-7076へお問い合わせください。
　ただし、古書店等で購入・入手された商品の交換には一切応じられません。